Lust auf Bälle, Barren, Bodenmatten

Roland Ullmann

Lust auf Bälle, Barren, Bodenmatten

Objektempathie in der Sportunterrichtspraxis

Mit 54 Abbildungen und zahlreichen Arbeitsbögen

 Springer

Roland Ullmann
Pädagogische Hochschule Heidelberg
Heidelberg, Deutschland

ISBN 978-3-658-23738-7   ISBN 978-3-658-23739-4   (eBook)
https://doi.org/10.1007/978-3-658-23739-4

Die Deutsche Nationalbibliothek verzeichnet diese Publikation in der Deutschen Nationalbibliografie; detaillierte bibliografische Daten sind im Internet über http://dnb.d-nb.de abrufbar.

Umschlaggestaltung: deblik Berlin
Fotonachweis Umschlag: © Photographee.eu/stock.adobe.com

Springer ist ein Imprint der eingetragenen Gesellschaft Springer Fachmedien Wiesbaden GmbH und ist ein Teil von Springer Nature
Die Anschrift der Gesellschaft ist: Abraham-Lincoln-Str. 46, 65189 Wiesbaden, Germany

Vorwort

Liebe Leserin, lieber Leser,
das vorliegende Buch greift mit dem Anliegen der Objektempathie einen bisher kaum
beachteten Aspekt der Aus- und Fortbildung von Sportlehrkräften auf. Im Zentrum
steht der lern- und motivationsförderliche Umgang mit Gefühlen von Bewegungsakteuren – ausgelöst durch die Begegnung mit verschiedenen Spiel- und Sportgeräten.

Mit den in diesem Zusammenhang einhergehenden Anforderungen kann eine
objektempathische Sportlehrkraft kreativ, das heißt lern- und motivationsförderlich
umgehen. Denn sie ist in der Lage, den Bewegungsakteuren Verschiedenes bewusst
zu machen, zum Beispiel: Welche gerätespezifischen Anreizstrukturen (Farbe, Form,
Gewicht, Klang, Größe, Materialeigenschaften, Bewegungsoptionen) lösen welche
besonderen Körperempfindungen, Gefühlslagen und Bewegungsabsichten aus? Wie
lassen sich geräteanreiz- und bedürfnisgesteuerte Bewegungsabsichten emotional stim-
mig gestalten – bei sich selbst und bei anderen?

Mit anderen Worten: Bei der Thematisierung von Spiel- und Sportgeräten im Sportunterricht sind emotional aufgeladene Reaktionen von Kindern und Jugendlichen
vorprogrammiert. Gefühle nehmen in hohem Maße Einfluss auf deren Lern- und
Bewegungsmotivation. Sportlehrkräfte sollten dahingehend vorbereitet sein und
angemessen – im Sinne objektempathischer Professionalität – darauf reagieren können.

Das Buch ist zugeschnitten auf zukünftige Sportlehrkräfte, die in der Ausbildung
(Sportstudium oder Referendariat) mit einer Vielzahl an Spiel- und Sportgeräten auf
unterschiedliche Art und Weise konfrontiert werden. Gleichfalls sind etablierte Sportlehrkräfte aufgrund ihres gerätespezifischen Umfeldes, in dem sie täglich lehren,
angesprochen. Auch die für die Qualifizierung von Sportlehrkräften zuständigen Aus-
und Fortbildungsverantwortlichen dürften von diesem Buch profitieren.

Der zur Förderung der Objektempathie entwickelte Praxisleitfaden möchte aber nicht
nur Erwachsene, sondern auch Kinder und Jugendliche in der Begegnung mit Spiel-
und Sportgeräten in ihrer Gefühlswahrnehmung, Gefühlsreflexion und Gefühlsver-
arbeitung fördern. Deshalb sind viele Aufgaben und Übungen im Sportunterricht
der Primar- und Sekundarstufe oftmals direkt, teils mit gewissen Modifikationen
umsetzbar. Das Praxissetting der „Emotionalen Trainingswerkstatt" versteht sich als
(Experimentier-)Angebot. Selbstverständlich können Zielanliegen, Inhaltsaspekte, Vor-
gehensweisen, Gerätearrangements und Reflexionselemente so verändert werden, dass
sie zu der Zielgruppe und zu den situativen Rahmenbedingungen vor Ort passen.

Die in den Praxisleitfaden integrierten sechs Lernepisoden ermöglichen es, das Praxissetting strukturiert und anwendungsbezogen zu beschreiben. Jede Episode repräsentiert einen eigenständigen Themenbereich, zugleich sind sie eng miteinander
verbunden.

Der Praxisleitfaden enthält ein schematisiertes Durchführungsmuster mit detaillierten Aufgaben- und Übungsbeschreibungen. Differenzierte Arbeitsbögen (Impuls-, Instruktions- und Hinweisbögen) dienen der Unterstützung. Dies entspringt meinem Wunsch ein Förderprogramm vorzulegen, das auch weniger erfahrene Anwenderinnen und Anwender, die im Umgang mit Emotionen und Spiel- und Sportgeräten noch keinen Expertenstatus besitzen, die Förderelemente sicher und der jeweiligen episodischen Idee folgend vermitteln können.

Erforderlich hierzu ist, sich mit den grundlegenden und konzeptionellen Überlegungen wenigstens ansatzweise vertraut zu machen. Auf dieser Basis sind die Voraussetzungen für einen reflektiert-selbsttätigen Einsatz der exemplarischen Praxisanregungen geschaffen. Wer darauf verzichten möchte, sollte bedenken, dass dadurch wertvolle Orientierungen verloren gehen können.

Theoretisch fußt dieses Buch auf der „Differenziellen EmpathieSystemKompetenz-Theorie" (DESK-Theorie) von Gassner (2006), untermauert durch affektlogische, neurobiologische und klinische Annahmen respektive Erfahrungen. Dem Konzeptrahmen liegt der Gedanke der Trainingswerkstatt zugrunde. Dreh- und Angelpunkt sind Selbsterfahrungsprozesse in der Interaktion mit anderen im Kontext emotionaler und gerätebezogener sowie instruktiver und selbstorganisierter Inszenierungen. Reines theoretisches und technokratisches Vermitteln oder gar moralische Belehrungen verbieten sich von selbst. Förderlich für den objektempathischen Lernprozess sind stattdessen:

- Mut beim Offenlegen und Hinterfragen von gerätespezifischen Gefühls-, Bewegungs- und Einfühlungsstereotypen.
- Offenheit, Neugier und Veränderungsbereitschaft im Umgang mit gerätespezifischen Anreizstrukturen.
- Achtsamkeit, Dialog und Lösungswille im Umgang mit gerätespezifischen Gefühlsbewegungen – eigenen wie fremden.
- Spaß beim Ausprobieren, Simulieren und Einüben von möglicherweise ungewöhnlichen objektempathischen Fühl-, Denk- und Handlungsweisen.
- Gelassenheit und Kreativität beim Auftreten objektempathischer Lern- und Aneignungsschwierigkeiten.

Wie das geht beziehungsweise was es damit auf sich hat, erfahren Sie in diesem Buch. Objektempathische Erfahrungsbildung aber kann man nicht delegieren. Dazu müssen Sie mit Hilfe und Unterstützung des Praxisleitfadens im Sinne der kompetenzförderlichen Lernhaltung selbst aktiv werden.

Für die eilige „Express"-Anwenderin/für den eiligen „Express"-Anwender liefert das Buch in Kap. 4 (Teilkapitel 4.3) eine Lernepisodenübersicht mit Hinweisen zum Titel und zum Grundanliegen der Übung. Seitenzahlangaben ermöglichen einen schnellen Zugriff und erleichtern die Navigation innerhalb des Praxissettings. Ergänzende Trainingsmaterialien in Form von Hinweis-, Impuls- und Instruktionsbögen (Arbeitsbögen) können dem Anhang entnommen werden.

Der Praxisleitfaden wurde mit Sportstudierenden der Pädagogischen Hochschule Heidelberg mehrmals erprobt und optimiert. Um Transfer- und Anwendungsüberlegungen mit Blick auf die Primarstufe (ab Klasse 3/4) und Sekundarstufe (ab Klasse 5/6) zu erleichtern, entspringen eine Vielzahl an Ideen und Anregungen in ihrer Grundstruktur didaktisch reflektierten Praxisbeispielen aus der Sportfachliteratur.

Die ausgewählten Praxisbeispiele wurden im Sinne der objektempathischen Thematik verändert und episodenkonform aufbereitet. Die Zeitangaben von 45 min (Einzelstunde) oder von 90 min (Doppelstunde) orientieren sich am typischen Sportunterricht, wie man ihn aus dem Schulalltag kennt; sie verstehen sich vornehmlich als Richtwert und sind flexibel handhabbar. In der Beschreibung der exemplarischen Praxisanregungen wird mit Blick auf Erwachsene die Höflichkeitsform „Sie" verwendet. Umformulierungen im Sinne einer kind- und jugendgemäßen Ansprache sind aber jederzeit ableitbar und möglich.

Das objektempathische Anliegen bezieht gleichermaßen Sportlehrerinnen und Sportlehrer, Schülerinnen und Schüler, Mentorinnen und Mentoren, Kursleiterinnen und Kursleiter, Teilnehmerinnen und Teilnehmer mit ein. Aus stilistischen Gründen werden die männliche Darstellungsform oder die Pluralform verwendet. Im Praxiskontext ist von der Kursleitung (KL) und von Teilnehmern (TN) die Rede.

Mein Dank gilt vor allem den Sportstudierenden der Pädagogischen Hochschule Heidelberg, die mitgeholfen haben, den Praxisleitfaden weiter zu entwickeln. Für wertvolle Hinweise und unermüdliche Rückmeldungen bin ich insbesondere Dr. Burghard Gassner sehr dankbar. Prof. Dr. Ulrich Baumann und Prof. Dr. Peter Neumann, die meine Dissertation zum Thema dieses Buches betreut haben, danke ich für die kritische, aber stets motivierende Begleitung. Großer Dank gebührt Christine Kugel für die Manuskriptbearbeitung. Sehr herzlich möchte ich mich bei Nicolas Ullmann und bei Mathias Schmidt (Arbeitsbögen, Abbildungen, Grafiken) bedanken. Für die professionelle Begleitung des Buches durch den Verlag danke ich Lisa Bender, Ulrike Niesel und Rahul Ravindran. Petra Schmidt-Ullmann danke ich für die konsequente Rückendeckung über die vielen Jahre hinweg der Promotion und des sich daraus ergebenden Buchprojektes.

Roland Ullmann
Schwetzingen/Heidelberg
im September 2018

Inhaltsverzeichnis

Über den Autor

Dr. Roland Ullmann

ist Diplom-Pädagoge, Akademischer Oberrat und als Dozent und Autor in der Sportlehreraus- und Sportlehrerfortbildung tätig. Derzeitige Themenschwerpunkte sind: Soziale Netzwerkpartnerschaft zwischen Sportpädagogik und freier Jugendsozialarbeit, Projektlernen und Förderung der objektempathischen Professionalität von Sportlehrkräften. Nach 11-jähriger Tätigkeit an verschiedenen Grund- und Hauptschulen und nach 25 Jahren der Mitverantwortung für die Heidelberger Sportlehrerausbildung befindet er sich aktuell im bewegten (Un-)Ruhestand.

Grundlagen

Inhaltsverzeichnis

Einleitung

© Springer Fachmedien Wiesbaden GmbH, ein Teil von Springer Nature 2019
R. Ullmann, *Lust auf Bälle, Barren, Bodenmatten*, https://doi.org/10.1007/978-3-658-23739-4_1

1

Dem Buch liegt folgender Beziehungszusammenhang zugrunde: Sportlehrkräfte setzen täglich eine Vielzahl an „Objekten", wie Spiel- und Sportgeräte, Hand-, Klein- und Großgeräte ein. Die Begegnung mit diversen gerätetypischen Anreizstrukturen löst Gefühle bei Schülerinnen und Schülern aus. Diese gerätebezogenen Gefühlslagen beeinflussen die Lern- und Bewegungsmotivation der Kinder und Jugendlichen. Dabei zeigen sich Sportlehrkräfte oftmals überrascht, was bereits der Anblick oder die simple Begegnung mit einem Gerätetyp bei Kindern und Jugendlichen (und auch Erwachsenen) an emotionalen Reaktionen auslösen kann. Die Folge: Es fällt den Lehrkräften oft schwer, die durch die Geräteanreize ausgelösten Gefühle der Bewegungsakteure angemessen zu moderieren. Missverständnisse und Missachtungen sind vorprogrammiert, das Lernklima im Sportunterricht ist „gestört".

Vor diesem fachspezifischen Hintergrund plädiert das Buch dafür, Objektempathie als einen wichtigen pädagogischen Standard in die Sportlehreraus- und Sportlehrerfortbildung zu integrieren. Denn mithilfe der speziellen Einfühlungsform Objektempathie werden Sportlehrkräfte – ob Berufsanfänger oder Berufskönner – in die Lage versetzt, gerätebezogene Gefühlslagen besser zu erkennen, zu verstehen und zu verarbeiten und somit für den Bewegungslernprozess mit Spiel- und Sportgeräten im Sportunterricht motivationsförderlich zu nutzen.

Aus Sicht der Sportlehrertätigkeit gibt es für dieses Anliegen zwei gute Gründe: Zum einen gehört es unbestritten zum originären Bildungs- und Erziehungsauftrag des Faches, durch den Einsatz von Spiel- und Sportgeräten förderliche Bewegungs-, Körper-, Könnens- und Beziehungserfahrungen im Sportunterricht zu vermitteln. Zum anderen stellt die Zielfigur einer objektempathischen Sportlehrkraft in Aussicht, sich stellvertretend und kurzzeitig in die Gefühlslagen von Schülerinnen und Schülern, ausgelöst durch den Aufforderungscharakter diverser Spiel- und Sportgeräte, orientierungsgebend einfühlen zu können. Damit wird ein Bereich fokussiert, der in der Sportdidaktik und in der Sportlehreraus-/Sportlehrerfortbildung bislang kaum Berücksichtigung fand: die emotional-motivationale Seite professionellen Sportlehrerhandelns.

In der Gesamtschau verdankt das Buch seine Entstehung vier wesentlichen Einflüssen. In ihrer Zusammenführung bilden sie die Hintergrundfolie für das beabsichtigte Professionalisierungsvorhaben und für den entwickelten Praxisleitfaden ab.

1.1 Unterrichtspraktischer Hintergrund

Der erste Einfluss basiert auf einem unterrichtspraktischen Hintergrund. Er gründet auf der Beobachtung, dass Sportlehrkräfte dem Zusammenhang – „Geräteanreize lösen Gefühle aus ⇔ Gefühle wirken sich auf die Lern- und Bewegungsmotivation von Schülern aus" – nicht die nötige Aufmerksamkeit schenken. Ob in der Primarstufe oder Sekundarstufe – nicht selten ist eine Sportlehrkraft überrascht, was der Einsatz von Spiel- und Sportgeräten im Sportunterricht bei Kindern und Jugendlichen an unterschiedlichen emotionalen wie motorischen Reaktionen auslösen kann. In Folge reagiert die Sportlehrkraft in didaktisch-methodischer Hinsicht zuweilen situativ recht unsensibel. Zur Veranschaulichung hierzu zwei beispielhafte Unterrichtsszenen:

So wird die Vorfreude der Grundschüler auf den Mattenwagen als Formel-1-Flitzer oder das erwartungsvolle Umdeuten des Sprungkastens zum Bus von der Sportlehrkraft vorschnell als Ungehorsam ausgelegt und für den Verlust an Bewegungslernzeit verantwortlich gemacht. Dass die zum Einsatz kommenden Geräte einen großen

Aufforderungscharakter haben und Gefühls- wie Bewegungsimpulse gleich mitliefern, wird von der Sportlehrkraft nicht bedacht.

Nachdem die Mädchen – im Gegensatz zu den Jungen – sich zunächst eher zögerlich, holprig und uninspiriert mit dem Basketball beschäftigt haben, zeichnen sich mit zunehmender Ballsicherheit und Ballgeschicklichkeit erste Erfolgserlebnisse ab. Die Mädchen sind gerade auf einem guten Weg, sich den „Basketball-zum-Freund-zumachen", da kommt nach kurzer Zeit die Aufforderung der Sportlehrkraft, zwei Mannschaften zu bilden, um gegeneinander Basketball auf zwei Körbe zu spielen. Darüber sind die Mädchen enttäuscht, sie reagieren verunsichert, die Lust auf den Basketball ist wie „weggeblasen". Der Sportlehrkraft ist nicht bewusst, dass in einem bestimmten Lernstadium eine intensive Geräteerkundung manchmal attraktiver und lernförderlicher sein kann als eine scheinbar erlebnisreiche Spielphase.

Wie diese beiden Beispiele andeuten sollen, spielen gerätebezogene Gefühlslagen eine große Rolle. Bewegungssituationen und Bewegungsinteraktionen im Umgang mit Spiel- und Sportgeräten werden von gerätespezifischen Gefühlslagen begleitet und durch sie auch bewertet. Gefühle haben eine mobilisierende Kraft: sie beeinflussen in hohem Maße das Unterrichts- und Beziehungsklima zwischen Lernenden und Lehrenden, sie bestimmen die Lern- und Bewegungsmotivation der Bewegungsakteure wesentlich mit.

Während nur mit dem Anblick der blauen Weichbodenmatte bereits freudiges Toben und katapultartiges Hineinspringen assoziiert wird, löst allein die Ansage „Heute machen wir Barrenturnen" oftmals Beklommenheit, Widerwillen und Ungeschicklichkeit aus, weil die harten Holme des Barrens mit Assoziationen wie Angst, Schmerz und Blamage „besetzt" sind. Solche persönlichen Empfindungen und Erinnerungen können selbstverständlich keine Allgemeingültigkeit für sich beanspruchen. Emotionspsychologisch betrachtet, stellen sie aber für die Bewegungsakteure, ob Kind, Jugendlicher oder Erwachsener, sehr wertvolle individuelle Orientierungs- und Bewertungssysteme dar – mit Signalcharakter auch für andere.

Jeder der sich die Mühe macht, mit den jungen Bewegungsakteuren über ihre Eindrücke und Erfahrungen bezüglich diverser Spiel- und Sportgeräte zu sprechen, wird eine Fülle von Aussagen bekommen, in denen die Rede ist von: Erfolgs- oder Misserfolgserlebnissen, Hoffnung oder Furcht, Wohlbefinden oder Unwohlbefinden, Stolz oder Scham, Anerkennung oder Ausgrenzung. Es mag verwunderlich sein, dass die simple Begegnung mit einem Gerät einen solchen Kosmos an Vorstellungen und Gedanken, Empfindungen und Gefühlen hervorruft. Aber das ist der Alltag im Sportunterricht, und damit sollte eine Sportlehrkraft professionell umgehen können.

1.2 Empathietheoretischer Hintergrund

Vor diesem Hintergrund kommt mit dem pädagogischen Empathieansatz von Gassner (2006) der zweite Einfluss ins Spiel. In seiner „Differenziellen EmpathieSystem-Kompetenz-Theorie" (DESK-Theorie) hebt Gassner neben der „Selbstempathie" und „Sozialempathie" die besondere Form der „Objektempathie" hervor. Objektempathie stellt einer Sportlehrkraft – nach entsprechender Schulung – in Aussicht, mit Anreizstrukturen von Spiel- und Sportgeräten und daraus resultierenden Emotionen auf der Akteursebene lern- und motivationsförderlich umgehen zu können. Die Vorteile, die mit

1

der Zielfigur einer objektempathischen Sportlehrkraft in Verbindung gebracht werden, lassen sich wie folgt konkretisieren. Sie ist beispielsweise in der Lage,

- positive oder negative Geräteanreize zu erfassen und in Abstimmung mit der emotionalen Ausgangslage nutzbringend für den Bewegungslernprozess zu verwerten.
- ungünstige Geräteanreize in motivationsförderliche Bewegungslernanreize umzudeuten oder umzugestalten.
- attraktive oder unattraktive Geräteanreize für die Gestaltung selbstverantwortlicher Lernprozesse zu verwenden.
- gerätespezifische Anreizstrukturen im Voraus gedanklich und gefühlsmäßig auf motivierende oder demotivierende Wirkungen zu reflektieren (Gassner 2006, S. 298–300).

Für das Professionalisierungsanliegen ergibt sich dadurch in Theorie und Praxis ein neuer Arbeitsansatz. Mit der Objektempathie im Verständnis einer praktischen Lern- und Motivationshilfe wird ein Bereich fokussiert, der in der Aus- und Fortbildung von Sportlehrkräften bisher kaum Berücksichtigung fand: die emotional-motivationale sowie praktische Seite professionellen Einfühlungshandelns im Umgang mit Geräteanreizen und daraus resultierenden Gefühlslagen.

1.3 Trainingspraktischer und kompetenzorientierter Hintergrund

Der dritte Einfluss basiert auf einem trainingspraktischen und kompetenzorientierten Hintergrund. Um die Vorteile der Objektempathie im berufspraktischen Kontext der Sportlehrertätigkeit zur Geltung und Anwendung bringen zu können, sind hierfür die notwendigen Voraussetzungen zu schaffen. Oder anders ausgedrückt: Was muss eine Sportlehrkraft selbst wissen, können und wollen, um objektempathisches Fühlen, Denken und Handeln in der Praxis wirksam werden zu lassen?

In diesem Zusammenhang legen es diverse Schulungs- und Trainingsprogramme zur Förderung sozio-emotionaler respektive empathischer Kompetenzen nahe, Objektempathie an drei Fähigkeitsbereichen festzumachen. Danach gelingt die Umsetzung der objektempathischen Zielfigur in die Praxis insbesondere dann, wenn sie die durch die verschiedenen Spiel- und Sportgeräten ausgelösten Gefühlslagen der Bewegungsakteure auf eine bestimmte Art und Weise wahrnehmen, kommunizieren und verarbeiten kann. Diese drei Fähigkeitsbereiche stellen nicht nur drei wichtige Grundvoraussetzungen, sondern zugleich auch drei bedeutsame Kompetenzzielorientierungen dar (Fritsch 2008; Wilke 2008; Vauth und Stieglitz 2008; Bieg und Behr 2005; Holler 2003; Petermann et al. 1999; Weisbach und Dachs 1997).

„Körperorientierte Wahrnehmungsvorgänge" helfen der Sportlehrkraft, die durch die Geräteanreize ausgelösten Gefühlslagen schneller zu erkennen und identifikationsstiftend zu beschreiben. Damit ist die Basis für weiterführende Verstehens- und Verständigungsprozesse geschaffen. „Feedbackförderliche Kommunikationsvorgänge" helfen der Sportlehrkraft, die durch die Geräteanreize ausgelösten Gefühlslagen besser zu verstehen und verständnisgeleitet zu reflektieren. Damit ist die Basis für ressourcenaktivierende Verarbeitungsprozesse geschaffen. „Ressourcenaktivierende Verarbeitungsvorgänge" in Form bestätigender oder umorientierender Bestärkungsimpulse helfen der

Sportlehrkraft, die erkannten und verstandenen gerätespezifischen Gefühlslagen einer emotional stimmigen Lösung zuzuführen. Damit ist die Basis für selbstwirksame Verwertungs- und Nutzungsprozesse geschaffen.

Die Fähigkeiten zur körperorientierten Wahrnehmung, feedbackförderlichen Kommunikation und ressourcenaktivierenden Verarbeitung im Kontext gerätespezifischer Anreizstrukturen und Gefühlslagen bilden die drei Erfolgssäulen einer Objektempathie in der praktischen Anwendung. Die Kompetenzfigur einer objektempathischen Sportlehrkraft zeichnet sich durch eine Vernetzung von perzeptiven, dialogischen und regulativen Kompetenzen aus. Eine einzelne Kompetenz ist an sich noch nicht ausreichend. Entscheidend sind vielmehr die Schnittstellen, die für eine erfolgreiche Umsetzung der Objektempathie in die Praxis sorgen. Somit steht ein trainingsbasiertes Kompetenzmodell zur Verfügung, das eine strukturierte Vermittlung im Sinne eines idealtypischen Dreischrittes erlaubt: Vom Wahrnehmen zum Erkennen, über Reflektieren zum Verstehen hin zum Verarbeiten und Nutzen von Geräteanreizen und dadurch ausgelösten Gefühlslagen. Die Übergänge sind fließend, zirkulär angelegt und wechselseitig eng miteinander verzahnt.

1.4 Konzeptioneller Hintergrund

Der vierte Einfluss ist konzeptioneller Natur und basiert auf einem fachwissenschaftlichen Hintergrund. Zum einen scheint die Sportlehrerausbildung nach wie vor von dem Dilemma geprägt, Empathie ausbilden zu wollen, aber nicht ausbilden zu können. Im Übertrag: Objektempathie wird zwar als eine wesentliche Bestimmungsgröße für pädagogisch verantwortliches Lehrerhandeln angesehen. Vermeintlich aber sei dieser individuelle Faktor nicht studierbar, weil man auf ihn im Ausbildungskontext nicht direkt einwirken könne (zum Beispiel Lüpke 1986, S. 6; Erdmann 1992, S. 74).

Zum anderen wird in der Didaktik des Sportunterrichts Empathie – und damit auch Objektempathie – auf ein „soziales Anliegen" und auf ein „kognitives Problem" reduziert (Peuke 1997, S. 228). Beeinflusst durch die Präferenz sozial-kognitiver Theoriepositionen (Selman 1984) mit ihrem Leitbegriff der „Perspektivenübernahme" wird es aus sportdidaktischer Sicht scheinbar als leichter für die Sportlehrkraft angesehen, Kindern und Jugendlichen bei der Bewältigung gerätespezifischer Anforderungen sozial-kognitive anstatt emotional-praktische Strategien zu vermitteln.

So fehlen bis heute in der Sportlehrerausbildung handlungsorientierte Lehr-Lernkonzepte, mit denen emotional-motivationale Kompetenzen wie Objektempathie praxisnah und anwendungsbezogen trainiert werden können (Troßmann und Baumeister 2005, S. 1; Eberspächer 2002, S. 52). Diese Lücke will das vorliegende Buch mit seinem Konzept der „Trainings-Werkstatt" füllen helfen. Es greift dabei auf zwei in der Praxis bewährte Prozessmodelle zurück, verknüpft deren Strukturen miteinander und nutzt sie im Sinne eines handlungsstrukturierenden Konzeptrahmens.

Der pädagogisch-psychologische „Ansatz der Emotionsbetreuung" nach Greenberg weist den Gefühlen eine fundamentale Schlüsselstellung bei der Selbstorganisation zu. Sportlehrkräfte nehmen hier die Rolle als „Emotionsberater" ein; sie wirken darauf hin, dass bei Bewegungslernprozessen mit Spiel- und Sportgeräten gezielt auf eine emotionsgeleitete Problembewältigung geachtet wird. Das heißt, die als Emotionsberater fungierenden Sportlehrkräfte unterstützen die Schüler in der Begegnung mit Spiel- und

1

Sportgeräten darin, aktualisierte Gefühlsimpulse zu erkennen, zu verstehen und zu verarbeiten (Greenberg 2005, S. 324).

Der in der Sportdidaktik verankerte Stundentyp „Sich-Gewöhnen an ein Gerät" wird als ein bewegungserzieherisch bedeutsamer und elementarer Vermittlungsansatz gewertet und wieder aufgewertet. Sportlehrkräfte nehmen hier die Rolle als „Geräteberater" ein; sie helfen Schülern, sich mit den Eigenheiten eines Gerätes intensiv vertraut zu machen. Das heißt, die als Geräteberater fungierenden Sportlehrkräfte unterstützen die Schüler in der Begegnung mit Spiel- und Sportgeräten darin, günstige oder ungünstige Gebrauchs- und Bewegungsoptionen zu erproben, sich darüber auszutauschen und variable Bewegungslösungen ausfindig zu machen, sodass emotional stimmige Anpassungsprozesse möglich sind oder möglich werden (Jakob 1991, S. 64–66; Fetz 1979, S. 32 f.).

In konzeptioneller Hinsicht ergeben sich daraus gleich mehrere Vorteile. Beide Ansätze sind von einer dreigliedrigen Prozessstruktur geprägt. Mit ihrer schrittförmigen Arbeitsweise sind sie zugleich auch hoch kompatibel untereinander und deshalb gut in ein praktikables Schulungs- und Förderkonzept überführbar. Im Sinne des zweigeteilten Konzeptrahmens können sowohl experimentierende, spielerische und simulative (Werkstattgedanke) als auch instruktive, einübende und regelhafte Probehandlungen (Trainingsgedanke) zur Anwendung kommen. Reflexive Klärungs- und Vergewisserungsprozesse dienen als Klammer und verknüpfen beide Erfahrungsperspektiven miteinander. Nicht zuletzt erfahren der fachliche Lernkontext (Umgang mit Spiel- und Sportgeräten) und der überfachliche Lernkontext (Umgang mit Emotionen) eine schlüssige Verbindung.

Die Lernepisoden des Praxisleitfadens zur objektempathischen Kompetenzentwicklung setzen genau hier an und haben das Ziel, Erwachsene oder Kinder und Jugendliche zu befähigen, im Umgang mit Spiel- und Sportgeräten in einen stimmigen emotionalen und damit motivationsförderlichen Lernkontakt zu kommen. Die Lernepisoden des Praxisleitfadens orientieren sich hierbei an folgender aufsteigender Handlungslogik:

Die „erste Lernepisode" möchte für objektempathische Besonderheiten sensibilisieren und dadurch für die emotionale Perspektivierung in der Begegnung mit Spiel- und Sportgeräten motivieren (Check-in). Die „zweite Lernepisode" begibt sich auf Spurensuche, um „alte" gerätespezifische Gefühlsbiografien aufzudecken und zu hinterfragen. Die „dritte Lernepisode" befasst sich mit dem „Erkennen" und körperorientierten Wahrnehmungsvorgängen, die „vierte Lernepisode" mit dem „Verstehen" und feedbackförderlichen Kommunikationsvorgängen und die „fünfte Lernepisode" mit dem „Verarbeiten" und ressourcenaktivierenden Bestärkungsvorgängen von gerätespezifischen Gefühlslagen – eigenen wie fremden. Die „sechste Lernepisode" ermöglicht es, auf persönlicher, inhaltlicher und konzeptioneller Ebene Bilanz zu ziehen (Check-out).

Die mittels der Lernepisoden gezielte Aktivierung und Förderung objektempathischer Selbsterfahrungsprozesse hilft,

- die Wahrnehmung, Kommunikation und Verarbeitung auf Spiel- und Sportgeräte zu fokussieren,
- den Bezug von Körper und Gerät aus der Gefühls- und Bedürfnisebene heraus zu bearbeiten,
- Bewegungslernprozesse im Umgang mit Spiel- und Sportgeräten emotionalmotivational stimmig(er) zu gestalten.

Dabei wird davon ausgegangen, dass Erwachsene wie Kinder und Jugendliche bereits ein gewisses Maß an selbstempathischen Erfahrungen (erlebt zu haben, was es heißt, in einem guten Kontakt zu sich selbst zu sein) und sozialempathischen Erfahrungen (erlebt zu haben, was es heißt, in einem guten Kontakt zu anderen Personen zu sein) mitbringen.

Hinter „Objektempathie in der Praxis" verbirgt sich nichts völlig Neues, noch nie Dagewesenes. Neu, ungewohnt oder ungewöhnlich dürfte die bislang wenig bekannte und verbreitete objektempathische Fühl-, Denk- und Handlungsweise sein, wenn es darum geht, die durch Spiel- und Sportgeräte ausgelösten Gefühle der Bewegungsakteure lern- und motivationsförderlich wahrzunehmen, zu verstehen und zu verarbeiten. Objektempathie kann im sportunterrichtlichen Kontext ganz praktisch genutzt werden, wo Körper der Bewegungsakteure und Objekte wie Spiel- und Sportgeräte in einem komplementären Zusammenspiel stehen.

Objektempathie hat nichts mit einer „Harmonisierungs-, Mitgefühls- oder Altruismusideologie" (Gassner 2006, S. 319) zu tun. Mit Kiersch kann sie als „Basiskompetenz" (2000, S. 67) angesehen werden, die grundlegend und unverzichtbar sein dürfte, wenn Sportlehrkräfte mit dem Einsatz von Spiel- und Sportgeräten in allgemeiner wie in emotionaler Hinsicht förderliche Lern- und Erziehungsprozesse initiieren wollen (auch Heymann 2001, S. 7).

An dieser Stelle soll darauf hingewiesen werden, dass aus pragmatischen Gründen auf begriffliche Spitzfindigkeiten verzichtet wird. So werden zum Beispiel die Begriffe Emotion und Gefühl synonym verwendet. Wo unter anwendungsorientierten Gesichtspunkten notwendig, wurden begriffliche Differenzierungen vorgenommen.

Gefühle beispielsweise werden, da sie Menschen bewegen, zu „Gefühlsbewegungen", und diese lassen sich in drei Versionen unterscheiden: in „Körpergefühle" (anatomisch-physiologische Ebene), in „Begleitgefühle" (emotional-motivationale Ebene) und in „Könnensgefühle" (fähigkeits-/fertigkeitsbezogene Ebene). Mithilfe dieser Unterscheidung lassen sich im Umgang mit Spiel- und Sportgeräten selbstwirksame Lösungsoptionen gezielter auf die persönliche Befindlichkeit der Bewegungsakteure abstimmen.

Des Weiteren wird im Sinne einer sachlichen Reduktion von einem engen, gegenständlichen Objektverständnis ausgegangen. Danach lassen sich Spiel- und Sportgeräte in drei Gerätetypen unterscheiden: „Handgeräte" (Seil, Reifen…) sind leicht handhabbar und laden zu unterschiedlichen Bewegungsaktionen ein. „Kleingeräte" (Langbank, Bodenmatten…) können durchaus eine gewisse Größe besitzen, sind aber in thematischer Hinsicht variabel einsetzbar. „Großgeräte" (Reck, Barren…) erfordern in der Regel einen erhöhten Sicherheits-, Aufbau- und Abbauaufwand und werden vorwiegend mit normierten Bewegungstechniken in Verbindung gebracht. Allerdings können auch Großgeräte mittels „Verfremdung" für alternative Bewegungszwecke genutzt werden.

Literatur

Bieg, S., & Behr, M. (2005). *Mich und Dich verstehen. Ein Trainingsprogramm zur Emotionalen Sensitivität bei Schulklassen und Kindergruppen im Grundschul- und Orientierungsstufenalter.* Göttingen: Hogrefe.
Eberspächer, H. (2002). *Ressource Ich. Der ökonomische Umgang mit Stress.* München: Hanser.

1

Erdmann, R. (1992). Theorie ohne Praxis ist leer – Praxis ohne Theorie ist blind. In R. Erdmann (Hrsg.), *Alte Fragen neu gestellt: Anmerkungen zu einer zeitgemäßen Sportdidaktik* (S. 73–74). Schorndorf: Hofmann.

Fetz, F. (1979). *Allgemeine Methodik der Leibesübungen*. Wiebelsheim: Limpert.

Fritsch, G. R. (2008). *Praktische Selbst-Empathie. Herausfinden, was man fühlt und braucht*. Paderborn: Junfermann.

Gassner, B. (2006). *Empathie in der Pädagogik. Theorien, Implikationen, Bedeutung, Umsetzung*. Inaugural-dissertation, Heidelberg.

Greenberg, L. (2005). Emotionszentrierte Therapie: Ein Überblick. *Psychotherapeutenjournal, 4*(4), 324–337.

Heymann, H. W. (2001). Basiskompetenzen – gibt es die? *Pädagogik, 53*(4), 6–9.

Holler, I. (2003). *Trainingsbuch Gewaltfreie Kommunikation*. Paderborn: Junfermann.

Jakob, M. (1991). … dann wollen wir das Ding mal fliegen lassen. *Sportpädagogik, 15*(2), 64–66.

Kiersch, J. (2000). Wirkung durch Empathie. Über Cassirer, Dilthey, Steiner und die vergessene Basis-kompetenz der Einfühlung. *Bildung und Erziehung, 53,*65–77.

Lüpke, C. (1986). Pädagogischer Takt im Sportunterricht. *Sportpädagogik, 10*(2), 6–8.

Petermann, F., et al. (1999). *Sozialtraining in der Schule. Materialien für die psychosoziale Praxis*. Weinheim: Beltz.

Peuke, R. (1997). Dilemmata einer Methodik sozialen Lernens im Sport und ein möglicher Ansatz. In G. Friedrich & E. Hildenbrandt (Hrsg.), *Sportlehrer/in heute – Ausbildung und Beruf* (Bd. 83, S. 225–235). Hamburg: Czwalina.

Selman, R. L. (1984). *Die Entwicklung des sozialen Verstehens. Entwicklungspsychologische und klinische Untersuchungen*. Frankfurt a. M.: Suhrkamp.

Troßmann, E., & Baumeister, A. (2005). Universitäts- und fachübergreifende Lehrkooperationen gestalten – Kompetenzen umfassend trainieren. In *Neues Handbuch Hochschullehre*. Griffmarke E 1.5. Berlin: Raabe.

Vauth, R., & Stieglitz, R.-D. (2008). *Training Emotionaler Intelligenz bei schizophrenen Störungen. Ein Therapiemanual*. Göttingen: Hogrefe.

Weisbach, C., & Dachs, U. (1997). *Mehr Erfolg durch Emotionale Intelligenz*. München: Gräfe & Unser.

Wilke, M. (2008). *Übungsbuch Einfühlsame Kommunikation*. Paderborn: Junfermann.

Worum es im Wesentlichen geht

© Springer Fachmedien Wiesbaden GmbH, ein Teil von Springer Nature 2019
R. Ullmann, *Lust auf Bälle, Barren, Bodenmatten*, https://doi.org/10.1007/978-3-658-23739-4_2

2

2.1 Sportlehrkräfte brauchen Objektempathie – Legitimationsbasis

Jeder Bewegungsakteur hat ein Recht auf Gefühle, auf emotionale Reaktionen, denn sie sind bedeutsam, um in der Begegnung mit Spiel- und Sportgeräten herauszufinden, was sich richtig oder nicht richtig anfühlt, was gebraucht wird oder nicht gebraucht wird, was passt oder nicht passt. Gerätespezifische Gefühlslagen sind im Zusammenspiel von Geist und Körper wertvolle Signal-, Orientierungs- und Ratgeber und differenzierte Möglichkeiten, die Welt der Spiel- und Sportgeräte für sich selbst und mit anderen immer wieder neu zu entdecken. Sie sind einflussreiche Antriebsmotoren und mitverantwortlich für Lern- und Bewegungslust oder Lern- und Bewegungsfrust. Es gibt also viele gute Gründe, mehr Sportlehrkräfte für mehr objektempathische Professionalität aufzuschließen.

Die folgenden vier Annahmen stellen die Essenz der Legitimationsbasis dar. Sie begründen in kompakter Form, warum Sportlehrkräfte Objektempathie in der sportunterrichtlichen Praxis gut gebrauchen können. Alle weiterführenden grundlegenden, konzeptionellen und praktischen Überlegungen richten sich an dieser Essenz aus.

■■ **Erste Annahme**

Die von einer Sportlehrkraft im Sportunterricht eingesetzten und thematisierten Spiel- und Sportgeräte sind „keine seelenlosen Gegenstände" (Michels und Schöttler 1994, S. 504). Mit der Nutzung eines Objekts verbindet sich stets etwas Emotionales (Weichert und Cunis 2010, S. 22). Spiel- und Sportgeräte haben eine „Seele", gemeint ist eine emotionale Zuschreibung, die sie im Herumexperimentieren und Ausprobieren, im Spielen und Üben, im Dialog mit den Interessen und Absichten eines Bewegungsakteurs bekommen.

Zwei kleine Bespiele hierzu aus Sicht eines Bewegungsakteurs: Gelungene Tricks mit dem Fußball provozieren Begeisterung und Leidenschaft oder, wenn sie nicht gelingen, Niedergeschlagenheit und Langeweile. Das laute Pfeifen des Wurfheulers animiert zu schwungvollen und optimistischen Wurfversuchen, während ein kümmerlicher Pfeifton Anlass für Unmut und Resignation sein kann, weil Zweifel an der Wurfkompetenz bestehen.

■■ **Zweite Annahme**

Es gibt kein Bewegungslernen ohne Gefühle. Gefühle bewegen Kinder, Jugendliche und Erwachsene. Als Gefühlsbewegungen nehmen sie Einfluss auf das Handeln der Bewegungsakteure, wenn diese in Kontakt mit den Anreizstrukturen diverser Spiel- und Sportgeräte treten. Sie zeigen sich in drei Versionen (Hirtz et al. 2003, S. 28 ff.; Trebels 1990, S. 12–18):

Version 1: Zu den Gefühlsbewegungen gehören die „Körpergefühle", die allgemein die Grundlage dafür darstellen, „Bewegungen fühlen" zu können. Der Bewegungsakteur wird sich seines Körpers beispielsweise beim Sprung über den großen Kasten auf vielfache Art und Weise bewusst. Seine Aktionen und die Rückmeldungen führen zu einer kastenspezifischen Sensibilisierung und Bewusstwerdung des eigenen Körpers, zum Beispiel: Das „Stoßdämpfer-Gefühl" für die gestreckten Arme beim Aufstützen auf den Kasten, das Gefühl für die Körperspannung beim Flug über den Kasten und das sichere Landegefühl auf der Matte hinter dem Kasten durch eine kompakte Körperstellung und beidbeinige Landung.

Hier geht es um den sensorischen Teil der Gefühlsbewegung und insbesondere darum, mittels des kinästhetischen Systems alle Körperteile, ihre Stellungen zueinander und ihre Lage sowie muskuläre Spannungszustände und Bewegungsrichtungen wahrnehmen, spüren, kontrollieren und steuern zu können. Das Gefühl für den Körper stellt die Basis für das Erfühlen und Beschreiben von gerätespezifischen Anreizstrukturen und Bewegungsmodalitäten dar und vermittelt dem Bewegungsakteur hilfreiche Orientierungen (anatomisch-physiologische Ebene).

Version 2: Von Gefühlsbewegungen ist auch die Rede, wenn der Bewegungsakteur sich im Umgang mit Spiel- und Sportgeräten mit Bewegungserlebnissen konfrontiert sieht, die für ihn anregend, ermutigend oder aber bedrohlich und angsteinflößend sind. Hier geht es um „Begleitgefühle", die die Bewegungsakteure bei der selbstausgeführten Bewegungstätigkeit unmittelbar freisetzen. So lösen Bewegungserlebnisse mit „Geräte-Favoriten" eher Lust, Freude, Spaß, Zuversicht, Zufriedenheit und Bewegungserlebnisse mit „Geräte-Fieslingen" eher Unlust, Angst, Beklemmung, Zweifel, Unzufriedenheit aus. Es sind diese „Gefühle beim Bewegen", die dem Bewegungsakteur viele Spiel- und Sportgeräte als attraktiv oder unattraktiv erscheinen lassen. Begleitgefühle sind die Basis für Anziehung, Intensität und Motivation oder Abneigung, Lethargie und Demotivation (emotional-motivationale Ebene).

Version 3: Bei Gefühlsbewegungen geht es andererseits auch darum, ein bestimmtes Gerät auf eine besonders gefühlvolle und koordinativ flüssige Art und Weise handhaben zu können. Es geht um die Beherrschung schwierig zu kontrollierender Geräte, wie beispielsweise des Balles; um die Beherrschung gerätespezifischer Bewegungsprobleme, wie beispielsweise im Kontext der Sprunghocke über den Sprungkasten oder um die Beherrschung spezifischer Gegebenheiten, wie beispielsweise der Umgang mit den Fliehkräften des großen Trampolins. Hier liegt der Akzent darauf, ein „Gefühl für Bewegung" zu haben, also Spiel- und Sportgeräte mit ihren typischen Anreizstrukturen jeweils gekonnt, sicher, kontrolliert, ökonomisch zu beherrschen. Bei Gefühlsbewegungen dieser Art handelt es sich um „Könnensgefühle", sie sind die Basis für Kompetenzerleben und Selbstwirksamkeit (fähigkeits-/fertigkeitsbezogene Ebene).

Die Differenzierung von Gefühlsbewegungen im Umgang mit Spiel- und Sportgeräten in drei Versionen ermöglicht einen selektiven Zugang für subjektiv stimmige Bewegungs- und Lösungsmodalitäten. Im Alltag ist jedoch eher von einer Vermischung der Gefühlsversionen auszugehen. Aufgrund der mobilisierenden Wirkung von Emotionen wird in Anlehnung an Winschermann (1992, S. 158 ff.) und Ciompi (2005) der Begriff der Gefühlsbewegung bevorzugt.

▪▪ Dritte Annahme

Der Bewegungsakteur mit seinen persönlichen Gefühlsbewegungen und die ihn umgebende Objektwelt der Spiel- und Sportgeräte mit ihren vielfältigen Anreizstrukturen befinden sich in einem ständigen emotional-motivationalen Wechselwirkungs- und Austauschprozess: Geräteanreize korrespondieren mit Gefühlsbewegungen und Bewegungsabsichten verlangen nach bestimmten Geräteanreizen.

Geglückte Begegnungen mit Spiel- und Sportgeräten lösen angenehme Gefühlsbewegungen, wie Freude, Mut und Unternehmungslust, aus. In Folge entwickeln die Bewegungsakteure zu ihren Geräte-Favoriten ein motivationales Annäherungsschema, weil sie damit bedürfniserfüllende Bewegungserlebnisse (Wohlbefinden, Sicherheit/Kontrolle, Zugehörigkeit/Bindung, Selbstvertrauen/Können, Anerkennung) assoziieren.

2

Missglückte Begegnungen mit Spiel- und Sportgeräten lösen unangenehme Gefühlsbewegungen, wie Ärger, Niedergeschlagenheit und Verzagtheit, aus. In Folge entwickeln Bewegungsakteure zu ihren Geräte-Fieslingen ein motivationales Vermeidungsschema, weil sie damit bedürfnisverletzende Bewegungserlebnisse (Zwang, Selbstzweifel, Missachtung, Unsicherheit, Ausgrenzung) assoziieren (Knörzer et al. 2011, S. 29–31).

■■ **Vierte Annahme**

Der lern- und motivationsförderliche Umgang mit gerätespezifischen Gefühlsbewegungen braucht mehr als „nur" Köpfchen. Hier geht es um das Verhältnis zwischen Rationalität und Emotionalität und darum, nicht immer nur das rationale System, den Verstand zu betonen, sondern ebenso dem emotionalen System mehr Aufmerksamkeit zu schenken. Danach sind es insbesondere Emotionen in ihrer besonderen Form als hilfreiche Energielieferanten (Motivatoren), die nicht nur das Bewegungshandeln, sondern auch objektempathische Fühl-, Denk- und Handlungsprozesse wesentlich mitbestimmen und mit beeinflussen.

Das rationale Einfühlungssystem ist analysierend unterwegs. Es bezieht sich auf äußere Umstände beispielsweise im Anforderungskontext von Gerätearrangements, versucht die gerätespezifische Faktenlage aus Sicht des Bewegungsakteurs zu erkennen und zu verstehen, um auf dieser kognitiven Basis eine rational nachvollziehbare Entscheidung zu treffen.

Das emotionale Einfühlungssystem beobachtet und konzentriert sich auf die inneren Gefühlszustände des Bewegungsakteurs. Es spürt und erlebt aus Sicht des Bewegungsakteurs mit und nach, ob es die äußeren Anforderungen des jeweiligen Gerätearrangements gut oder schlecht mit ihm meinen. Auf dieser Basis trifft das emotionale System schnell, intuitiv und effizient eine Entscheidung – sozusagen vorbewusst und aus einer Art „Bauchgefühl" heraus.

Die Bedeutsamkeit des emotionalen Systems für psychische und motorische Prozesse im Allgemeinen wie für objektempathische Fühl-, Denk- und Handlungsprozesse im Besonderen, lässt sich ausdrücklich über drei Bezugsquellen fundiert begründen.

1. So zeichnet sich nach affektlogischer Auffassung vor allem die Funktion von Emotionen für die Qualität objektempathischer Einfühlungsleistungen verantwortlich. Emotionen sind besonders hilfreich, wenn es im Umgang mit Spiel- und Sportgeräten darum geht,
   - den Fokus der Aufmerksamkeit auf attraktive oder unattraktive Geräteanreize und daraus resultierende angenehme oder unangenehme Gefühlsbewegungen zu konzentrieren,
   - Komplexität zu reduzieren und unwesentliche Einschätzungen mit Blick auf bestimmte Spiel- und Sportgeräte auszublenden,
   - den Zugang zum Körper- und Bewegungsgedächtnis in Bezug zu diversen Spiel- und Sportgeräten schneller zu finden und zu regulieren,
   - geräteanreizbezogene Wahrnehmungs-, Reflexions- und Verarbeitungsprozesse zu beschleunigen und deren synergetisches Zusammenspiel für emotional stimmige Anpassungsleistungen zu mobilisieren,
   - die Hierarchie der Denkinhalte (Was ist mir im Umgang mit Spiel- und Sportgeräten wichtig-er?) mit Blick auf subjektiv stimmige Bewegungslösungen zu steuern (Ciompi 2005, S. 94 ff.)

Unter funktionellen Gesichtspunkten wird emotionalen Faktoren – im Gegensatz zu sozial-kognitiven Faktoren – eine unmittelbare verhaltensbeeinflussende Wirkung auch für objektempathische Wahrnehmungs-, Kommunikations- und Verarbeitungsleistungen zugeschrieben (Ciompi 2005, S. 286 ff.). Das obligate Zusammenwirken von Emotion (Fühlen) und Kognition (Denken) soll damit aber keineswegs in Frage gestellt werden.

2. Neurobiologische Forschungsergebnisse unterstützen die affektlogische Perspektive und machen gleichfalls auf die Wichtigkeit des emotionalen Systems für objektempathische Einfühlungsleistungen aufmerksam:

So erlaubt es der im limbischen System (emotionales Gehirn) verortete Mandelkern (emotionaler Wachposten und Gedächtnisspeicher) einer Sportlehrkraft, auf Grund einer kürzeren neuronalen Bahn, vor dem Neokortex (denkendes Gehirn) schnell und situationsangemessen zu reagieren, ohne dass hierbei eine bewusste kognitive Beteiligung im Spiel sein muss. Mit Hilfe des Mandelkerns kann man „alten" gerätespezifischen Gefühlsbewegungen – eigenen wie fremden – gut auf die Spur kommen (Sulz und Schmalhofer 2010, S. 185; Ruckmann und Rief 2013, S. 24 ff.).

Somatische Marker stellen eine mehr oder minder bewusstseinsfähige körperliche Reaktion (Art von Bauchgefühl) dar, die sich aktiviert, wenn jemand mit Anreizstrukturen von bestimmten Spiel- und Sportgeräten konfrontiert wird. Dieses Bauchgefühl versetzt eine Sportlehrkraft in die Lage, beim (geplanten) Einsatz von Spiel- und Sportgeräten tendenziell erste Vorhersagen über emotionale Reaktionen von Schülern anzustellen, bevor ein kognitiver Prüfvorgang aktiviert wird (Damasio 2000, 2004; Welzer 2005, S. 138).

Spiegelneuronen oder Spiegelnervenzellen versetzen eine Sportlehrkraft in die Lage, intuitiv etwas über die gerätespezifischen Gefühlsbewegungen von Kindern und Jugendlichen zu erfahren, ohne selbst dabei aktiv werden zu müssen. Die empathischen Spiegelneuronen werden bei der Sportlehrkraft eigenständig aktiv, sobald diese Bewegungsakteure im Umgang mit Spiel- und Sportgeräten bewusst beobachtet. Sie ermöglichen der Sportlehrkraft ein intuitives Verstehen und effizientes Einfühlen, indem sie ihr helfen, eine große Bandbreite von gerätespezifischen Gefühlsbewegungen imitieren und spiegeln zu können (Hüther 2004; Bauer 2005). Die Existenz der Spiegelneuronen deutet auf eine genetische Basis der Objektempathie hin; diese muss aber aktiviert und trainiert werden, damit sie nicht verloren geht (Egert 2010, S. 237; Riedel 2007, S. 45 ff.).

3. Klinische Beobachtungen machen darauf aufmerksam, dass gerätespezifische Gefühlsbewegungen sich eher durch gerätespezifische Gefühlsbewegungen als durch (ausschließlich) vernunftbezogene Erklärungen und Anweisungen verarbeiten lassen. Studien zufolge, können gerade negative gerätespezifische Gefühlsverankerungen durch positive gerätespezifische Gefühlsbewegungen konstruktiver reguliert oder gar aufgelöst werden. Positive Emotionen stärken Körper und Geist und machen fit für Krisenzeiten im Umgang mit gerätespezifischen Anforderungen. Und hoffnungsvoll stimmt: Der Blick durch die „rosarote Brille" kann in der Auseinandersetzung mit Spiel- und Sportgeräten im Sportunterricht trainiert werden (Frederickson 2003; Fonagy et al. 2004).

Zusammenfassend: Es gibt bei der Thematisierung von Spiel- und Sportgeräten Situationen, da greifen rationale Angebote, beispielsweise in Form von Technikerklärungen oder methodischen Übungsreihen, zu kurz. Manche Bewegungsprobleme in der Konfrontation mit Spiel- und Sportgeräten oder die Einstellung zu bestimmten Spiel- und Sportgeräten lassen sich nur dann förderlich moderieren, wenn auf die Gefühlslage der Bewegungsakteure weniger rational, sondern mehr emotional eingegangen wird. Gemeint ist die Fähigkeit, beispielsweise beim Sprung über den Sprungtisch, sich in das emotionale Beziehungserleben zwischen „Geräteanreiz Sprungtisch" und „Gefühlslage Bewegungsakteur" nicht nur vernunfts-, sondern auch gefühlsmäßig einfühlen zu können.

Die emotional-motivationalen Erfahrungen, die im Umgang mit diversen Spiel- und Sportgeräten vorliegen, können als Lernanlass dienen und helfen, sich der praktischen Bedeutung der Objektempathie für den Sportunterricht bewusst zu werden. Persönliche Bewegungserlebnisse und die direkte Begegnung mit Geräte-Favoriten oder Geräte-Fieslingen sind – in der Interaktion mit „fremden" emotional-motivationalen Geräteerfahrungen – der Türöffner, sich auf objektempathische Selbsterfahrungsprozesse einzulassen.

2.2 Die objektempathische Sportlehrkraft – Kompetenzbasis

Dieser Hintergrund ist die Basis für Gassner (2006), Objektempathie im Verständnis einer emotional-motivationalen Kompetenz zu konzeptualisieren, ohne dabei kognitive respektive rationale Vorgänge in ihrer Leistung für Einfühlungsprozesse schmälern zu wollen. In der Empathieforschung herrscht Konsens dahingehend, dass das empathische Geschehen sowohl von kognitiven respektive rationalen Vorgängen (Empathie als optimale Erkennungs-, Analysier- und Bewertungsmethode für das emotionale Verstehen von Personen in sozialen Situationen) als auch von emotionalen respektive motivationalen Vorgängen (Empathie als stellvertretendes, kurzzeitiges Mitfühlen und Miterleben von emotionalen Zuständen und Beweggründen einer Person in sozialen Situationen) bestimmt und beeinflusst wird.

Objektempathie im Verständnis einer emotional-motivationalen Basiskompetenz stellt ein hohes Vermögen in der motivationalen Steuerung gerätespezifischer Gefühlsbewegungen und Bewegungsbeziehungen in Aussicht (Gassner 2006, S. 298–300). Sie dürfte aus sportdidaktischer Sicht nahezu unverzichtbar sein, sind es doch Sportlehrkräfte, die im Sportunterricht mit Hilfe von Spiel- und Sportgeräten persönlich bedeutsame Lern- und Erziehungsprozesse bei Schülern nachhaltig initiieren wollen. Voraussetzung hierzu ist allerdings, Geräteanreize und daraus resultierende Gefühlsbewegungen identifikationsstiftend erkennen (Bereich der Wahrnehmungsfähigkeit), verstehensförderlich reflektieren (Bereich der Kommunikationsfähigkeit) und ressourcenaktivierend nutzen (Bereich der Verarbeitungsfähigkeit) zu können. Forschungsarbeiten zur „Emotionalen Kompetenz" (Rindermann 2008, S. 3; Petermann und Wiedebusch 2001, S. 189 f.) und praktische Erfahrungen mit Empathietrainings (Fritsch 2008; Gassner 2006; Bieg und Behr 2005) können als Beleg für die Konzentration auf diese drei Bereiche gelten. Ermutigend hierbei ist, dass nicht nur Kinder und Jugendliche, sondern auch Erwachsene als Zielgruppe aufgeführt werden.

Die in diesem Zusammenhang von Lineham (2007, S. 77 und 82) vorgenommene Unterscheidung von so genannten „Was-Fähigkeiten" und „Wie-Fähigkeiten" hilft, handwerkliche Aspekte und motivationale Aspekte konstruktiv aufeinander zu beziehen. „Was-Fähigkeiten" beschreiben konkrete Fertigkeiten (Was tue ich?), die beim Wahrnehmen, Kommunizieren und Verarbeiten von gerätespezifischen Gefühlsbewegungen benötigt werden. „Wie-Fähigkeiten" beschreiben die dazu passende Haltung, die nötig ist, um die eingesetzten Wahrnehmungs-, Reflexions- und Verarbeitungstechniken überzeugend „rüberzubringen" (In welcher Weise tue ich es?).

Das **„Erkennen"** umfasst die Fähigkeit einer Sportlehrkraft, gerätespezifische Gefühlsbewegungen konzentriert zu beobachten. Das heißt, sie möglichst genau und differenziert (Technikmodus) sowie möglichst unvoreingenommen und sachlich nachvollziehbar beschreiben (Haltungsmodus) zu können. Dem Körper als Organ des Erlebens, Fühlens und Erfahrens kommt hierbei eine zentrale Vermittlerrolle zu. Körpernahe Wahrnehmungsvorgänge (Zentrierung) und körpererweiterte Wahrnehmungsvorgänge (Umfassung) helfen der Sportlehrkraft, die durch die Geräteanreize ausgelösten Gefühlsbewegungen schneller zu erfassen und in identifikationsstiftende Worte einzukleiden. Damit ist die Basis für weiterführende Verstehens- und Verständigungsprozesse geschaffen.

Das **„Verstehen"** umfasst die Fähigkeit einer Sportlehrkraft, die identifizierten gerätespezifischen Gefühlsbewegungen feedbackförderlich auszutauschen und zu reflektieren. Das heißt, sie möglichst authentisch nonverbal, paraverbal und verbal (Technikmodus) sowie möglichst authentisch dialog- und verständnisgeleitet spiegeln (Haltungsmodus) zu können. Der Rückkopplung von Informationen in Form des Gebens und Annehmens von Feedback kommt hierbei eine zentrale Vermittlerrolle zu. Feedbackorientierte Spiegelungsvorgänge helfen der Sportlehrkraft, die durch die Geräteanreize ausgelösten Gefühlsbewegungen besser zu verstehen und eine Verständigung über deren sinngebende Prägung in die Wege zu leiten. Damit ist die Basis für ressourcenaktivierende Bestärkungs- und Verarbeitungsprozesse geschaffen.

Das **„Verarbeiten"** umfasst die Fähigkeit einer Sportlehrkraft, die identifizierten und reflektierten gerätespezifischen Gefühlsbewegungen optimal zu nutzen. Das heißt, sie bei einer positiven Gefühlslage möglichst bestätigend oder sie bei einer negativen Gefühlslage möglichst umorientierend (Technikmodus) sowie sie möglichst selbstwirksam und lösungsorientiert bestärken (Haltungsmodus) zu können. Der Stärkung bereits bestehender oder noch zu entwickelnder Ressourcen kommt hierbei eine zentrale Vermittlerrolle zu. Ressourcenaktivierende Verarbeitungsvorgänge helfen der Sportlehrkraft, die erkannten und verstandenen Gefühlsbewegungen einer optimalen Nutzung zuzuführen. Damit ist die Basis für sowohl individuell stimmige als auch sozial verträgliche Abstimmungs- und Anpassungsprozesse geschaffen.

So steht im Kern ein kompetenzbasiertes Handlungsmodell zur Verfügung, das eine strukturierte und überprüfbare Vermittlung von drei grundlegenden objektempathischen Kompetenzbereichen im Rahmen eines (idealtypischen) Dreischrittes erlaubt. Vom Wahrnehmen zum Erkennen (Schritt 1), über die Reflexion zum Verstehen (Schritt 2) hin zum Verarbeiten und Nutzen von gerätespezifischen Gefühlsbewegungen (Schritt 3). Die Übergänge sind fließend, zirkulär angelegt und wechselseitig eng miteinander verzahnt. In manchen Fällen können die Kompetenzbereiche nicht exakt voneinander getrennt werden; in anderen Fällen ist es wiederum ineffektiv den zweiten Schritt vor dem ersten Schritt zu tun.

Die drei Kompetenzbereiche mit ihren jeweils spezifischen Technikaspekten und Haltungsorientierungen stellen einen elementaren Wesenskern objektempathischer Gefühlsarbeit in der Praxis dar, der grundlegende Voraussetzungen und Zielanliegen zugleich abbildet. Die Konkretisierung der kompetenzspezifischen Technikaspekte und Haltungsorientierungen macht die „Basics" von Objektempathie lehr- und evaluierbar. Zum anderen sind sie auch noch im Erwachsenenalter lernbar.

2

Unter dem Gesichtspunkt eines förderlichen Lern- und Beziehungsklimas kommt der Haltungsfrage in mehrfacher Hinsicht eine übergeordnete Rolle zu. Sind alle Beteiligten vom humanen Grundanliegen der objektempathischen Haltungselemente überzeugt, so erhöht sich die Chance, den objektempathischen Lernprozess als etwas Lohnenswertes für sich selbst und für andere zu erachten. Zugleich sind mögliche „technische" Fehler leichter zu ertragen und ungewöhnlich erscheinende Aufgaben und Übungen werden als weniger „therapeutisch aufgesetzt" wahrgenommen und erlebt. Und nicht zuletzt das Wichtigste mit Blick auf den beruflichen Alltagskontext: Spüren Schüler, dass sich „ihre" Sportlehrkraft um eine solche mitmenschliche Grundhaltung bemüht, dann fällt es ihnen leicht(er) voreilige Rückschlüsse, unangemessene Ansprachen oder didaktische Ungeschicklichkeiten offen an- und auszusprechen (Strittmatter 2001, S. 37).

Zusammenfassend: Die objektempathisch kompetente Sportlehrkraft ist nicht daran interessiert, dem Bewegungsakteur im Umgang mit Spiel- und Sportgeräten unzählig viele Lösungswege aufzuzeigen (rational-analytischer Einfühlungsmodus). Primär geht es ihr darum den Bewegungsakteur zu befähigen, für sich selbst – in Kooperation mit anderen – emotional stimmige Bewegungslösungen zu finden. Diese sollen zu der eigenen biografisch geprägten Gefühls- und Bewegungsgeschichte einen Sinn machen und ihn im Umgang mit verschiedenen Spiel- und Sportgeräten persönlich weiter voran bringen (emotional-motivationaler Einfühlungsmodus).

Die auf Eigentätigkeit basierende Selbsterfahrung der drei Grundkompetenzen ist der Schlüssel zum Erfolg, die objektempathische Kompetenzfigur in der Praxis wirksam zur Geltung zu bringen.

2.3 Objektempathie entwickeln – Vermittlungsbasis

Aus Empathietrainings liegen zahlreiche Vermittlungsanregungen vor, die auch für die Förderung der speziellen Form der Objektempathie genutzt werden können. Wahrnehmungs-, Kommunikations- und Verarbeitungsübungen stellen hierbei den festen Kern eines jeden Methodensettings dar.

Das Spektrum an Methodenelementen zur Förderung objektempathischer Fähigkeiten/Fertigkeiten und Haltungsorientierungen erstreckt sich dabei von körperbezogenen Verfahren (Bau von Gefühlsskulpturen, Resonanzbögen zur Darstellung körperlicher Empfindungen) über die Arbeit mit speziellen Feedbackformen (Pantomime, kontrollierter Gesprächsdialog) bis hin zu stärkeorientierten Ressourcenaktivierungen (Metaphern, Mutmacherformeln). Auch Dilemmageschichten, Simulationsübungen, gruppendynamische Spielszenen und Bewegungschoreografien sowie spiel- und sportbezogene Bewegungsangebote werden in das Methodensetting mit einbezogen.

Insgesamt steht für den Aufbau der objektempathischen Voraussetzungen und Zielanliegen eine Vielfalt an praktisch erprobten Methodenoptionen zur Verfügung. In modifizierter Form kann dieses Methodensetting auch zur Unterstützung des objektempathischen Kompetenzerwerbs herangezogen werden (Ullmann 2013, S. 42–43).

Zur Anbahnung und Entwicklung von Kompetenzen allgemein hat sich ein komplementäres Zusammenspiel zwischen angeleiteten Lernprozessen (Trainingsperspektive) und selbstorganisierten Lernprozessen (Werkstattperspektive) als besonders kompetenzförderlich erwiesen (Gudjons 2007, S. 10 f.; Schmitt 2002, S. 36). Im Übertrag auf den objektempathischen Kompetenzerwerb:

Charakteristisch für die „Trainingsarbeit" ist, dass sie durch zielgerichtete Übungs-phasen die notwendigen objektempathischen Wahrnehmungs-, Kommunikations- und Verarbeitungsfähigkeiten strukturiert aufzubauen versucht. Hierzu werden Instruktionen in Form von direkter Unterweisung, Handlungsanleitungen und Informationsvermittlung als unverzichtbar angesehen. Instruktionen ermöglichen die gezielte Unterstützung und helfen, den objektempathischen Kompetenzerwerbsprozess zunehmend selbstständig zu gestalten. Objektempathische Lern- und Selbsterfahrungsprozesse ohne jegliche instruktionale Unterstützung sind in der Regel ineffektiv und führen leicht zu Überforderungen (Reinmann-Rothmeier und Mandl 1998, S. 464).

Charakteristisch für die „Werkstattarbeit" ist, dass sie von einer ganzheitlichen Sichtweise des Menschen ausgeht. An objektempathischen Lernprozessen ist der ganze Mensch beteiligt, das „gehört zum Grundverständnis der Werkstattarbeit" (Maass 2000, S. 39). Werkstattarbeit will im Zuge objektempathischer Kompetenzerwerbsprozesse ein entdeckendes, kreatives, selbsterfahrungsbezogenes, problemlösendes und selbstorganisiertes Lernen ermöglichen. Das wiederum schließt, ganz im Sinne objektempathischer Einfühlungsqualitäten, ein hohes Maß an Aufmerksamkeit, Verständigung und Lösungsverantwortung mit ein – für sich selbst und für andere (Maass 2000, S. 39). Kooperative Lernformen werden hierfür als unverzichtbar angesehen, berücksichtigen sie doch sowohl individuelle Interessenslagen als auch das sozio-emotionale Bedürfnis nach Erfahrungsaustausch, was wiederum die Lernmotivation und die Selbstwirksamkeitsüberzeugung stärken kann. Gruppen-Feedbacks wirken im Umgang mit Gefühls-, Bewegungs-, und Einfühlungsstereotypen korrigierend, integrierend und horizonterweiternd zugleich. Kooperative Lernformen ermöglichen einen objektempathischen Kompetenzerwerb in Eigenregie (Ruegsegger 2009, S. 36 ff.).

Das komplementäre Zusammenspiel zwischen instruktionalen, trainingsorientierten und selbstorganisierten, werkstattorientierten Lernprozessen erfordert eine flexible Rollengestaltung. Bei Teilnehmern (TN), die im Rahmen eines Förderkurses die „Lernende Position" einnehmen, wird es darauf ankommen, dass sie ihren objektempathischen Lernprozess in erster Linie eigeninitiativ und selbst aktiv gestalten. Bei Bedarf kann aber eine rezeptive und reproduktive Rollenposition notwendig und vorteilhaft für den weiteren Lernverlauf sein, wenn es darum geht, objektempathisch relevante Technikaspekte haltungskonform zu erlernen.

Die Kursleitung (KL), die sich für die „Lehrende Position" verantwortlich zeichnet, sollte gleichfalls zu flexiblem Rollenhandeln in der Lage sein. Vermittlungsprozesse im Rahmen des Förderkurses sind einerseits offen – im Sinne von Anregen, Unterstützen und Beraten, andererseits geschlossen – im Sinne von Anleiten, Darbieten und Erklären zu gestalten. Es geht also darum, sich in der Funktion als KL auf einen situativen Wechsel zwischen erfahrungsoffener und zielführender Position einzulassen.

Der Konzeptrahmen der Trainingswerkstatt mit seinen integrierten Lernepisoden und Methodenelementen ist in das umfassende Verständnis des „Experiential Learning" (Kolb 1984) eingebettet. Das heißt, er geht im Hinblick auf den objektempathischen Kompetenzerwerb von rückgekoppelten Prozessphasen aus, in denen konkrete Erfahrungen, die Umformung oder Erweiterung dieser Erfahrungen durch Wissensaneignung, die Reflexion und Klärung wiederum dieser angereicherten Erfahrungen synergetisch eng miteinander verbunden sind. So ist gewährleistet, dass nicht nur eine kognitiv-rationale Auseinandersetzung mit objektempathischen Anforderungen und Beanspruchungen erfolgt, sondern insbesondere auch die emotional-motivationale Dimension angesprochen werden kann.

2

Zusammenfassend: Objektempathie als wichtiges praktisches Mittel für einen lern- und motivationsförderlichen Umgang mit durch Spiel- und Sportgeräten ausgelösten Gefühlsbewegungen kann nicht durch eine theoretische Aufarbeitung entwickelt werden. Der Aufbau einer objektempathischen Fühl-, Denk- und Handlungsweise erfordert die direkte Auseinandersetzung mit den gerätespezifischen Anreizstrukturen und den sich daraus resultierenden Gefühlsbewegungen.

Gerätespezifische Gefühlsbewegungen, eigene wie fremde, können nur in der persönlichen Auseinandersetzung und nicht generell erkannt, verstanden und verarbeitet werden. Die originäre Begegnung mit unterschiedlichen emotionalen Beziehungen zu verschiedenen Spiel- und Sportgeräten fördert den authentischen Austausch gerätespezifischer Gefühlsbewegungen und damit Objektempathie. Zugleich wird dadurch ein authentischer wie intensiver objektempathischer Lern- und Erfahrungsraum für sich selbst und für andere geschaffen.

Die methodische Kontroverse, ob objektempathische Einfühlungsprozesse nur als authentische Erfahrung realisiert, nicht aber „gespielt" oder „simuliert" werden können (Liekam 2004, S. 186), soll an dieser Stelle wie folgt beantwortet werden.

Praktische Erfahrungen mit Sportstudierenden haben gezeigt, dass es ein Trugschluss ist zu glauben, dass der Aufbau objektempathischer Fähigkeiten/Fertigkeiten und Haltungsorientierungen nur im Rahmen authentischer objektempathischer Lernprozesse erfolgen kann. Im Gegenteil: Spielerisch-simulative Lernprozesse, im Sinne von „Als-ob-Erfahrungen", sind immer dann notwendig, wenn es im Umgang mit Spiel- und Sportgeräten darum geht, körperorientiertes Wahrnehmen, verstehensförderliches Reflektieren und ressourcenaktivierendes Verarbeiten angstfrei, also auch mit einer gewissen Lust auf „Fehler" zu erproben und einzuüben.

Selbst auf die Gefahr hin, dass ein solches Vorgehen von den TN in manchen Lernepisoden als „künstlich" und „aufgesetzt" erlebt werden kann, sollte die KL auf den Vorteil von szenisch-simulativen Spiel- und Lernphasen nicht verzichten. Er besteht darin, mit Mut und Neugier objektempathische Anforderungen zu „erforschen". Niemand muss befürchten, sich bei missglückten Umsetzungsversuchen zu blamieren. Es ist nur ein Experiment – nicht mehr und nicht weniger.

Literatur

Bauer, J. (2005). *Warum ich fühle, was du fühlst. Intuitive Kommunikation und das Geheimnis der Spiegelneurone.* Hamburg: Hoffmann & Campe.

Bieg, S., & Behr, M. (2005). *Mich und Dich verstehen. Ein Trainingsprogramm zur Emotionalen Sensitivität bei Schulklassen und Kindergruppen im Grundschul- und Orientierungsstufenalter.* Göttingen: Hogrefe.

Ciompi, L. (2005). *Die emotionalen Grundlagen des Denkens. Entwurf einer fraktalen Affektlogik.* Göttingen: Vandenhoeck & Ruprecht.

Damasio, A. R. (2000). *Ich fühle, also bin ich. Die Entschlüsselung des Bewusstseins.* Berlin: List.

Damasio, A. R. (2004). *Descartes´ Irrtum. Fühlen, Denken und das menschliche Gehirn..* Berlin: List.

Egert, S. (2010). Das Rendsburger Lehrertraining. Evangelische Jugendhilfe, Heft 4. ► www.rendsburger-lehrertraining.de

Fonagy, P., Gergely, G., Jurist, E. L., & Target, M. (2004). *Affektregulierung, Mentalisierung und die Entwicklung des Selbst.* Stuttgart: Klett-Cotta.

Frederickson, B. L. (2003). Die Macht der guten Gefühle. *Gehirn & Geist, 6,*38–42.

Fritsch, G. R. (2008). *Praktische Selbst-Empathie.* Paderborn: Junfermann.

Gassner, B. (2006). *Empathie in der Pädagogik. Theorien, Implikationen, Bedeutung, Umsetzung.* Inauguraldissertation. Heidelberg.

Gudjons, H. (2007). Lehren durch Instruktion. *Pädagogik, 59*(11), 6–11.

Hirtz, P., Hotz, A., & Ludwig, G. (2003). *Bewegungsgefühl*. Schorndorf: Hofmann.

Hüther, G. (2004). *Die Macht der inneren Bilder. Wie Visionen das Gehirn, den Menschen und die Welt verändern*. Göttingen: Vandenhoeck & Ruprecht.

Knörzer, W., Amler, W., & Rupp, R. (2011). *Mentale Stärke entwickeln. Das Heidelberger Kompetenztraining in der schulischen Praxis*. Weinheim: Beltz.

Kolb, D. A. (1984). Experiental Learning: Experience as the source of learning and development. (New York). In: W. C. Kriz (2000), *Lernziel: Systemkompetenz. Planspiele als Trainingsmethode* (S. 190-194). Göttingen: Vandenhoeck & Ruprecht.

Liekam, S. (2004). *Empathie als Fundament pädagogischer Professionalität. Analysen zu einer vergessenen Schlüsselvariable der Pädagogik*. Inauguraldissertation. München.

Lineham, M. M. (2007). *Trainingsmanual zur Dialektischen-Behavioralen Therapie der Borderline Persönlichkeitsstörung*. München: CIP-Medien.

Maass, P. (2000). Selbstbestimmte Arbeit in der Bewegungswerkstatt. Ein Modell für Fortbildungsveranstaltungen. *sportpädagogik 24*(1), 37–40.

Michels, H., & Schöttler, B. (1994). „Neue" Materialien und Spielgeräte für den Schulsport. *Hinweise zu Einsatz- und Einkaufsmöglichkeiten. sportunterricht, 43*(12), 504–518.

Petermann, F., & Wiedebusch, S. (2001). Entwicklung emotionaler Kompetenz in den ersten sechs Lebensjahren. *Kindheit und Entwicklung, 10*(3), 189–200.

Reinmann-Rothmeier, G., & Mandl, H. (1998). Wissensvermittlung: Ansätze zur Förderung des Wissenserwerbs. In F. Klix & H. Spada (Hrsg.), *Enzyklopädie der Psychologie* (S. 457–500). Göttingen: Hogrefe.

Riedel, K. (2007). *Empathie bei Kindern psychisch kranker Eltern*. Inauguraldissertation. Siegen.

Rindermann, H. (2008). *EKF. Emotionale-Kompetenz-Fragebogen. Einschätzung emotionaler Kompetenz und emotionaler Intelligenz aus Selbst- und Fremdsicht.*. Göttingen: Hogrefe.

Ruckmann, J., & Rief, W. (2013). Empathie: neurowissenschaftliche Grundlagen, klinische Implikation und offene Fragestellungen. *Verhaltenstherapie, 23,*23–34.

Ruegsegger, R. (2009). Warum kooperatives Lernen viel bewirkt. *Pädagogik, 61*(12), 36–38.

Schmitt, H. (2002). Kompetenzentwicklung bei Lehrkräften. *Grundschulmagazin, 70*(3–4), 35–40.

Strittmatter, A. (2001). Langzeiterfahrungen mit SchülerInnenfeedback. *Pädagogik, 53*(5), 36–39.

Sulz, S. & Schmalhofer, R.M. (2010). Emotionsdiagnostik in der Psychotherapie – die Messung des Emotionserlebens und der Emotionsregulation mit der VDS32-Emotionsanalyse. *Psychotherapie 15*(2), 184–192. (München: CIP-Medien).

Trebels, A. (1990). Bewegungsgefühl: Der Zusammenhang von Spüren und Bewirken. *sportpädagogik 14* (4), 12–18.

Ullmann, R. (2013). Objekt-Empathie in der Sportlehrer(aus)bildung – Theoriegeleiteter Entwurf eines pragmatischen (Aus-)Bildungskonzepts. Inauguraldissertation. Heidelberg.

Welzer, H. (2005). *Das kommunikative Gedächtnis. Eine Theorie der Erinnerung*. München: Beck.

Weichert, W. & Cunis, M. (2010). *Geräte selbst bauen für Bewegung, Spiel und Sport. Eine Werkstatt zum Entwerfen, Herstellen und Erproben*. Schorndorf: Hofmann.

Winschermann, M. (1992). Es gibt kein Lernen ohne Gefühle: Gestaltpädagogik. In V. Buddrus (Hrsg.), *Die „verborgenen" Gefühle in der Pädagogik* (S. 157–168). Baltmannsweiler: Schneider.

Konzeptdesign

Inhaltsverzeichnis

Wie Objektempathie erlernt werden soll

© Springer Fachmedien Wiesbaden GmbH, ein Teil von Springer Nature 2019
R. Ullmann, *Lust auf Bälle, Barren, Bodenmatten*, https://doi.org/10.1007/978-3-658-23739-4_3

3

3.1   Selbsterfahrungslernen nach dem 2-3-5-System

Anbahnung und Aufbau neuer objektempathischer Fühl-, Denk- und Handlungs-
routinen verlangt vor allem eines: Explorierende Selbsterfahrungsprozesse. Sie sind
der Dreh- und Angelpunkt für objektempathische Kompetenzentwicklung. Objektempathisches Selbsterfahrungslernen ist ein Lernen im Klima der emotionalen
Berührung und Begegnung zwischen einem fühlenden Bewegungsakteur und der
Anreizwelt von Spiel- und Sportgeräten. Dabei kommt es darauf an, für eine gewisse
Erfahrungsdynamik zu sorgen. Möglich wird dies, durch den Vergleich zwischen all-
tagsbasierten Geräte-, Gefühls- und Empathiegewohnheiten gegenüber neu erwor-
benen Erfahrungen bei der Anwendung von objektempathischen Fühl-, Denk- und
Handlungsweisen im direkten Kontakt mit durch Spiel- und Sportgeräten ausgelösten
Gefühlsbewegungen.

Sportlehrkräfte, die lernen sollen, im Umgang mit gerätespezifischen Gefühlsbewegungen innovativ-kreativ zu fühlen, zu denken und zu handeln, tun dies in aller
Regel nur dann, wenn sie die objektempathische Gefühlsarbeit an sich selbst als mach-
bar und überzeugend erleben respektive erlebt haben. Das beinhaltet auch die Erfahrung
von Lernschwierigkeiten und das Erleben von Widerstandserfahrungen. Deren Überwindung führt dazu, sich mit dem objektempathischen Professionalisierungsanliegen zu
identifizieren (Combe 2006, S. 33–34; Klippert 2005, S. 15).

Zum Zweck des objektempathischen Selbsterfahrungslernens wird mittels „zwei
Prozessmodellen" eine doppelte Handlungsstruktur angeboten, die sich bereits in der
Praxis bewährt hat. Darauf Bezug nehmend erfolgt eine Beschreibung, wie man sich mit
„drei überschaubaren Zielschritten" eine objektempathische Basisexpertise aneignen
kann. Die „fünf hilfreichen Gestaltungsprinzipien" bilden Gelingensbedingungen für
förderliche objektempathische Lern- und Erfahrungsprozesse ab. Zusammengenommen
hat das 2-3-5-System seine Bedeutung sowohl für die Förderung von Erwachsenen
(zum Bespiel Sportlehrkräfte) als auch für Kinder- und Jugendliche (zum Beispiel
Bewegungsakteure).

3.2   Zwei praxisbewährte Prozessmodelle

Der Grundrahmen der Trainingswerkstatt stützt sich auf zwei praxisbewährte Prozessmodelle. Ihr jeweils dreigliedriger Handlungsstrang ermöglicht es, zwei Ebenen und
drei Kompetenzbereiche zugleich komplementär aufeinander abzustimmen und dieses
Zusammenspiel für einen strukturierten Lehr-/Lernweg zu nutzen.

Das Prozessmodell der „Emotionsbetreuung" nach Greenberg (2005, S. 324) weist
Sportlehrkräften die Rolle eines „Emotionsberaters" zu. Dieser soll in drei Schritten
darauf hinwirken, dass in emotional aufgeladenen Bewegungssituationen mit Spiel-
und Sportgeräten eine emotionszentrierte Problembewältigung stattfindet, indem er
Bewegungsakteure beim Erkennen, Verstehen und Verarbeiten ihrer gerätespezifischen
Gefühlsbewegungen unterstützt (pädagogisch-psychologischer Zugang).

Das Prozessmodell der „Gerätegewöhnung" nach Jakob (1991, S. 64 ff.) weist
Sportlehrkräften die Rolle eines „Geräteberaters" zu. Dieser soll in drei Schritten
Bewegungsakteuren helfen, sich mit den Eigenheiten eines Gerätes vertraut zu machen.
Das heißt, mittels Erkundung, Reflexion und Abstimmung sollen die gerätetypischen

Anreizstrukturen sich motorisch und mental so „einverleibt" werden, dass die Bewegungsakteure das Gerät für sich, entsprechend ihren Absichten und Gefühlslagen, optimal nutzen können (sportdidaktisch-stundentypbezogener Zugang).

Modellhaft lässt sich das komplementäre Zusammenspiel der beiden Prozessmodelle wie folgt illustrieren (◨ Abb. 3.1):

1. Die erste Handlungs- und Prozesseinheit konzentriert sich darauf, die Emotionsaufmerksamkeit zu steigern. Es geht darum, das Wechselspiel zwischen gerätespezifischen Anreizstrukturen und aktualisierten Gefühlsbewegungen besser zu erkennen und sich mit mehr Vertrauen darauf einzulassen.

Zur Veranschaulichung: Beim Austesten der spezifischen Anreizstrukturen des Schleuderballs (braune Lederschlaufe, blaue Gummikugel, Gewicht, Schleuderoptionen) wird es darauf ankommen zu lernen, bei sich und bei anderen zu erkennen, wie die schleuderballspezifischen Anreizmerkmale Einfluss nehmen, wo die schleuderballspezifischen Gefühlsbewegungen im Körper ansetzen, wie die körperlichen Empfindungen sich anfühlen und mit welchen schleuderballtypischen Eigenschaften und daraus resultierenden Bewegungsaktionen man letztlich klar kommen muss.

Unter der „Perspektive der Emotionsbetreuung" gilt es zu lernen, für körperlich verankerte Gefühlslagen identifikationsstiftende Umschreibungen zu bilden, mit denen sich die schleuderballspezifischen Gefühlsbewegungen bei Bedarf beeinflussen lassen. Unter der „Perspektive der Gerätegewöhnung" gilt es zu lernen, das Sportgerät Schleuderball ausgiebig zu erkunden, intensiv zu erproben und kreativ zu entdecken.

Die erste Handlungs- und Prozesseinheit korrespondiert eng mit dem Kompetenzanliegen der körperorientierten Wahrnehmungsfähigkeit. Ein erhöhtes Wahrnehmungsvermögen von körpernahen und körpererweiterten Empfindungen in der Begegnung mit Anreizstrukturen diverser Spiel- und Sportgeräte ist der essenzielle Weg zur Erschließung der inneren Gefühlslage und zur Entfaltung einer differenzierten Gefühlsmarkierung.

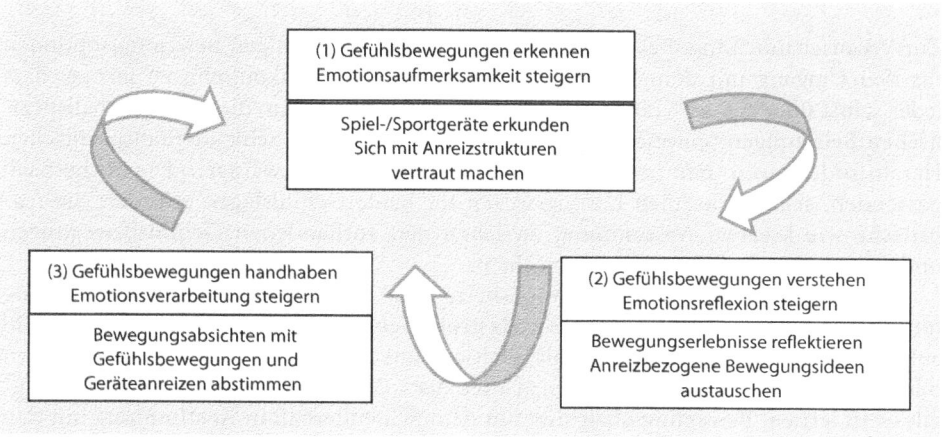

◨ **Abb. 3.1** Pädagogisch-psychologische und sportdidaktisch-stundentypbezogene Prozessstruktur

3

2. Die zweite Handlungs- und Prozesseinheit konzentriert sich darauf, die Emotionsreflexion zu steigern. Es geht darum, das sinngebende Einflusspotenzial der aktualisierten Gefühlsbewegungen, ausgelöst durch die gerätespezifischen Anreizstrukturen, auf die antizipierten oder realisierten Bewegungsabsichten besser nachzuvollziehen und tief greifender zu verstehen.

Zur Veranschaulichung: Beim Austausch von Bewegungserlebnissen mit dem Schleuderball wird es darauf ankommen zu lernen, damit involvierte Gefühlsbewegungen anzunehmen und sie anderen mitzuteilen. Mögen die assoziierten Schleuderballanreize und die daraus resultierenden Gefühlsbewegungen und Bewegungsimpulse auch noch so ungewöhnlich, ambivalent oder gar fremdartig erscheinen, ist es für die Einleitung von emotionsbasierten Verständigungs- und Verstehensprozessen wichtig, feedbackförderlich zu sprechen und zuzuhören.

Unter der „Perspektive der Emotionsbetreuung" gilt es zu lernen, im Rahmen verstehensförderlicher Sprech- und Zuhörakte ein gemeinsames Verständnis über verschiedenartige Gefühlsbewegungen und Bewegungsbeziehungen zum Sportgerät Schleuderball zu erarbeiten. Unter der „Perspektive der Gerätegewöhnung" gilt es zu lernen, Gefühlsbewegungen und Bewegungserfahrungen in der Auseinandersetzung mit den schleuderballtypischen Geräteanreizen anderen möglichst differenziert mitzuteilen und sich mit anderen darüber unvoreingenommen auszutauschen.

Die zweite Handlungs- und Prozesseinheit korrespondiert eng mit dem Kompetenzanliegen der feedbackförderlichen Reflexionsfähigkeit. Ein erhöhtes Reflexionsvermögen über typische Anreizstrukturen von Spiel- und Sportgeräten ist der essenzielle Weg zum besseren Verstehen und zur besseren Verständigung über den mitbestimmenden Einfluss von Gefühlsbewegungen auf die Bewegungsabsicht und auf die Handhabung diverser Spiel- und Sportgeräte.

3. Die dritte Handlungs- und Prozesseinheit konzentriert sich darauf, die Emotionsverarbeitung zu steigern. Es geht darum, die gerätespezifischen Anreizstrukturen und die daraus resultierenden Gefühlsbewegungen mit den präferierten Bewegungsabsichten optimaler aufeinander abzustimmen und lösungswirksam auszurichten.

Zur Veranschaulichung: Bei der Suche nach emotional stimmigen Bewegungsoptionen für den Umgang mit dem Schleuderball wird es darauf ankommen zu lernen, dass jeder selbst über eigene Kräfte verfügt, die es möglich machen, die schleuderballspezifischen Belastungen (emotional negative Assoziierung) oder schleuderballspezifischen Herausforderungen (emotional positive Assoziierung) zu bewältigen. Die Suche nach passenden, selbstwirksamen Lösungswegen für beide Gefühlslagen erfordert die realistische wie kreative Abstimmung zwischen den vorhandenen Gefühlsbewegungen und den erwünschten Bewegungsabsichten.

Unter der „Perspektive der Emotionsbetreuung" gilt es zu lernen, sich im Umgang mit den schleuderballspezifischen Anreizstrukturen und Gefühlsbewegungen, sowohl auf differenzierte Gefühlsfacetten als auch auf unkonventionelle Bewegungslösungen oder Vermittlungshilfen einzulassen. Unter der „Perspektive der Gerätegewöhnung" gilt es zu lernen, Bewegungsabsichten mit dem Schleuderball in Abstimmung mit den vorhandenen Gefühlsbewegungen zu bringen, um darauf aufbauend neue oder modifizierte Bewegungsoptionen ausfindig zu machen.

Die dritte Handlungs- und Prozesseinheit korrespondiert eng mit dem Kompetenzanliegen der ressourcenaktivierenden Verarbeitungsfähigkeit. Ein erhöhtes Verarbeitungsvermögen in der Begegnung mit Anreizstrukturen von Spiel- und Sportgeräten ist der essenzielle Weg zur selbstwirksamen und lösungsorientierten Bewältigung von sowohl emotional günstigen Bewegungsherausforderungen (bei einem Geräte-Favoriten) als auch von emotional ungünstigen Bewegungsbelastungen (bei einem Geräte-Fiesling).

Zusammenfassend: Die Möglichkeit, die beiden Prozessmodelle mit ihrer dreigliedrigen Handlungsstruktur simultan-korrespondierend miteinander zu vernetzen, hilft, Synergieeffekte zwischen den objektempathischen Kompetenzbereichen zu erzeugen. Der fachliche Lernkontext (Gewöhnung an Spiel- und Sportgeräte) und der überfachliche Lernkontext (Umgang mit Emotionen) erfahren ebenfalls eine synergetische Verbindung. Der in sozio-emotionalen Lernkontexten häufig im Raum stehende Vorwurf der „Instrumentalisierung" des Sports respektive des Sportunterrichts kann dadurch einer konstruktiven Wendung zugeführt werden.

3.3 Drei überschaubare Zielschritte

Basierend auf diesem doppelten Vermittlungsweg mit seinen drei zentralen Wegweisern, vollzieht sich der objektempathische Kompetenzerwerb in drei Zielschritten. Sie können idealtypisch und beispielhaft wie folgt dargestellt werden:

■■ Erster Zielschritt: Steigerung der gerätebezogenen Emotionsaufmerksamkeit
Ein erster Schritt im objektempathischen Lernprozess ist, die gerätespezifischen Gefühlsbewegungen im Umgang mit Spiel- und Sportgeräten in das Bewusstsein der Bewegungsakteure zu bringen und damit einer bewussten Einflussnahme zugänglich zu machen. Deshalb ist das Erfassen von gerätespezifischen Gefühlsbewegungen mittels körperorientierter Wahrnehmungsvorgänge der Anfang auf dem Weg, identifikationsstiftend und damit lern- und motivationsförderlich mit eigenen oder fremden Gefühlsbewegungen umgehen zu können.

Körperorientiertes Wahrnehmen korrespondiert eng mit Theorieansätzen und Konzeptvorstellungen zur „Präsenz" (Kaltwasser 2008), zur „Inneren Achtsamkeit" (Lineham 2007) und zum „Konstatierend-aufmerksamen Wahrnehmen" (Wagner und Iwers-Stelljes 2005). Damit implizierte Wahrnehmungsqualitäten sollen eine Sportlehrkraft in die Lage versetzen, Bewegungsakteure und ihre Bewegungserlebnisse mit Spiel- und Sportgeräten für eine gewisse Zeit konstant und konzentriert beobachten und unvoreingenommen beschreiben zu können, ohne zu versuchen, begleitende Erlebnisformen und Einflussfaktoren dabei ganz auszublenden.

Dazu ein Beispiel: In der Praxis zeigt sich das objektempathische Wahrnehmungsvermögen einer Sportlehrkraft im Umgang mit dem Sportgerät „Schleuderball" durch die Befähigung, Bewegungsakteure zu „körpernahen" und „körpererweiterten" Einfühlungsvorgängen zu ermuntern und anzuleiten. Dabei geht die körpernahe Wahrnehmung (Zentrierung) der erweiterten Körperwahrnehmung (Umfassung) voraus.

Körperzentrierte Fragen mithilfe des Instruments der „körpernahen Gefühlskartografie" (Fritsch 2008, S. 33) wie:

- „An welchen Stellen spürst Du Deinen Körper im Umgang mit dem Schleuderball ganz besonders?" (Füße, Bein, Bauch, Rücken, Brust, Schulter, Arme, Hand, Gesicht, Augen, Ohren…)
- „Wie intensiv spürst Du den Kontakt zwischen Körper und Schleuderball?" (stark – schwach…)
- „Was genau spürst Du in Deinem Körper, wenn Du versuchst, den Schleuderball zum Fliegen zu bringen?" (Wärme, Vibration, Ruhe, Kraft, Anspannung, Nervosität, Lockerheit, Entspannung…)
- „Wie fühlt sich Dein körperliches Bewegungsempfinden beim Weitwerfen des Schleuderballs an?" (weich-hart, eng-weit, starr-flexibel, kalt-warm, verkrampft-locker, angespannt-entspannt…)

helfen, den eigenen schleuderballspezifischen Gefühlsbewegungen und denen von anderen „auf die Spur" zu kommen.

Erweist sich die emotionale Spurensuche nach der dominanten Gefühlsbewegung beim Schleuderballweitwerfen über die körpernahe Wahrnehmung als schwierig, besteht für die Sportlehrkraft die Möglichkeit, Bewegungsakteuren den Kontakt zu der ausschlaggebenden schleuderballspezifischen Gefühlsbewegung über die umfassende Körperwahrnehmung zu erleichtern. Mit dem Instrument der „körpererweiterten Gefühlskartografie" (Fritsch 2008, S. 34) und seinen fünf Bezugskategorien können sie

- unter „Gefühlsfacetten" ähnliche oder benachbarte Gefühlsbewegungen beim Werfen mit dem Schleuderball aufführen.
- unter „Äußeren Gefühlsauslösern" sich auf auslösende Anreizfaktoren des Schleuderballs (blaue Kugelform, braunes Lederband, Herren-/Damengewicht, Herren-/Damengröße), auf typische Bewegungsaktionen mit dem Schleuderball (Kreiselbewegungen, Wurfarmeinsatz, Abwurfzeitpunkt) beziehen.
- unter „Inneren Gefühlsauslösern" auslösende Erinnerungen, Vorurteile, Bewertungen im Zusammenhang mit den besonderen Eigenarten des Schleuderballs aufdecken.
- unter „Körperlichen Signalen" körperliche Empfindungen und körpersprachliche Elemente (Gesichtsausdruck, Mimik, Gestik, Atemmuster, Stimmlage, muskuläre Spannungen, Körper- und Bewegungshaltung) abbilden, die aus der motorischen Auseinandersetzung mit dem Schleuderball resultieren.
- unter „Handlungsimpulsen" beschreiben, zu welchen Schleuderballaktionen die aktuelle Gefühlslage motiviert.

Im Mittelpunkt der ersten Lernphase steht – in der Interaktion mit anderen – das eigene (Körper-) Erleben, das eigene (körperliche) Empfinden in der Begegnung mit attraktiven Geräte-Favoriten oder unattraktiven Geräte-Fieslingen. Das gilt es, für die TN in der „Lernenden Person" selbst zu erleben, zu erfahren und zu bewerten.

▪▪ Zweiter Zielschritt: Steigerung der gerätebezogenen Emotionsreflexion

Ein zweiter Schritt im objektempathischen Lernprozess ist, mit Bewegungsakteuren über die prägende Sinngebung von gerätespezifischen Gefühlsbewegungen zu reflektieren und deren Einfluss auf Bewegungsmodalitäten im Umgang mit verschiedenen

Spiel- und Sportgeräten zu hinterfragen. Deshalb ist der intersubjektive Austausch über gerätespezifische Gefühlsbewegungen mithilfe feedbackförderlicher Reflexionsprozesse die Fortführung auf dem Weg, mit eigenen oder fremden Gefühlsbewegungen verstehensgeleitet und damit lern- und motivationsförderlich umgehen zu können.

Feedbackförderliches Reflektieren korrespondiert eng mit Theorieansätzen und Konzeptvorstellungen zur „Psychologischen Kommunikation" (Schulz von Thun 1981, 1989, 2007) zur „Dialogischen Kommunikation" (Hartmeyer et al. 2010), zur „Gewaltfreien Kommunikation" (Rosenberg 2007) und zur „Reflektierenden Gesprächsführung" (Rahn 2007). Damit implizierte Reflexions- respektive Spiegelungsqualitäten sollen eine Sportlehrkraft in die Lage versetzen, die mit Spiel- und Sportgeräten assoziierten Gefühlsbewegungen und das, was damit zum Ausdruck gebracht werden soll, feedbackförderlich aufnehmen und wiedergeben zu können.

Dazu ein Beispiel: In der Praxis zeigt sich das objektempathische Reflexionsvermögen einer Sportlehrkraft im Umgang mit dem Sportgerät „Schleuderball" vornehmlich im Rahmen eines kontrolliert-regelgeleiteten Kurzfeedbacks (Kölln 2006, S. 12 ff.; Sommer und Eckstein 2008, S. 44 f.).

Zu „Gesprächsbeginn": Nach der Erkundungsphase mit dem Schleuderball baut die Sportlehrkraft in der sich anschließenden Gesprächsphase zu den Bewegungsakteuren einen Gesprächskontakt auf. Dazu setzt sie bewusst nonverbale Signale (zuwendungsorientierter Blickkontakt, unterstützendes Kopfnicken, offene Körperhaltung, freundliche Mimik und Gestik) und paraverbale Signale (aufmunternde Lautäußerungen wie „Aha", „Hm") ein. Konzentriert, und unter Zurückhaltung eigener Spontanreaktionen bei gleichzeitiger Ermutigung der Bewegungsakteure zum Sprechen, signalisiert die Sportlehrkraft einzelnen Bewegungsakteuren oder der gesamten Lerngruppe: Ich habe ein „echtes" Interesse an deinen, an euren Erfolgen oder Misserfolgen, Vorlieben oder Abneigungen im Umgang mit dem Schleuderball. Diese anteilnehmend-akzeptierende Gesprächshaltung schafft die Basis für emotionale Austausch- und Verständigungsprozesse über schleuderballspezifische Gefühlsbewegungen (Kölln 2006, S. 12–13; Sommer und Eckstein 2008, S. 44).

Während des „Gesprächsverlaufs": Über verschiedene Formen des reflektierenden Zuhörens und Sprechens erzeugt die Sportlehrkraft bei den Bewegungsakteuren im Hinblick auf deren schleuderballspezifische Gefühlslage ein förderliches Verständigungsklima. Über eher offene oder eher geschlossene Fragestellungen sowie über wörtliches, sinngemäßes und/oder bilanzierendes Zusammenfassen lädt die Sportlehrkraft die Bewegungsakteure dazu ein, als Gesprächspartner die eigenen Gefühls- und Bewegungsbeziehungen zum Schleuderball offenzulegen und anderen mitzuteilen (Kölln 2006, S. 12–13; Sommer und Eckstein 2008, S. 44 ff.).

Bei drohenden Missverständnissen prüft die Sportlehrkraft mittels erkundender Fragen („Wie erlebst Du den Schleuderball, wenn Du ihn siehst, ihn anfasst und ihn von Dir wegschleuderst?") oder sich-vergewissernder Fragen („Was genau vermittelt Dir ein ungutes/gutes Gefühl beim Schleuderballweitwerfen?"), ob sie die emotionale Botschaft der Bewegungsakteure im Zusammenhang mit dem Schleuderball verstanden hat. In dieser Phase können sich bereits Möglichkeiten eröffnen, andere oder neue Anregungen, Ideen im Umgang mit dem Schleuderball zu verfolgen, Schleuderballwurf-Variationen zu vervollkommnen oder selbst empfundene Mängel in der Bewegungsausführung zur individuellen Zufriedenheit zu lösen.

3

Eine lösungsaktivierende Fragestellung wie beispielsweise: „Welches Gefühl brauchst Du für Dich, damit Du den Schleuderball mit Leichtigkeit möglichst weit wegschleudern kannst?" kann dem Bewegungsakteur helfen, für sich persönlich emotional stimmige Bewegungslösungen, passend zur jeweiligen Bewegungsabsicht, zu finden.

Zum „Gesprächsende": Hier fasst die Sportlehrkraft noch einmal die wesentlichen geäußerten emotionalen Anteile im Zusammenhang mit dem Schleuderball zusammen, indem sie: sowohl die wahrgenommenen schleuderballspezifischen Gefühlsbewegungen und Bewegungsaktionen als auch das wahrgenommene Gesprächsklima rückspiegelt und sich vergewissert, ob jeder Bewegungsakteur respektive die Lerngruppe als Ganzes mit der Atmosphäre und dem Abstimmungs- respektive Bewegungslernergebnis zufrieden war beziehungsweise ist.

Im Mittelpunkt der zweiten Lernphase steht – in der Interaktion mit anderen – das eigene Erleben und Erfahren von emotionaler Anteilnahme und von emotionaler Verständigung in der Begegnung mit attraktiven Geräte-Favoriten oder unattraktiven Geräte-Fieslingen. Feedbackförderliches Reflektieren allein wirkt häufig, durch einen akzeptierenden und wertschätzenden Dialog, schon deeskalierend. Das gilt es, für die TN in der „Lernenden Position" selbst zu erleben, zu erfahren und zu bewerten.

▪▪ Dritter Zielschritt: Steigerung der gerätebezogenen Emotionsverarbeitung

Ein dritter Schritt im objektempathischen Lernprozess ist, Bewegungsakteuren im Umgang mit Spiel- und Sportgeräten den Nutzen von gerätespezifischen Gefühlsbewegungen zu verdeutlichen und sie für Problemlöseprozesse und Bewältigungsstrategien zugänglich zu machen. Deshalb ist die Verarbeitung von gerätespezifischen Gefühlsbewegungen mithilfe ressourcenaktivierender Bestärkungsformen der vorläufige Abschluss auf dem Weg, selbstwirksam und damit lern- und motivationsförderlich mit eigenen oder fremden Gefühlsbewegungen und Bewegungsbeziehungen umgehen zu können.

Ressourcenaktivierende Verarbeitung korrespondiert eng mit Theorieansätzen und Konzeptvorstellungen zur „Lösungsorientierten Kurztherapie" (de Shazer und Dohan 2011), zur „Selbstwirksamkeitsüberzeugung" (Bandura 1997), zum „Salutogenetischen Gesundheitsverständnis" (Antonovsky 1997), zur „Persönlichkeits-System-Interaktions-Theorie" (Kuhl 2001), zur „Konsistenztheorie" (Grawe 2004) und zum „Mentalen Training" (Eberspächer 2004; Knörzer et al. 2011). Damit implizierte Verarbeitungsqualitäten sollen eine Sportlehrkraft in die Lage versetzen, die durch Spiel- und Sportgeräte evozierten Gefühlsbewegungen so zu nutzen, dass jeder Bewegungsakteur für sich eine persönlich stimmige Geräte- und Bewegungsbeziehung aufbauen und Erfolg versprechende Lösungswege finden kann.

Dazu ein Beispiel: In der Praxis zeigt sich das objektempathische Verarbeitungsvermögen einer Sportlehrkraft darin, Bewegungsakteure bei emotionalen Anforderungen im Umgang mit dem Schleuderball gezielt unterstützen und stärken zu können. Mittels lösungsorientierter Bestärkungsformen ist es möglich, latent vorhandene Wurfressourcen auf Werfer-Seite zu aktivieren. Über eine „Stärkenanalyse" („In welchen Situationen fühlst Du Dich stark?") und über eine „Stärkenaktivierung" („Welches Bild, Symbol fällt Dir ein, das Dir ein starkes Gefühl vermittelt?"

Wähle eine Fähigkeit aus, die Dir das Gefühl vermittelt, besonders stark auftreten zu können!") kann den Bewegungsakteuren das eigene Wurfpotenzial bewusst gemacht und für den förderlichen Umgang mit dem Schleuderball genutzt werden (Knörzer et al. 2011, S. 81 ff.).

Eine weitere Möglichkeit, insbesondere dann, wenn das Sportgerät Schleuderball als Geräte-Fiesling eingestuft wird, ressourcenaktivierende Stärkearbeit zu leisten, bietet die Strategie der „Umorientierung" (Reframing). Ziel ist es, die, dem unbeliebten Sportgerät Schleuderball, zugeschriebene emotionale „Bedeutung" mittels einer anderen Perspektive (andere Brille aufsetzen) so zu verändern, dass die Begegnung mit dem Schleuderball für den betroffenen Bewegungsakteur bewältigbar oder aushaltbar wird (Schlippe und Schweitzer 2010, S. 79; Miller 1999, S. 34). Dahinter verbirgt sich die Erfahrung: Es gibt immer einmal Situationen im Leben (privat, schulisch beruflich), die eine Person bewältigen muss – ob sie will oder nicht, frei nach dem Motto: „Augen zu und durch!".

Beim Umorientieren geht es nicht darum, Bewegungsakteure dahin gehend zu bestärken, auf „Biegen und Brechen" eine emotional positive Umschreibung für das unbeliebte, unattraktive Sportgerät Schleuderball zu finden. Es wäre auch naiv zu glauben, dass mit einer positiven Assoziierung des Schleuderballs sich die Bewegungsprobleme oder Ängste oder Abneigungen komplett „in Luft auflösen" würden. Zentraler Gedanke ist vielmehr, das Beziehungsverhältnis zu dem Geräte-Fiesling Schleuderball in einem anderen, optimistischeren Licht (Schlippe und Schweitzer 2010, S. 76) zu erzählen, sodass sich Sinn- respektive Lösungsmodalitäten entwickeln können.

Dazu ein Beispiel: Zuerst gilt es, sich die bedrohlich wirkenden Anreizmerkmale des Schleuderballs bewusst zu machen (kugelförmiges Gewicht, lange Lederschlaufe). Danach werden die dazugehörigen negativen Gefühlsbewegungen (angewidert, missmutig) und destruktiven Bewegungsimpulse (unkontrollierte Arm- und Kreiselbewegungen, falscher Abwurfzeitpunkt) aufgelistet. Auf dieser Basis wird dann reflektiert, was sich eigentlich wirklich hinter den Gefühlen (Resignation, Angst, Scham) verbirgt beziehungsweise welche Grundbedürfnisse (Bedürfnis nach Sicherheit und sozialer Anerkennung) zu wenig Beachtung finden respektive „verletzt" werden. Daran anschließend wird geprüft, wie, auf der jetzt offen gelegten emotional-motivationalen Basis, eine „neue" Sicht, eine „neue" Bewertung des Schleuderballs vorgenommen und in eine lösungsförderliche Gefühls- und Bewegungsbeziehung umgewandelt werden kann (das Gewicht hilft mir, meine Kreiselbewegungen sicher zu kontrollieren und die Fliehkraft für einen tollen Weitwurf zu nutzen; die Schlaufe hilft mir, den Schleuderball so zu halten, dass ich ihn beim Abwurf mit spielerischer Leichtigkeit zum richtigen Zeitpunkt loslassen kann).

Im Mittelpunkt der dritten Lernphase steht – in der Interaktion mit anderen – das eigene selbstwirksame Erleben von stärkeaufbauenden und lösungsorientierten Verarbeitungs- und Bewältigungsmaßnahmen. Das gilt es, für TN in der „Lernenden Position" selbst zu erleben, zu erfahren und zu bewerten.

Zusammenfassend lässt sich die prozesskreislaufförmige Ziel-Schritt-Struktur (◘ Abb. 3.2) wie folgt darstellen:

3

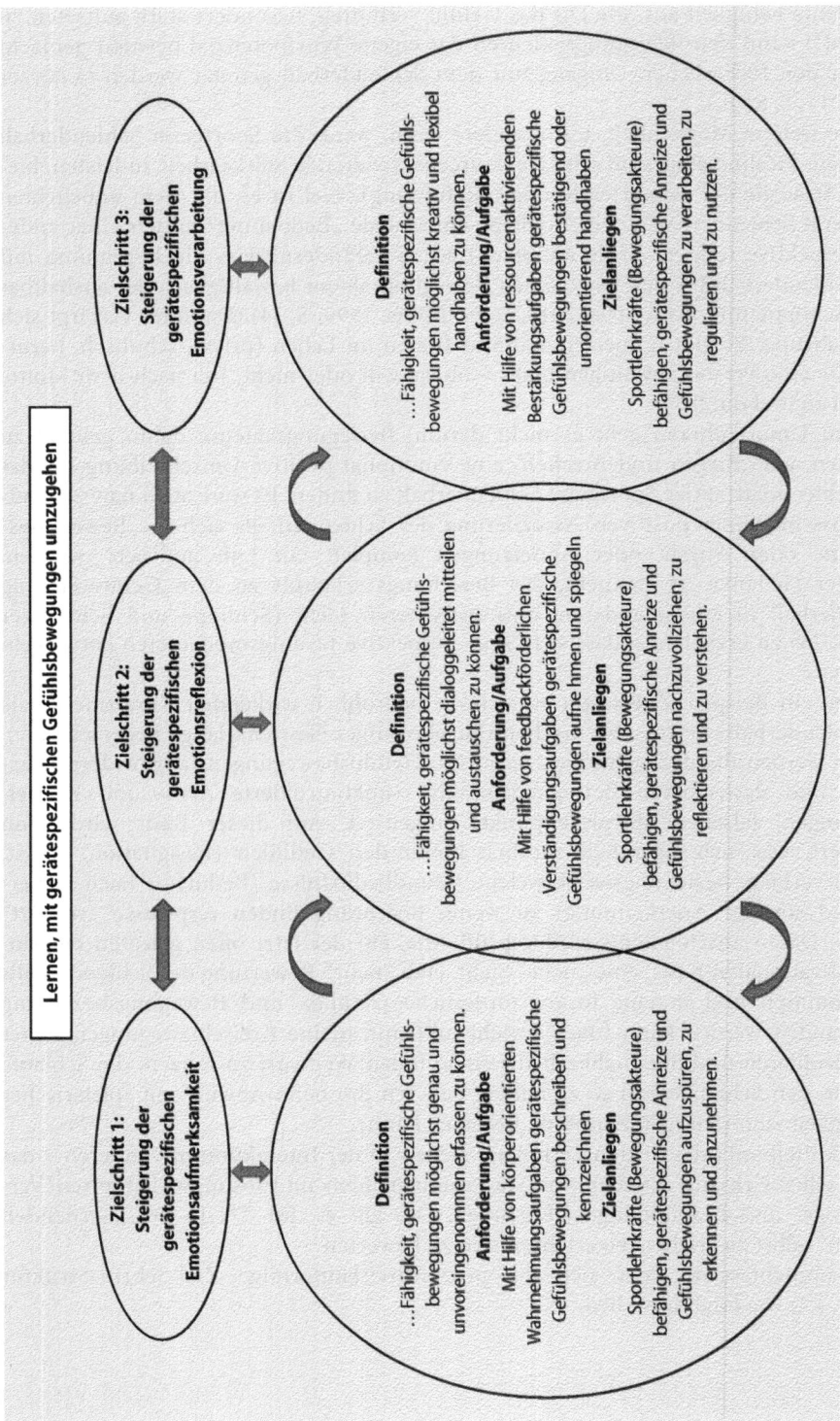

Lernen, mit gerätespezifischen Gefühlsbewegungen umzugehen

Zielschritt 1:
Steigerung der gerätespezifischen Emotionsaufmerksamkeit

Definition
...Fähigkeit, gerätespezifische Gefühlsbewegungen möglichst genau und unvoreingenommen erfassen zu können.
Anforderung/Aufgabe
Mit Hilfe von körperorientierten Wahrnehmungsaufgaben gerätespezifische Gefühlsbewegungen beschreiben und kennzeichnen
Zielanliegen
Sportlehrkräfte (Bewegungsakteure) befähigen, gerätespezifische Anreize und Gefühlsbewegungen aufzuspüren, zu erkennen und anzunehmen.

Zielschritt 2:
Steigerung der gerätespezifischen Emotionsreflexion

Definition
...Fähigkeit, gerätespezifische Gefühlsbewegungen möglichst dialoggeleitet mitteilen und austauschen zu können.
Anforderung/Aufgabe
Mit Hilfe von feedbackfördernden Verständigungsaufgaben gerätespezifische Gefühlsbewegungen aufne hmen und spiegeln
Zielanliegen
Sportlehrkräfte (Bewegungsakteure) befähigen, gerätespezifische Anreize und Gefühlsbewegungen nachzuvollziehen, zu reflektieren und zu verstehen.

Zielschritt 3:
Steigerung der gerätespezifischen Emotionsverarbeitung

Definition
...Fähigkeit, gerätespezifische Gefühlsbewegungen möglichst kreativ und flexibel handhaben zu können.
Anforderung/Aufgabe
Mit Hilfe von ressourcenaktivierenden Bestärkungsaufgaben gerätespezifische Gefühlsbewegungen bestätigend oder umorientierend handhaben
Zielanliegen
Sportlehrkräfte (Bewegungsakteure) befähigen, gerätespezifische Anreize und Gefühlsbewegungen zu verarbeiten, zu regulieren und zu nutzen.

◻ **Abb. 3.2**   Prozesskreislaufförmige Ziel-Schritt-Struktur

3.4 Fünf hilfreiche Gestaltungsprinzipien

Folgende fünf Gestaltungsprinzipien tragen zu einem empathieförderlichen Lernklima bei, weil sie erfahrungsgemäß die Auseinandersetzung mit zum Teil ungewohnten objektempathischen Besonderheiten erleichtern.

▪▪ Selbsttätiges Lernen als Bestärkungsfaktor

Das ausgiebige Selber-Tun weckt Freude und Kreativität im Umgang mit verschiedenen Spiel- und Sportgeräten. Es hilft, sich im Umgang mit Geräte-Favoriten und mit Geräte-Fieslingen neugierig und experimentierfreudig mit deren gerätetypischen Anreizstrukturen auseinander zu setzen und sie für eigene Bewegungsabsichten passend zu machen.

▪▪ Interaktives Lernen als lebendiges und soziales Korrektiv

Die Begegnung mit fremden gerätespezifischen Gefühlsbewegungen macht objektempathisches Lernen erst lebendig; es eröffnet einen intensiven sozio-emotionalen Bewegungs- und Erfahrungsraum im direkten Kontakt mit verschiedenen Spiel- und Sportgeräten. Im Austausch mit anderen, fungiert der Partner, die Gruppe, das Plenum als Korrektiv. Interaktives objektempathisches Lernen kann helfen, stereotypen Geräte-, Gefühls-, Bewegungs- und Empathieschubladen entgegen zu treten.

▪▪ Vernetztes Lernen als Lernmotivation

Die Vernetzung zwischen Vorerfahrungen im Umgang mit gerätespezifischen Anreizstrukturen und Gefühlsbewegungen sowie mit Empathiegewohnheiten und gezielt herbeigeführten neuen oder andersartigen Geräte-, Gefühls- und Einfühlungserfahrungen motiviert dazu, sich aufgeschlossen mit objektempathischen Besonderheiten auseinander zu setzen.

▪▪ Reflexionsprozesse als positiver Lernklimafaktor

Feedback und Reflexion bringen zum Vorschein, dass jede Person beim objektempathischen Kompetenzerwerb so ihre Stärken und Schwächen hat. Das nimmt die Angst, darüber zu sprechen und macht neugierig auf einen wechselseitigen Meinungs- und Erfahrungsaustausch, von dem jeder profitieren kann.

▪▪ Lernen als ergebnisoffener Prozess

Objektempathisches Lernen ist notwendigerweise von Spannungen und von der Überwindung von Widerständen geprägt. Aber gerade diese Prozesse stärken die Position der Lernenden, vermitteln Mut und Selbstsicherheit sich schwierigen Bewegungssituationen mit Spiel- und Sportgeräten zu stellen. Objektempathische Lernfortschritte sind nicht eindeutig vorhersehbar und von individuellen Fort- und Rückschritten geprägt. Diese Ergebnisoffenheit soll nicht entmutigen. Vielmehr ist es höchst respektabel, sich als Person auf ungewöhnliche Anforderungen einzulassen.

Zusammenfassend: Gelingt es, das in den Gestaltungsprinzipien innewohnende Lernklima zu aktivieren, dann ist die Chance groß, dass der objektempathische Kompetenzerwerb nicht nur mit Anstrengung und Überwindung, sondern auch mit Spaß und Lust auf Neues in Verbindung gebracht wird. Insgesamt wird es darauf ankommen, dass TN in der „Lernenden Position" bereit sind, objektempathisches Lernen als einen aktiven, selbstgesteuerten und konstruktiven Prozess anzusehen. Die KL in ihrer Funktion als „Lehrende Position" kann mit Hilfe der Prozessmodelle, Zielschritte und Gestaltungsprinzipien einen strukturierten und kompetenzförderlichen Lehr-/Lernprozess anbieten (◘ Abb. 3.3).

3

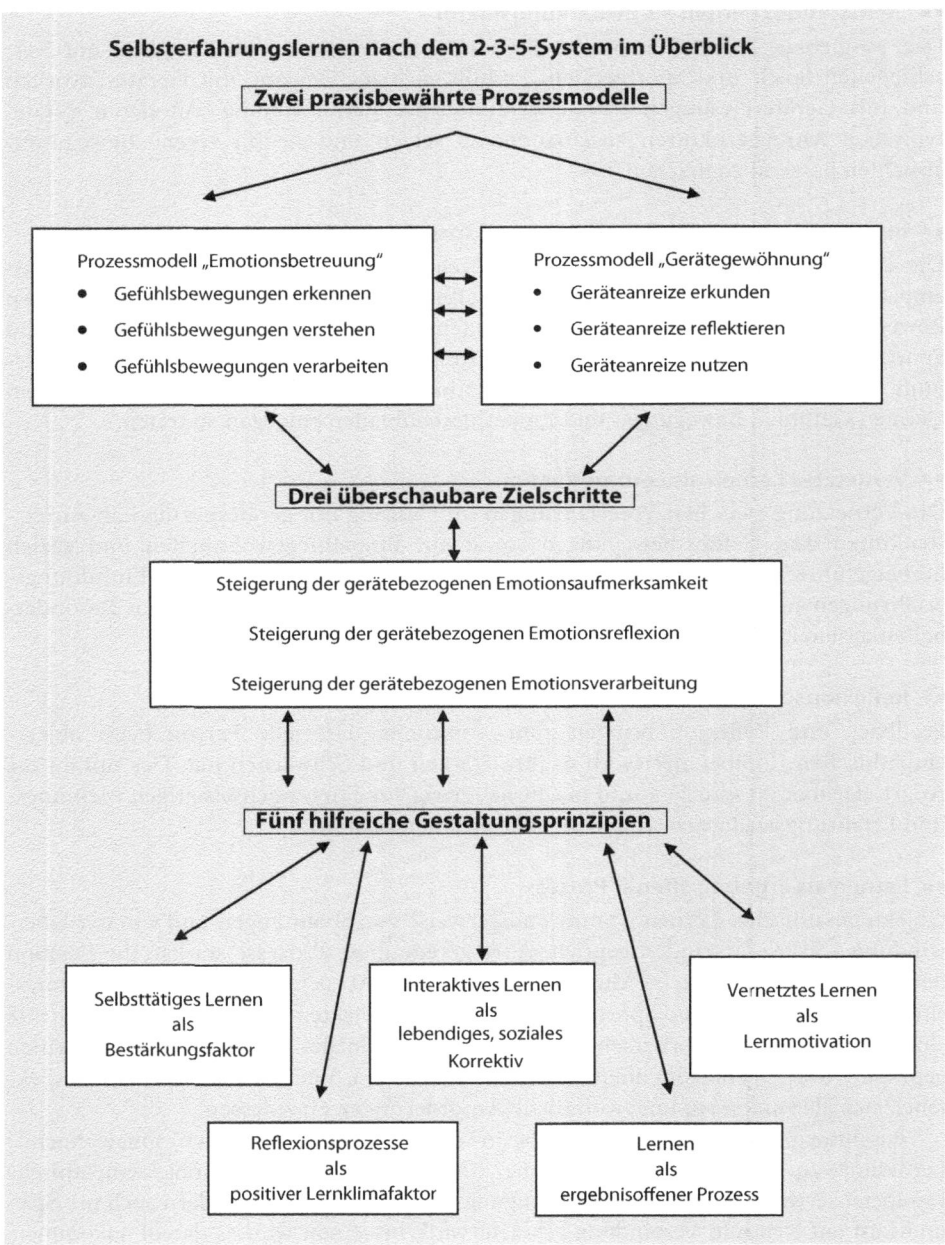

◘ **Abb. 3.3** Selbsterfahrungslernen nach dem 2-3-5-System im Überblick

Literatur

Antonovsky, A. (1997). *Salutogenese: zur Entmystifizierung der Gesundheit.* Tübingen: dgvt.

Bandura, A. (1997). Self efficacy. New York: Freeman. In R. Hinsch & U. Pfingsten (Hrsg.), *Gruppentraining sozialer Komepetenzen GSK* (S. 76). Weinheim: Beltz.

Combe, A. (2006). Hatten die schon Erfahrungslernen? *Pädagogik, 58*(6), 32–36.

De Shazer, S., & Dohan, Y. (2011). *Mehr als ein Wunder. Lösungsfokussierte Kurztherapie heute* (2. Aufl.). Heidelberg: Carl Auer.

Eberspächer, H. (2004). *Gut sein, wenn's drauf ankommt. Die Psycho-Logik des Gelingens.* München: Hanser.

Fritsch, G. R. (2008). *Praktische Selbst-Empathie. Herausfinden, was man fühlt und braucht.* Paderborn: Junfermann.

Grawe, K. (2004). *Neuropsychotherapie.* Göttingen: Hogrefe.

Greenberg, L. (2005). Emotionszentrierte Therapie: Ein Überblick. *Psychotherapeutenjournal, 4*(4), 324–337.

Hartmeyer, M., Hartkemeyer, F., & Freeman Dhority, L. (2010). *Miteinander Denken. Das Geheimnis des Dialogs.* Stuttgart: Cotta.

Jakob, M. (1991). … dann wollen wir das Ding mal fliegen lassen. *Sportpädagogik, 15*(2), 64–66.

Kaltwasser, V. (2008). Achtsamkeit und Präsenz. Die Lehrkraft als Ruhepol. *Pädagogik, 60*(11), 16–19.

Klippert, H. (2005). Erfahrungslernen in der Lehrerbildung. *Pädagogik, 57*(7–8), 14–18.

Knörzer, W., Amler, W., & Rupp, R. (2011). *Mentale Stärke entwickeln. Das Heidelberger Kompetenztraining in der schulischen Praxis.* Weinheim: Beltz.

Kölln, D. (2006). Ein offenes Ohr für Lehrkräfte haben. In *Neues Handbuch Hochschullehre.* Griffmarke E 1.1. Berlin: Raabe.

Kuhl, J. (2001). *Motivation und Persönlichkeit. Interaktionen psychischer Systeme.* Göttingen: Hogrefe.

Lineham, M. M. (2007). *Trainingsmanual zur Dialektischen-Behavioralen Therapie der Borderline Persönlichkeitsstörung.* München: CIP-Medien.

Miller, R. (1999). Schüler präsentieren…und geben sich darüber gegenseitig Feedback. *Pädagogik, 56*(3), 32–34.

Rahn, I. (2007). *Grundlage der „Motivierenden Gesprächsführung" und ihre Anwendung in der Suchthilfe.* Veröffentlichte Diplomarbeit im Fachbereich Sozialpädagogik, Hochschule Neubrandenburg, Germany.

Rosenberg, M. B. (2007). *Gewaltfreie Kommunikation. Eine Sprache des Lebens.* Paderborn: Junfermann.

Schlippe, A. von, & Schweitzer, J. (2010). *Systemische Interventionen.* Göttingen: Vandenhoeck & Ruprecht.

Schulz von Thun, F. (1981). *Miteinander reden: Bd. 1. Störungen und Klärungen.* Reinbek: Rowohlt.

Schulz von Thun, F. (1989). *Miteinander reden: Bd. 2. Stile, Werte und Persönlichkeitsentwicklung.* Reinbek: Rowohlt.

Schulz von Thun, F. (2007). *Miteinander reden. Fragen und Antworten.* Reinbek: Rowohlt.

Sommer, M., & Eckstein, G. (2008). Gespräche führen: Ein pädagogisches Kerngeschäft. *Pädagogik, 60*(9), 42–46.

Wagner, A.-C., & Iwers-Stelljes, T. A. (2005). Gelassener werden durch Introversion. Ein neuer Ansatz für Beratung und Selbstmanagement. *Pädagogik, 57*(6), 20–23.

Praxisleitfaden

Inhaltsverzeichnis

Wie Objektempathie in der Praxis zur Anwendung kommt

© Springer Fachmedien Wiesbaden GmbH, ein Teil von Springer Nature 2019
R. Ullmann, *Lust auf Bälle, Barren, Bodenmatten*, https://doi.org/10.1007/978-3-658-23739-4_4

4

Der nachfolgende Praxisleitfaden bietet ein strukturiertes Vorgehen an, um den objekt-empathischen Selbstlernerfahrungsprozess berufsnah, anwendungsbezogen und kompetenzförderlich zu gestalten. Typisch für das Praxissetting ist, dass die Aufgaben- und Übungsbeispiele zur objektempathischen Kompetenzentwicklung in regelmäßige Reflexions- und Klärungsprozesse eingebettet sind. Das beginnt bei der Mobilisie-rung von Vorerfahrungen und reicht über selbstorganisierte oder instruierte Such-bewegungen, Probehandlungen und Anwendungsübungen bis hin zu vertiefenden Auswertungs- und Bilanzierungsprozessen.

Frei nach einem japanischen Sprichwort: „Bist Du in Eile, mache einen Umweg, um an Dein Ziel zu kommen!" möchte das Praxissetting interessierten Anwendern die Möglichkeit eröffnen, sich schrittweise mit Objektempathie als einer praktischen Lern- und Motivationshilfe vertraut zu machen. Im Mittelpunkt stehen Gefühlsbewegungen in Form von Körpergefühlen, Begleitgefühlen und Könnensgefühlen, ausgelöst durch diverse Anreizstrukturen von Spiel- und Sportgeräten, die sich wie folgt einteilen und charakterisieren lassen:

- „Handgeräte" (Seil, Reifen…) können, wie der Name bereits andeutet, sehr gut mit der Hand bewegt werden. Sie sind leicht und laden zu unterschiedlichen Bewegungs-aktionen ein.
- Der Begriff „Kleingeräte" (Bodenmatten, Langbänke…) bezieht sich weniger auf die Größe des Gerätes, sondern betont eher deren variable Einsatzmöglichkeiten im Rahmen diverser Thematisierungen.
- „Großgeräte" (Reck, Barren…) sind schwieriger zugänglich. Sie erfordern in der Regel einen höheren Sicherheitsrahmen sowie Auf- und Abbauaufwand und wer-den eher mit normierten Bewegungstechniken in Verbindung gebracht. Aber auch Großgeräte können mittels „Verfremdung" für alternative Bewegungszwecke genutzt werden.

Trendsportgeräte (Slackline, Waveboard…), psychomotorische Übungsgeräte (Pedalos, Rollbretter…) oder auch Hilfsgeräte (Markierungshütchen, Zauberschnur…) sind eben-falls im objektempathischen Sinne thematisierbar.

4.1 Zum Aufbau des Praxisleitfadens

Der Praxisleitfaden gliedert sich in sechs Lernepisoden. Jede Lernepisode repräsentiert einen eigenständigen Themenfokus. Zugleich stehen sowohl die Episoden als auch die dazugehörigen Aufgaben- und Übungsbeispiele in enger Beziehung zueinander. Je nach Intention und thematischer Ausrichtung der jeweiligen Lernepisoden kommen die trai-nings- und werkstattorientierte sowie die dreigliedrige emotions- und stundentypbezo-gene Erfahrungsperspektive im praktischen Anwendungskontext mit unterschiedlicher Gewichtung flexibel zur Geltung. Die fünf Gestaltungsprinzipien haben universellen Charakter und sind integrativer Bestandteil aller Lernepisoden.

Die erste Lernepisode: „Sensibilisieren – Neugier auf objektempathische Besonder-heiten wecken" (Check-in) stellt den Einstieg in den Praxiskontext der Objektempathie dar. Zunächst geht es mit Hilfe von „Sensibilisierungsaufgaben/-übungen" darum, die TN „Inventur" machen zu lassen. Es gilt herauszufinden, wie viel Problembewusstsein zur objektempathischen Thematik bereits vorliegt oder nicht. Darauf aufbauend, dienen spielerische und zum Teil auch provokante Einstiegsimpulse dazu, bei den TN im Hinblick auf objektempathische Besonderheiten selektive Sensibilität und eine auf Neugier basierende Veränderungsbereitschaft hervorzurufen.

Die zweite Lernepisode: „Aufspüren – gerätebiografischen Gefühlshintergrund sichtbar und zugänglich machen" nimmt eine Art Brückenfunktion ein. Mittels „Aufspüraufgaben-/-übungen" will sie bei den TN die Einsicht weiter bestärken, sich auf objektempathische Gefühlsarbeit in der Praxis einzulassen. Leitend ist hierbei die Annahme: Gerätespezifische Gefühlserfahrungen von Bewegungsakteuren haben viel mit „alten" Bewegungserlebnissen zu tun. Es geht also darum, den biografischen Hintergrund von emotionalen Spuren zu verschiedenen Spiel- und Sportgeräten wieder sichtbar, zugänglich und nachvollziehbar zu machen. Dies fängt mit einer Inspektion im Geräteraum an und endet mit dem Auf- und Abbau von Gerätelandschaften. Geräteräume und Gerätelandschaften sind potenzielle Aushängeschilder für „alte" Gefühlsräume und Gefühlslandschaften – sie fordern zum Erzählen, zum Offenlegen und zum Austausch von Gefühlsspuren heraus.

Die Lernepisoden drei, vier und fünf bilden zusammengenommen das Kernstück der praktischen Ausbildung von objektempathisch relevanten Technikaspekten und Haltungsorientierungen:

Die dritte Lernepisode: „Experimentieren I – gerätespezifische Gefühlsbewegungen körperorientiert beobachten und beschreiben" konzentriert sich auf körpernahe und körpererweiterte Wahrnehmungsvorgänge. Die körperorientierte Beobachtung verzichtet dabei auf jegliche „Deutungshoheit" und achtet stattdessen auf eine möglichst unvoreingenommene und nachvollziehbare Beschreibung von körperlichen Empfindungen und gerätespezifischen Gefühlszuständen in der Begegnung mit Spiel- und Sportgeräten.

Die vierte Lernepisode: „Experimentieren II – gerätespezifische Gefühlsbewegungen feedbackförderlich ausdrücken und spiegeln" konzentriert sich auf verstehens- und verständigungsgeleitete Kommunikationsvorgänge. Dabei spielen dialogisch strukturierte Zuhör- und Sprechakte auf nonverbaler, paraverbaler und verbaler Ebene eine bedeutsame Rolle. Es gilt der Grundsatz: In einem kommunikativen Beziehungssystem zwischen zwei Personen sind wir nicht zu zweit, sondern zu dritt – du und ich und die Beziehung zwischen dir und mir und einem Objekt (Gerätetyp).

Die fünfte Lernepisode: „Experimentieren III – gerätespezifische Gefühlsbewegungen ressourcenaktivierend bestärken und nutzen" konzentriert sich auf bestätigende (bei Geräte-Favoriten) oder auf umorientierende (bei Geräte-Fieslingen) Verarbeitungsvorgänge. Das Sichtbarwerden-Lassen der vielfältigen Ressourcen der Bewegungsakteure im Umgang mit (un-)attraktiven Spiel- und Sportgeräten sowie mit (un-)angenehmen Gefühlsbewegungen durch differenzierte Ermutigung setzt lösungsbegünstigende Synergien frei. Diese stärken das Selbstbewusstsein des Einzelnen und das Teamgefühl der Lerngruppe für eine emotional förderliche Zuwendung.

Mit Hilfe von „Basisaufgaben/-übungen" werden für die TN körperorientierte Wahrnehmungsvorgänge, feedbackförderliche Kommunikationsvorgänge und ressourcenaktivierende Verarbeitungsvorgänge auf machbare und überschaubare Grundlagen reduziert. Der Terminus „Experimentieren" will sicherstellen, dass die TN sich im Sinne eines entdeckenden Lernens aktiv und angstfrei mit Problemen im Umgang mit durch Geräteanreizen ausgelösten Gefühlsbewegungen auseinander setzen. Sie sollen dabei selbstständig eigene Erfahrungen mit objektempathischer Wahrnehmungs-, Kommunikations- und Verarbeitungspraxis im Umgang mit Spiel- und Sportgeräten sammeln.

4

Dazu notwendige Probe- und Einübungshandlungen sollen sowohl im Rahmen von vorstrukturierten als auch selbstorganisierten Lerngelegenheiten auf spielerisch-erkundende Art und Weise durchgeführt werden. Dahinter verbirgt sich die Hoffnung: Wer entdeckend lernt und keine Angst vor Fehler hat, der bleibt neugierig und geht mögliche Lernschwierigkeiten optimistisch an.

Die sechste Lernepisode: „Bilanzieren – objektempathische Kompetenzentwicklung und Konzeptqualität ein- und wertschätzen" (Check-out) steht für den vorläufigen Abschluss des objektempathischen Professionalisierungs-/Förderprozesses. Hier dienen „Bilanzierungsaufgaben/-übungen" der Überprüfung und Vergewisserung darüber, ob die TN zum einen mit dem eigenen Lernfortschritt und zum anderen mit dem Professionalisierungs-/Förderansatz zufrieden sind oder nicht. Der Zweck eines solchen Check-out ist nicht, von den TN eine Entscheidung oder Abstimmung darüber zu bekommen, was im Umgang mit gerätespezifischen Gefühlsbewegungen richtig oder falsch ist beziehungsweise war. Vielmehr soll die Bilanzierung individueller wie gemeinsamer objektempathischer Erfahrungen zu einem tiefer greifenden Verständnis von Objektempathie als praktische Lern- und Motivationshilfe sowie als Basiskompetenz für Sportlehrkräfte führen.

Zusammenfassend: Die sechs Lernepisoden mit ihren dazugehörigen Anwendungsbeispielen markieren die praktische Seite des Lehr-/Lernwegs zur Anbahnung und Entwicklung eines objektempathischen Kompetenzvermögens. In der Gesamtschau folgen die Lernepisoden einer aufsteigenden wie zirkulären Handlungslogik. Eine erfolgreiche Anwendung von objektempathischen Technikaspekten („Was-Fähigkeiten") und Haltungsorientierungen („Wie-Fähigkeiten") in der Schulungs-/Förderpraxis lebt von kleinen Schritten, die einer gewissen strukturierten Wegweisung folgen. Das Schritt-für-Schritt-Lernen ist relevant für Erwachsene, Kinder und Jugendliche. Das beinhaltet auch, einzelne Anwendungsbeispiele punktuell zu thematisieren. Mit anderen Worten: Die Lernepisoden müssen nicht „im strengen Sinne" nacheinander abgearbeitet werden.

Aufgaben und Übungen im episodischen Lernkontext sind zielgruppenflexibel einsetzbar. Mit der Höflichkeitsform „Sie" werden zwar durchgängig Erwachsene angesprochen. In der Regel sind die Praxisanregungen jedoch durch sprachliche, didaktische und praktische Modifikationen (Vereinfachungen) jederzeit auch mit Kindern und Jugendlichen durchführbar. Die Angaben zur Lerngruppe dienen der Orientierung und sind gegebenenfalls mit Blick auf die Zielgruppe vor Ort situativ anzupassen.

Objektempathisches Lernen im Sinne des entdeckenden, experimentierenden Lernens möchte ein angstfreies, ja ein innovativ-kreatives Umgehen sowohl mit objektempathischen als auch mit methodischen Besonderheiten ermöglichen. Ergänzend dazu soll der Terminus „Übung" eine gewisse Ernsthaftigkeit signalisieren. Objektempathisches Lernen im Sinne eines regelgeleiteten Einübens und Wiederholens ist notwendig, wenn eine gewisse objektempathische „Routine" aufgebaut werden soll.

Ein dosierter Mix aus entdeckenden und einübenden, selbstorganisierten und instruktiven Inszenierungen soll dazu beitragen, dass sich die TN im Kontext der Lernepisoden zunehmend einen eigenen objektempathischen Kompetenzstil aufbauen können.

4.2 Zum Umgang mit dem Praxisleitfaden

Als grundlegend für pädagogisches Arbeiten wird es angesehen, dass Anwender, die sich als KL in die „Lehrenden Rolle" begeben, selbstverständlich die aufgeführten Anwendungsbeispiele in der Vorbereitung an die zeitlichen, räumlichen und materiellen Rahmenbedingungen vor Ort anpassen müssen. Je nach Ausgangslage der Lerngruppe und je nach inhaltlicher Präferenz, müssen auch Abänderungen in der Themenauswahl, Themendichte, Themenabfolge und im Themenanspruch in Betracht gezogen werden.

Die Praxisanregungen haben exemplarischen Charakter und sind als Vorschläge und nicht als ein „muss" zu betrachten. Die auf verschiedene oder auf bestimmte Spiel- und Sportgeräte ausgerichteten Inszenierungen lassen sich von ihrer Idee oder Ablaufstruktur auf nahezu alle Gerätetypen übertragen. Anwendungsbeispiele mit Bezug zu einer Vielzahl an Spiel- und Sportgeräten lassen sich auf bestimmte Gerätetypen anpassen. Anwendungsbeispiele mit Bezug zu einem bestimmten Gerätetyp lassen sich auf andere Spiel- und Sportgeräte übertragen.

Die Anwendungsbeispiele sind mit Bezug auf die typischen Zeitfenster des Sportunterrichts in der Schule auf das Format einer Einzelstunde (45 min) oder auf das Format einer Doppelstunde (90 min) angelegt. Sollte der Praxis-Input zu komplex erscheinen, ist zu überlegen die beiden Zeitformate miteinander zu kombinieren (zum Beispiel: 1 × 45 min plus 1 × 90 min) oder die einzelnen Zeitformate selbst zu erhöhen (zum Beispiel: 2 × 45 min oder 3 × 90 min).

Für Erwachsene, ob Berufsanfänger oder Berufskönner, hat sich auch ein kompaktes Kursformat bewährt (5 Tage, pro Tag 2 × 3 h). Zur Motivierung und Aktivierung der TN, aber auch aus organisatorischen und evaluativen Gründen lohnt es sich, eine 90-min „Kick-Off-Veranstaltung" vor der eigentlichen Schulungs-/Fördermaßnahme anzubieten. Eine Selbstcoaching-Initiative kann sich an diesem Zeitrahmen ebenfalls orientieren, wobei eine Selbstcoaching-Gruppe mindestens aus vier bis sechs TN bestehen sollte.

Die KL tut gut daran, in der Phase der Vorbereitung aufmerksam in sich hinein zu hören, auf ihre Intuition zu vertrauen und bei Bedarf gegebenenfalls eigene Alternativen in Erwägung zu ziehen. Es ist im Übrigen kein Zeichen von Schwäche, bei vereinzelt komplexeren Gerätearrangements erfahrene Kollegen um Beratung und Unterstützung zu bitten. Im Gegenteil, es signalisiert den TN in der „Lernenden Position", dass die KL über ein entsprechendes Sicherheits- und Verantwortungsbewusstsein verfügt.

Um Transferprozesse in die schulsportliche Praxis zu erleichtern, wurden auch didaktisch reflektierte Unterrichtsbeispiele aus der Sportfachliteratur in ihrer Grundstruktur aufgegriffen und im Sinne der objektempathischen Thematik modifiziert. Die daraus entwickelten Anwendungsbeispiele müssen in ihrer Durchführung nicht zu 100 % übernommen werden, sondern ihr struktureller Hintergrund soll als „roter Faden" dienen und eine alltagstaugliche Handlungsorientierung gewährleisten. Drei Leitfragen für die Abschlussbilanzierung im Plenum runden das Durchführungsprozedere im Rahmen der Anwendungsbeispiele immer ab.

Jedes Anwendungsbeispiel ist gegliedert nach folgendem Muster: Zunächst werden Kennzahl inklusive Titel der Übung aufgeführt. Ausgewiesene Kernziele spezifizieren das Grundanliegen. Daran schließen sich Angaben zur Lerngruppe, zur Sozialform, zum Zeitbedarf, zum Vorbereitungsgrad, zum Material-/Gerätebedarf und gegebenenfalls zur Sicherheit an. Es folgt eine Beschreibung zur Durchführung der Übung, wenn möglich

werden zusätzliche Variationen angeregt. Ein Kommentar sowie Angaben zur Ideenquelle sollen der KL als Absicherungs- und Legitimationshilfe dienlich sein. Anhangs-
vermerke verweisen auf ergänzende Lernmaterialien in Form von Hinweis-, Impuls- und
Instruktionsbögen (Arbeitsbögen) und sollen die praktische Gefühlsarbeit erleichtern.
Eine Übersicht der einzelnen Handlungsschritte sowie ein Gefühls-/Erfahrungsspeicher
runden jedes Anwendungsbeispiel ab.

4.3   Das Lernepisoden-Angebot im Überblick

Der Praxisleitfaden mit seinen sechs Lernepisoden dient als handlungsleitender Struk-
tur- und Orientierungsrahmen für den objektempathischen Kompetenzerwerb. Die
Auflistung der Aufgaben- und Übungsbeispiele unter den Rubriken „Kennzahl/Titel"
und „Grundanliegen/Zielfokus" soll einen wegweisenden Überblick ermöglichen.
Die Angabe der „Seitenzahlen" erleichtert das schnelle Auffinden von Aufgaben- und
Übungsbeispielen in Verbindung mit bestimmten inhaltlichen und intentionalen
Schwerpunkten.

Hier das Aufgaben- und Übungsangebot der **ersten Lernepisode** „Sensibilisieren –
Neugier auf objektempathische Besonderheiten wecken" im Überblick: ◨ Abb. 4.1.

Kennzahl/Titel	Grundanliegen/Zielfokus	Seitenzahlen
(1a) Themen-ABC	Für die „Idee" einer objektempathischen Sportlehrkraft sensibilisieren	S. 54-56
(1b) Anders oder gleich	Für Planungsgewohnheiten von Sportlehrkräften beim Einsatz von Spiel- und Sportgeräten sensibilisieren	S. 56-58
(1c) Geräte – Freund oder Feind?	Für das emotionale Beziehungsverhältnis zwischen Geräten und Bewegungsakteuren sensibilisieren Für präzises Sprechen über gerätespezifische Gefühle und Bedürfnisse sensibilisieren	S. 58-60
(1d) Handicap-Übung	Für angenehme/unangenehme Gefühlsbewegungen beim Bewegungsvollzug „Tennisballweitwerfen" sensibilisieren	S. 61-62
(1e) Dilemmata-Geschichte »Lukas«	Für den Unterschied zwischen rationalen und emotionalen Prozessvorgängen im Basketballkontext sensibilisieren	S. 62-65
(1f) Trilogie – Basisexperimente im Dreierpack	Für das Zusammenspiel von Wahrnehmungs-, Kommunikations- und Verarbeitungsprozessen unter objektempathischer Perspektive sensibilisieren	S. 66-70

◨ **Abb. 4.1**   Aufgaben- und Übungsangebot zur ersten Lernepisode im Überblick

Hier das Aufgaben- und Übungsangebot der **zweiten Lernepisode** „Aufspüren – gerätebiografischen Gefühlshintergrund sichtbar und zugänglich machen" im Überblick: ◻ Abb. 4.2.

Hier das Aufgaben- und Übungsangebot der **dritten Lernepisode** „Experimentieren I – gerätespezifische Gefühlsbewegungen körperorientiert beobachten und beschreiben" im Überblick: ◻ Abb. 4.3.

Hier das Aufgaben- und Übungsangebot der **vierten Lernepisode** „Experimentieren II – gerätespezifische Gefühlsbewegungen feedbackförderlich ausdrücken und spiegeln" im Überblick: ◻ Abb. 4.4.

Hier das Aufgaben- und Übungsangebot der **fünften Lernepisode** „Experimentieren III – gerätespezifische Gefühlsbewegungen ressourcenaktivierend bestärken und nutzen" im Überblick: ◻ Abb. 4.5.

Hier das Aufgaben- und Übungsangebot der **sechsten Lernepisode** „Bilanzieren – objektempathische Kompetenzentwicklung und Konzeptqualität ein- und wertschätzen" im Überblick: ◻ Abb. 4.6.

Kennzahl/Titel	Grundanliegen/Zielfokus	Seitenzahlen
(2a) Auf Gefühlstour im Geräteraum	Gefühlshintergrund zu Spiel- und Sportgeräten aufspüren, nacherleben und nachvollziehen	S. 72-75
(2b) Der Handgeräte-Gefühlssack	Gefühlshintergrund zu Handgeräten aufspüren, nacherleben und nachvollziehen	S. 75-77
(2c) Besuch im Gefühlsmuseum	Gefühlshintergrund zu Klein- und Großgeräten aufspüren, nacherleben und nachvollziehen	S. 77-79
(2d) Begegnung und Austausch	Gefühlsbeziehungen und Einstellungen (eigene und fremde) zu Spiel- und Sportgeräten aufspüren, nacherleben und nachvollziehen Auf die Bedeutung feedbackförderlicher Kommunikation aufmerksam machen	S. 80-81
(2e) Geräte-Schubladen	Einfluss und Folgen des „Schubladen-Denkens" im Umgang mit Spiel- und Sportgeräten aufspüren, nacherleben und nachvollziehen	S. 82-84
(2f) Innensicht – Außensicht	Das eigene Bild mit Bezug zu dem Bild, das andere von einem haben im Zusammenhang mit Spiel- und Sportgeräten aufspüren, nacherleben und nachvollziehen	S. 84-86
(2g) Architekten-Workshop	Gefühle/Bedürfnisse als Ursprung von gerätespezifischen Hinderniskonstruktionen und Bewegungsabsichten aufspüren, nacherleben und nachvollziehen	S. 86-89

◻ **Abb. 4.2** Aufgaben- und Übungsangebot zur zweiten Lernepisode im Überblick

4

Kennzahl/Titel	Grundanliegen/Zielfokus	Seitenzahlen
(3a) Handgeräte anschauen	Handgeräte gründlich anschauen/Wahrgenommenes möglichst unvoreingenommen und mit einfachen Worten benennen/beschreiben	S. 92-94
(3b) Handgeräte-Tasten-rätsel	Handgeräte gründlich betasten/Wahrgenommenes möglichst unvoreingenommen und mit einfachen Worten benennen/beschreiben	S. 94-96
(3c) Basketballsounds entdecken	Basketbälle akustisch inspizieren (er-hören) und Musik mit ihnen machen/Wahrgenommenes möglichst unvoreingenommen und mit einfachen Worten benennen/beschreiben	S. 96-98
(3d) Blindenführung in der Klein- und Großgeräte-landschaft	Klein- und Großgeräte gründlich inspizieren/Wahrge-nommenes möglichst unvoreingenommen und mit einfachen Worten benennen/beschreiben	S. 99-100
(3e) Matten-Erlebnisse körpernah protokollieren	Körperzentriertes Erleben mit Matten gründlich beobachten/Wahrgenommenes möglichst unvoreingenommen und mit einfachen Worten benennen/beschreiben	S. 101-104
(3f) Sprungbrett-Erlebnisse körpernah protokollieren	Körperzentriertes Erleben mit Sprungbrettern gründlich beobachten/Wahrgenommenes möglichst unvoreingenommen und mit einfachen Worten benennen/beschreiben	S. 104-107
(3g) Ball-Erlebnisse körpererweitert protokollieren	Körperumfassendes Erleben mit Bällen gründlich beobachten/Wahrgenommenes möglichst unvoreingenommen und mit einfachen Worten benennen/beschreiben	S. 107-110
(3h) Waveboard-Erlebnisse körpererweitert protoko-llieren	Körperumfassendes Erleben mit Waveboards gründlich beobachten/Wahrgenommenes möglichst unvoreingenommen und mit einfachen Worten benennen/beschreiben	S. 110-112
(3i) Körper mit Leben füllen	Körperzentriertes und körperumfassendes Erleben mit Großgeräten gründlich beobachten/Wahrgenommenes möglichst unvoreingenommen und mit einfachen Worten benennen/beschreiben	S. 113-116

◘ **Abb. 4.3**   Aufgaben- und Übungsangebot zur dritten Lernepisode im Überblick

Zusammenfassend: Der Praxisleitfaden ist von dem Wunsch getragen, dass auch weniger erfahrene Anwender, die Aufgaben- und Übungsbeispiele episodenkonform vermitteln können. Für Berufsanfänger, die sich in die Rolle der KL begeben, sind strukturierte Vorschläge oftmals hilfreicher als offene, selbst kombinierbare Lernsequenzen. Erfahrene Berufskönner, die in der Rolle der KL agieren, sind jederzeit in der Lage, eigene Modifikationen und Varianten oder zusätzliche Ideen einzubringen.

Prinzipiell ist bei einem Einsatz von Spiel- und Sportgeräten von Beginn an immer auf eine sichere Lernumgebung, auf einen funktionsgemäßen und kontrollierten Auf- und Abbau von Gerätearrangements zu achten. Ebenso ist es empfehlenswert, sich

Kennzahl/Titel	Grundanliegen/Zielfokus	Seitenzahlen
(4a) Mit dem Körper etwas darstellen, wahrnehmen, spiegeln	Den Körperausdruck verbessern und gerätespezifische Gefühls- und Bewegungsbeziehungen nonverbal spiegeln	S. 119-120
(4b) Mit Mimik und Gestik lenken	Körpersprachliche Signale als Ausdrucks- und Steuerungsmittel für gerätespezifische Gefühlszustände bewusst einsetzen und nutzen	S. 120-122
(4c) Geräte-Klischees nonverbal unterstützen und ausdrücken	Sich innere, stereotype Bilder von Spiel- und Sportgeräten mittels (non-)verbaler Ausdrucksmittel bewusst machen	S. 122-124
(4d) Lautloser Roll-Dialog	Rollgefühle spüren, bewirken, begreifen und Körpersprache als wesentliches Mittel von emotionaler Kommunikation einsetzen	S. 124-127
(4e) Schatten-Kommunikation	Eine Bodenübung partnersynchron ausführen und (non-)verbale Elemente für objektempathische Einfühlungsprozesse feedbackförderlich einsetzen	S. 127-129
(4f) Fragen über Fragen	Den Zweck von offenen und geschlossenen Fragen zum Erkennen von Spiel- und Sportgeräten erleben und nachvollziehen Die Bedeutung von Fragetechniken/Fragehaltungen zur Erzeugung für einen emotional guten Gesprächsverlauf verstehen	S. 129-131
(4g) Aktives Zuhören	Verschiedene Elemente/Stufen des Aktiven Zuhörens kennenlernen, erproben und Stimmigkeit im Kontext sachlicher Aspekte (Gerätebezug) und emotionaler Aspekte (Akteursbezug) erleben und reflektieren	S. 131-133
(4h) (Un-)Kontrollierter Gesprächsdialog	Spiegelndes Zuhören und Sprechen im objektempathischen Kontext motivationsförderlich erproben und einüben (Non-/para-)verbale Elemente als basale Kommunikationsmittel für das Herausfinden objektempathischer Anteile begreifen	S. 134-136
(4i) Unterstützendes Beratergespräch	Spiegelndes Zuhören und Sprechen im objektempathischen Sinne zur Anwendung bringen (Non-/para-)verbale Grundelemente als objektempathisches Beratungsmittel begreifen	S. 136-139

◻ **Abb. 4.4**   Aufgaben- und Übungsangebot zur vierten Lernepisode im Überblick

bereits im Vorfeld das Ausgeben wie das Einsammeln, beispielsweise von Handgeräten, wohl zu überlegen. Bei vereinzelt komplexeren Gerätearrangements sollte sich die KL nicht scheuen, entsprechend der eigenen Expertise, Vereinfachungen vorzunehmen oder erfahrene Kollegen um Rat oder Mithilfe zu bitten. Das ist ein Zeichen von objekt-empathischer Souveränität.

4

Kennzahl/Titel	Grundanliegen/Zielfokus	Seitenzahlen
(5a) Ich entdecke meine Kraft – ich bin stark!	Eigene Stärken mit Bezug auf Spiel- und Sportgeräte sichtbar machen, aktivieren und eigenes Stärkepotenzial erproben, nutzen	S. 142-145
(5b) Worauf ich stolz sein kann!	Positive Selbstbekräftigung als Bewältigungsstrategie im Umgang mit der Frisbeescheibe thematisieren Positive Selbstbekräftigung zur Stabilisierung oder zum Aufbau von Ressourcen im Umgang mit der Frisbee erproben	S. 145-149
(5c) Genussübung – (Sprung-)Gefühle auskosten	Schleuderwirkung des Minitrampolins emotional in Erfahrung bringen und positive (Sprung-)Gefühle entwickeln und ausreizen	S. 149-152
(5d) Kopfstandmethode	Durch einen bewusst herbeigeführten Tausch der Sichtweisen die gerätespezifische Problemlage ins Gegenteil verkehren Um-Deuten als Grundlage für emotional-motivational stimmige Lösungsoptionen im Umgang mit Spiel- und Sportgeräten anwenden	S. 153-155
(5e) Die rosarote Zauberbrille	Sich in die emotionale Wirkung eines Geräte-Favoriten/Geräte-Fieslings einfühlen Mittels unterschiedlicher Blickwinkel auf Spiel- und Sportgeräte Umorientierungsprozesse anstoßen, einleiten	S. 155-158
(5f) Dem Schleuderball zeig ich's...	Umorientierung als Hilfe, um sich an ein Gerät (Schleuderball) „neu" zu gewöhnen Umorientierung als Möglichkeit, schleuderballspezifischen Bewegungstechniken gefühlsmäßig „neu" nachzuspüren	S. 158-161
(5g) Turngeräte verwandeln	Die Vielfalt der Turngeräte für Umorientierungsprozesse nutzen Neue turngerätespezifische Bewegungs- und Gefühlserfahrungen machen	S. 162-165

◘ **Abb. 4.5**   Aufgaben- und Übungsangebot zur fünften Lernepisode im Überblick

Kennzahl/Titel	Grundanliegen/Zielfokus	Seitenzahlen
(6a) Gefühls-Dreieck	Bedeutsamkeit von Gefühlsbewegungen als Orientierungsgeber im Umgang mit gerätespezifischen Besonderheiten ein- und wertschätzen	S. 168-170
(6b) Stimmungsbänder	Bedeutsamkeit des Zusammenspiels von Geräteanreizen ⇔ Gefühlsreaktionen ⇔ Bewegungsimpulsen für objektempathisches Fühlen, Denken und Handeln ein- und wertschätzen	S. 170-173
(6c) Bedürfnis-Collage	Bedeutsamkeit der gewohnheitsmäßigen Integration von Bedürfnissen in den (Sport-/Geräte) Alltag ein- und wertschätzen	S. 173-175
(6d) Spaß-Kette	Bedeutsamkeit für unterschiedliche Lösungswege zur Erfüllung von gleichen Bedürfnissen im Umgang mit Spiel- und Sportgeräten ein- und wertschätzen	S. 175-177
(6e) Kompetenzhand	Selbsteinschätzung und wertschätzender Austausch über persönliche objektempathische Kompetenzfortschritte	S. 178-179
(6f) Zielscheibe	Schnelle und individuelle Rückmeldung in grafischer Form zu verschiedenen Aspekten der objektempathischen Gesamtkonzeption Selbsteinschätzung der objektempathischen Förder-/Konzeptqualität	S. 180-181
(6g) Abschiedsgeografie	Subjektive Stimmungen/Eindrücke zu einem kollektiven Ergebnis über die Qualität der objektempathischen Förderkonzeption zusammenführen	S. 182-184

◻ **Abb. 4.6**   Aufgaben- und Übungsangebot zur sechsten Lernepisode im Überblick

Erste Lernepisode: Sensibilisieren – Neugier auf objektempathische Besonderheiten wecken

© Springer Fachmedien Wiesbaden GmbH, ein Teil von Springer Nature 2019
R. Ullmann, *Lust auf Bälle, Barren, Bodenmatten,* https://doi.org/10.1007/978-3-658-23739-4_5

5.1 Absicht und Vorgehen

Absicht der ersten Lernepisode ist, die TN für die praktische Relevanz der Objektempathie aufzuschließen, ihnen die Gelegenheit und Raum zu geben, ihre Erfahrungen und Vorstellungen im Umgang mit Spiel- und Sportgeräten, mit Gefühlsbewegungen und mit Einfühlungsprozessen zu äußern und sich ihrer zu vergewissern. Mit dieser Versprachlichung der Alltagserfahrungen in Sensibilisierungsübungen und Gesprächen entsteht ein Aufgaben- und Problembewusstsein, das die Chance in sich trägt, dass es zu einem sich selbst tragenden objektempathischen Lernprozess kommt.

Mit dem „Check-in" geht zu Beginn des objektempathischen Lernprozesses die Überlegung einher: Wie wird Objektempathie zum Thema der Lerngruppe; mit welchen Impulsen lässt sich der selbsterfahrungsbezogene objektempathische Lernprozess motivationsförderlich in Gang setzen? Damit soll der Boden gelegt werden, dass sich die Lerngruppe als neugieriges „Forschungs-Team" begreift. Dies ist wichtig vor allem für die Bereitschaft zur Übernahme von objektempathischen Anforderungen, die sich im Verlauf der Lernepisoden stellen, wie zum Beispiel: Geräteanreize aufspüren und daraus resultierende Gefühlsbewegungen erkennen und akzeptieren; emotionale Wirkungen unvoreingenommen zulassen, verständnisvoll kommunizieren und lösungsorientiert handhaben.

In Annäherung an objektempathisches Fühlen, Denken und Handeln in der Praxis geht es in den sechs exemplarischen Praxisanregungen der ersten Lernepisode darum, Normalität im Alltag des Sportunterrichts (und damit auch in der Sportlehrerausbildung) infrage zu stellen – teils durch reflexive, spielerische, teils durch provokative „Check-in-Impulse". Im Wechsel zwischen an Vorwissen anknüpfenden Feedbackmethoden und persönlichen Bewegungs- und Gefühlserfahrungen im Umgang mit Spiel- und Sportgeräten sowie einer schwierig zu handhabenden Dilemmata-Situation, die wiederum Anknüpfungspunkte für objektempathische Basisexperimente liefern, nähern sich die TN ihrem Alltag und ihrem Professionalisierungsanliegen zugleich.

Im Austausch über Vorstellungen zu einer objektempathischen Sportlehrkraft, zu Planungsgewohnheiten von Sportlehrkräften, zu emotional aufgeladenen Gerätebeziehungen, zu rationalen oder emotionalen Erwägungen, zu basalen Einfühlungsleistungen sollte eine multiperspektivische Ausgangslage zustande kommen, die die Normalität des Bewegungsalltags mit Spiel- und Sportgeräten aufbricht und so eine lernförderliche Neugier für objektempathische Besonderheiten weckt.

5.2 Exemplarische Praxisanregungen zum Check-in

▪▪ 1a/Titel: Themen-ABC
Grundanliegen:
━ für die „Idee" einer objektempathischen Sportlehrkraft sensibilisieren

Lerngruppe: Erwachsene (Variante: ab Klasse 4)
Sozialform: Tandems, Gruppe, Plenum
Zeitbedarf/Vorbereitungsgrad: 1 × 45 min/gering
Material/Geräte:
━ Impulsbogen mit „ABC-Schema" (s. Anhang A.01)
━ Stifte, Textmarker, Wandplakate (Flipchart)

Sicherheitshinweise: keine

Durchführung:

Die Lernumgebung ist vorbereitet. Benötigte Materialien sind einsatzbereit zugänglich. Mittels Anmoderation seitens der KL sind die TN über das Grundanliegen, die Anforderungen, den Impulsbogen und den Ablauf der Übung (soweit notwendig) informiert.

Die TN finden sich zu Tandems zusammen. Jedes Tandem erhält von der KL einen „ABC-Impulsbogen" mit der Frage: Was stellen Sie sich unter einer objektempathischen Sportlehrkraft vor? Nach kurzer Einweisung notieren sich die Paare zu selbst gewählten Buchstaben einen Begriff, von dem vermutet wird, dass er besonders gut die eigene Vorstellung im Hinblick auf eine objektempathische Sportlehrkraft abbilden könnte (eingeklammerte Buchstaben können unberücksichtigt bleiben). Für die „Vermutungen" stehen den Tandems fünf Minuten Zeit zur Verfügung.

Anschließend gehen die Tandems zu Kleingruppen zusammen. Die Ergebnisse der Tandemarbeit werden in den Gruppen miteinander verglichen. Übereinstimmungen, Unterschiede oder „Ausreißer" werden markiert, fixiert und diskutiert.

Danach stellen die Kleingruppen ihr Ergebnis dem Plenum vor. Gemeinsam entwickelt das Plenum anhand von Merkmalen eine Vorstellung darüber, was eine objektempathische Sportlehrkraft auszeichnen könnte. Als Gesamtertrag werden Vermutungen über deren Bedeutung für den Sportunterrichtsalltag geäußert, zur Diskussion gestellt und das Fazit auf einem Wandplakat mindmapartig fixiert.

Für die Abschlussbilanzierung im Plenum bieten sich folgende drei Impulsfragen an: 1) Welche bedeutsamen Merkmale einer objektempathischen Sportlehrkraft konnten Sie ausfindig machen? 2) Was macht eine objektempathische Sportlehrkraft für die Sportunterrichtspraxis so bedeutsam? 3) Welche Nachteile könnten durch eine objektempathisch inkompetente Sportlehrkraft auftreten?

Variationen:

Das „Themen-ABC" zur Idee, zu dem Bild einer objektempathischen Sportlehrkraft eignet sich auch am Ende einer Lernepisode respektive am Ende eines Schulungs-/Förderkurses.

Bei der Durchführung des „Themen-ABC" als Wettbewerb, wird entweder mit einer strengen Zeitvorgabe gearbeitet oder es werden mehrere Punkte vergeben (1 Punkt = Der Begriff wurde von mehreren Personen notiert. 2 Punkte = Der Begriff wurde nur von einer Person notiert. 3 Punkte = Zu den Buchstaben in Klammern wurde ein Begriff notiert). Um Bloßstellungen zu vermeiden, empfiehlt es sich, von Beginn an Partner- oder Gruppenarbeit zu bevorzugen.

Soll das „Themen-ABC" mit Schülern durchgeführt werden, dann ist es empfehlenswert, den Empathiebegriff vorher beispielhaft einzuführen, um Transferüberlegungen zur objektempathischen Sportlehrkraft zu erleichtern. Hilfreich hierzu sind Redewendungen: Sportlehrer A hat einen „guten Draht" zu seiner Klasse, deshalb kommen sie gut miteinander aus. Oder: Wenn es mal Probleme mit der Klasse gibt, dann trifft Sportlehrer B zumeist den „richtigen Ton", was dazu beiträgt gemeinsam nach guten Lösungen zu suchen. Auf dieser Basis sind dann weiterführende Schwerpunkte, Aspekte und Fragen der Zielgruppe entsprechend anzupassen.

Kommentar:
Erfahrungsgemäß tragen die TN in der Sammel- und Kennzeichnungsphase eine Fülle an Merkmalen zusammen. Häufig werden bereits mit diesem Feedback-Instrument bedeutsame und grundsätzliche Fragen zum Selbstverständnis einer objektempathischen Sportlehrkraft und zum daraus resultierenden Professionalisierungs-/Schulungsvorhaben aufgeworfen.

Da zu einigen Buchstaben nur schwer Begriffe zu finden sind, kann die KL mit den TN vereinbaren, eine bestimmte Anzahl von Buchstaben (beispielsweise drei bis fünf) individuell zu streichen.

Ideenquelle:
- Thal und Vormdohre (2009, S. 42–43) Abb. 5.1.

Handlungsschritte	Gefühls-/Erfahrungsspeicher
• Lernumgebung vorbereiten	
• Anmoderation/Infotainment	
• Tandems bilden	
• Impulsbogen »ABC-Schema«	
• Kleingruppenarbeit	
• Plenumsarbeit	
• Abschlussbilanzierung	

Abb. 5.1   Themen-ABC – Handlungsschritte/emotionaler Erfahrungsspeicher

■■ 1b/Titel: Anders oder gleich

Grundanliegen:
- für Planungsgewohnheiten von Sportlehrkräften beim Einsatz von Spiel- und Sportgeräten sensibilisieren

Lerngruppe: Erwachsene (Variante: ab Klasse 4)
Sozialform: 4er-Teams, Plenum
Zeitbedarf/Vorbereitungsgrad: 1 × 45 min/gering
Material/Geräte:
- Impulsbogen „Anders oder gleich" (s. Anhang A.02)
- Stifte, Tesaband, Pinnwand (Flipchart)

Sicherheitshinweise: keine

Durchführung:
Die Lernumgebung ist vorbereitet. Benötigte Materialien sind einsatzbereit zugänglich. Mittels Anmoderation seitens der KL sind die TN über das Grundanliegen, die

Anforderungen, den Impulsbogen und den Ablauf der Übung (soweit notwendig) informiert.

Die TN bilden 4er-Teams. Jedes Team erhält einen flipchartartigen Impulsbogen. In der Mitte ist ein kreisförmiges Segment (für das gesamte Team) und nach außen hin sind vier dreiecksförmige Segmente (für jedes Einzelmitglied) aufgezeichnet.

Zur Frage „Worauf achten Sie als Sportlehrkraft besonders, wenn Sie eine Stunde mit Spiel- und Sportgeräten planen?" sollen die Teams ihre Planungspräferenzen ins Gespräch einbringen. In die äußeren Segmente kommen nur diejenigen Planungsaspekte, die einzigartig für ein einzelnes Teammitglied sind. In das Kreissegment werden nur diejenigen Planungsaspekte eingetragen, die von allen vier Mitgliedern des Teams einstimmig präferiert und vertreten werden.

Die Ergebnisse werden im Plenum vorgestellt. Gemeinsamkeiten, Unterschiede, „Ausreißer" werden herausgearbeitet. Planungsgewohnheiten in Form von Planungspräferenzen respektive Planungslücken werden offengelegt und hinterfragt.

Für die Abschlussbilanzierung im Plenum bieten sich folgende drei Impulsfragen an: 1) Gibt es Planungspräferenzen beziehungsweise Planungslücken, die Sie überrascht haben? 2) Welche Planungsaspekte stehen aus Sportlehrersicht aus welchen Gründen im Vordergrund? 3) Inwieweit spielen Gefühle der Bewegungsakteure beim Einsatz von Spiel- und Sportgeräten im Planungsprozess eine Rolle?

Variationen:

Aus Schülersicht ist beispielsweise folgende Frage von Interesse: „Was ist Dir besonders wichtig, wenn Spiel- und Sportgeräte im Sportunterricht zum Einsatz kommen?" Das Grundanliegen: Die jungen Bewegungsakteure dafür sensibilisieren, worauf sie gewöhnlich im Umgang mit Spiel- und Sportgeräten besonders achten. Im Zuge der Abschlussbilanzierung sind die damit einhergehenden Impulsfragen entsprechend der Zielgruppe und dem Zielanliegen anzupassen, zum Beispiel: 1) Gibt es Bewegungs- und Spielwünsche, die euch überrascht haben? 2) Welche Vorlieben stehen im Umgang mit Spiel- und Sportgeräten aus welchen Gründen im Vordergrund? 3) Inwieweit spielen für euch Gefühle im Umgang mit Spiel- und Sportgeräten eine Rolle?

Kommentar:

Der Impulsbogen „Anders oder gleich" eignet sich gut, um an die Vorerfahrungen, an das Vorwissen der TN anknüpfen zu können.

In der Regel werden in den Planungsüberlegungen aus Sicht der Sportlehrkraft vorwiegend methodische, organisatorische und sicherheitstechnische Aspekte reflektiert. Spezifische Geräteanreize und daraus resultierende Gefühlsbewegungen aufseiten der Bewegungsakteure spielen keine oder nur eine marginale Rolle.

Während dieser Übung können sehr intensive Gesprächssituationen in den Teams entstehen. Unterschiedliche Erfahrungen und Sichtweisen der TN werden mit dieser Feedback-Methode geradezu herausgefordert. Der Impulsbogen sollte für die schriftlichen und gut lesbaren Äußerungen so viel Raum bieten, dass diese groß niedergeschrieben werden können.

Bei Kindern und Jugendlichen überwiegt im Umgang mit Spiel- und Sportgeräten in der Regel der (legitime) Spaßfaktor, wodurch stärkere emotionale Beweggründe und Ausdrucksformen genannt und in den Vordergrund gerückt werden. In der Tendenz geht es auch darum, beim Gebrauch von Spiel- und Sportgeräten möglichst schnell zu Erfolgserlebnissen zu kommen.

Ideenquelle:
- Thal und Vormdohre (2009, S. 37–38) Abb. 5.2.

Handlungsschritte	Gefühls-/Erfahrungsspeicher
• Lernumgebung vorbereiten • Anmoderation/Infotainment • Teams bilden • Impulsbogen »Anders oder gleich« • Teamarbeit • Plenumsarbeit • Abschlussbilanzierung	

Abb. 5.2 „Anders oder gleich" – Handlungsschritte/emotionaler Erfahrungsspeicher

▪▪ 1c/Titel: Geräte – Freund oder Feind?

Grundanliegen:
- für das emotionale Beziehungsverhältnis zwischen Geräten und Bewegungsakteuren sensibilisieren
- für präzises Sprechen über gerätespezifische Gefühle und Bedürfnisse sensibilisieren

Lerngruppe: ab Klasse 4
Sozialform: Einzelperson, 2er-Gruppe, Plenum
Zeitbedarf/Vorbereitungsgrad: 1 × 45 min/gering
Material/Geräte:
- Fundus an Hand-, Klein-, Großgeräten
- Stifte, Stoppuhr, Markierungshütchen
- Impulsbogen „Positiv-Negativ-Gefühls-Liste" (s. Anhang A.03)
- Impulsbogen „Liste Gefühlsvokabular" (s. Anhang A.04)
- Impulsbogen „Liste Bedürfnisvokabular" (s. Anhang A.05)

Sicherheitshinweise: keine

Durchführung:
Die Lernumgebung ist vorbereitet. Benötigte Materialien und Geräte sind einsatzbereit zugänglich. Mittels Anmoderation seitens der KL sind die TN über das Grundanliegen, die Anforderungen, die drei Impulsbögen und den Ablauf der Übung (soweit notwendig) informiert.

Die KL wählt aus dem Fundus an verfügbaren Spiel- und Sportgeräten jeweils ein Handgerät (Seil, Reifen oder Ball etc.), ein Kleingerät (Bodenmatten, Würfelkasten oder Langbank etc.) und ein Großgerät (Barren, Sprungkasten oder Reck etc.) aus.

Mit den Handgeräten beginnend, platziert die KL ein Handgerät in der markierten Zone. Die TN bilden einen Kreis um das Handgerät („Standogramm"). Dabei ist darauf zu achten, dass der Kreisabstand zunächst neutral, also für alle TN gleich zum Handgerät sein sollte (ca. 2 m Abstand). Nach Aufforderung der KL: „Freund oder Feind?", stellt sich jeder TN mit seinem Namen vor und nimmt seine Position zu dem in der Kreismitte platzierten Handgerät ein – je nachdem, wie das subjektive emotionale Beziehungsverhältnis eingeschätzt wird. Wer das Handgerät mag und attraktiv findet (Freund-Perspektive), positioniert sich entsprechend und bringt seinen Zuneigungsgrad durch Annäherung an das Gerät zum Ausdruck. Wer das Handgerät nicht mag und unattraktiv findet (Feind-Perspektive), positioniert sich entsprechend und bringt seinen Abneigungsgrad durch Distanzierung weg vom Gerät zum Ausdruck.

Nun stellen die TN miteinander Vermutungen darüber an, weshalb jemand das Handgerät als „Freund" (im Sinne eines Geräte-Favoriten) oder als „Feind" (im Sinne eines Geräte-Fieslings) betrachtet. Im Anschluss daran erfolgt die Auflösung, indem die jeweiligen TN die sie betreffenden Vermutungen entweder bestätigen, ergänzen oder korrigieren.

Zu gegebener Zeit werden von der KL in der nächsten „Standogramm-Runde" das ausgewählte Kleingerät (später das ausgewählte Großgerät) in die „neutrale" Kreismitte platziert. Erneut folgen jeweils die „Freund-Feind-Perspektivierungen" nach dem gleichen Ablaufprozedere.

Danach werden die einzelnen TN gebeten, sich Wörter zu überlegen, die das emotionale Beziehungsverhältnis zu Geräte-Favoriten und zu Geräte-Fieslingen treffend charakterisieren. Dazu erhält jeder TN den Impulsbogen „Positiv-Negativ-Gefühls-Liste", um die persönlich relevanten Wörter zu notieren, die die jeweilige Gefühlslage am besten kennzeichnen. Pro Spalte haben die TN jeweils eine Minute Zeit.

Die Ergebnisse der Einzelarbeit werden im Plenum vorgestellt und besprochen. Meinungen, Fragen und Probleme werden ausgetauscht. Zur Anreicherung der Diskussion und um den emotionalen Wortschatz zu erweitern, stellt die KL den TN die Liste „Gefühlsvokabular" mit positiven Gefühlen (bei Bedürfniserfüllung) und mit negativen Gefühlen (bei Bedürfnisverletzung) zur Verfügung.

Um die untrennbare Verbindung zwischen Gefühlen und Bedürfnissen zu verdeutlichen, teilt die KL den TN die Liste „Bedürfnisvokabular" aus, auf der bestimmten Gefühlen mögliche Bedürfnisse zugeordnet sind. Erst in der 2er-Gruppe, dann im Plenum, setzen sich die TN unter Einbezug eigener Erfahrungen mit Geräte-Favoriten/ Geräte-Fieslingen mit folgender Grundformel auseinander: Alle Gefühle gehen von unseren Bedürfnissen aus. Angenehme Gefühle signalisieren – Bedürfnisse erfüllt. Unangenehme Gefühle signalisieren – Bedürfnisse nicht erfüllt.

Für die Abschlussbilanzierung im Plenum bieten sich folgende drei Impulsfragen an: 1) Welche Gefühle und Bedürfnisse bewirken in der Begegnung mit Spiel- und Sportgeräten unterschiedliche Nähe-Distanz-Phänomene? 2) Zu welchen Bewegungsimpulsen neigen Bewegungsakteure üblicherweise, wenn sie Spiel- und Sportgeräten emotional sehr nahe oder emotional sehr distanziert gegenüber stehen? 3) Worin besteht der Vorteil, wenn Sie als Sportlehrkraft oder Bewegungsakteur gerätespezifische Gefühle und Bedürfnisse mit eigenen Worten benennen und beschreiben können?

Variationen: keine

Kommentar:

Bei den von den TN geäußerten Vermutungen oder Erklärungen zu den einzelnen Positionierungen geht es nicht darum, eine Position für gut oder für schlecht zu befinden. Es geht darum zu erkennen, dass bei Bewegungserlebnissen mit Spiel- und Sportgeräten emotionale Phänomene (Zuneigung und Abneigung, Sympathie und Antipathie, Lust und Frust) und bedürfnisrelevante Phänomene (Wohlbefinden, Sicherheit, Kontrolle, Zugehörigkeit) immer eine Rolle spielen. Die nuancierte „Freund-Feind-Zuschreibung" führt dazu, dass bestimmte Spiel- und Sportgeräte unterschiedlich attraktiv oder unattraktiv empfunden werden. In Folge werden sogenannte Geräte-Favoriten eher verstärkt aufgesucht und genutzt, so genannte Geräte-Fieslinge dagegen eher vernachlässigt oder gar vermieden.

Sobald Bewegungsakteure im Umgang mit Spiel- und Sportgeräten Gefühle wahrnehmen, hat das etwas mit ihren Bedürfnissen zu tun. Gefühle und Bedürfnisse bewegen jeden Bewegungsakteur. Sie beeinflussen seine Bewegungsabsichten und Bewegungserwartungen, sie haben auf den Bewegungsakteur eine mobilisierende (Antriebseffekt) und organisierende (Priorisierungseffekt) Wirkung.

Es macht also Sinn, positive Gefühle (wie beispielsweise Freude, Zuversicht, Beschwingtsein) oder negative Gefühle (wie beispielsweise Widerwillen, Zweifel, Ratlossein) wahrzunehmen und auszudrücken. Gefühle geben den Bewegungsakteuren in der Begegnung mit Spiel- und Sportgeräten Orientierung. Zugleich beeinflussen sie die Beziehung zu Geräten und zu anderen Bewegungsakteuren.

Gefühle versetzen uns und andere in Bewegung. Als Gefühlsbewegungen signalisieren sie uns und anderen, ob alles klar ist oder ob wir etwas tun müssen, dass es uns und anderen im Umgang mit Spiel- und Sportgeräten besser geht. Das heißt: Je präziser Bewegungsakteure ihre Gefühlsbewegungen ausdrücken und ihre Bedürfnisse in Worte fassen können, desto besser können sie für sich selbst und für andere herausfinden, was beim Bewegungslernen mit Spiel- und Sportgeräten gebraucht wird.

Ideenquelle:
— Gilsdorf und Kistner (2015, S. 163) Abb. 5.3.

Handlungsschritte	Gefühls-/Erfahrungsspeicher
• Lernumgebung vorbereiten	
• Anmoderation/Infotainment	
• Standogramm-Runden	
• Impulsbogen »Gefühlsliste«	
• Austausch (Plenum)	
• Impulsbogen »Gefühlsvokabular«	
• Austausch (Plenum)	
• Impulsbogen »Bedürfnisvokabular«	
• Austausch (2er-Gruppe/Plenum)	
• Abschlussbilanzierung	

Abb. 5.3   „Freund oder Feind?" – Handlungsschritte/emotionaler Erfahrungsspeicher

■ ■ **1d/Titel: Handicap-Übung**

Grundanliegen:

━ für angenehme/unangenehme Gefühlsbewegungen beim Bewegungsvollzug „Tennis-ballweitwerfen" sensibilisieren

Lerngruppe: ab Klasse 4
Sozialform: Paare, Plenum
Zeitbedarf/Vorbereitungsgrad: 1 × 45 min/umfangreich
Material/Geräte:

━ Eimer mit Tennisbällen, Markierungshütchen
━ Impulsbogen „Liste Gefühlsvokabular" (s. Anhang A.04)
━ Impulsbogen „Liste Bedürfnisvokabular" (s. Anhang A.05)
━ Impulsbogen „Weitwurfgefühle" (s. Anhang A.06)

Sicherheitshinweise:

Bei dieser Übung in der Sporthalle ist der Sicherheits- und Organisationsrahmen umsichtig vorzubereiten, einsichtig dazulegen und konsequent einzuhalten. Die Würfe erfolgen nur in Richtung Stofftrennwand und nur innerhalb der mit Hütchen markierten Wurfzonen. Es gilt die goldene Regel: Sobald sich jemand vor der Abwurflinie befindet, darf nicht geworfen werden. Die Bälle werden erst dann eingesammelt, wenn alle geworfen haben.

Durchführung:

Die Lernumgebung ist vorbereitet. Benötigte Materialien und Geräte sind einsatzbereit zugänglich. Mittels Anmoderation seitens der KL sind die TN über das Grundanliegen, die Anforderungen, die drei Impulsbögen, den Sicherheitsrahmen und den Ablauf der Übung (soweit notwendig) informiert.

Danach sucht sich jeder TN einen Partner. Die erste Aufgabe lautet: „Finden Sie durch mehrere Wurfversuche heraus, wie Sie sich beim Weitwerfen mit dem Tennisball fühlen, wenn Sie mit Ihrem starken Arm werfen." Haben die wechselseitig agierenden Paare ihre jeweiligen Wurfversuche mit dem starken Arm abgeschlossen, tauschen sie sich – unter Einbezug der Gefühls- und Bedürfnislisten – über ihre körper-, gefühls- und könnensbezogenen Empfindungen und Erfahrungen aus.

Im Anschluss daran folgt die zweite Aufgabe: „Finden Sie durch mehrere Wurfversuche heraus, wie Sie sich beim Weitwerfen mit dem Tennisball fühlen, wenn Sie mit Ihrem schwachen Arm werfen." Haben die wechselseitig agierenden Paare ihre jeweiligen Wurfversuche mit dem schwachen Arm abgeschlossen, tauschen sie sich – unter Einbezug der Gefühls- und Bedürfnislisten – über ihre körper-, gefühls- und könnensbezogenen Empfindungen und Erfahrungen aus.

Im Plenum werden dann die in Verbindung mit dem kontrastiven Tennisballweitwurf aktualisierten Körper-, Gefühls- und Könnenserfahrungen mit eigenen Worten umschrieben und herausgearbeitet.

Für die Abschlussbilanzierung im Plenum bieten sich folgende drei Impulsfragen an: 1) Welche „Aha"-Effekte haben Sie mittels der kontrastiven Vorgehensweise erlebt? 2) Inwieweit konnten Sie mithilfe des Gefühls- und Bedürfnisvokabulars Ihre Gefühlsbewegungen genauer beobachten und beschreiben? 3) Welche emotionale Erfahrung hat Sie am meisten überrascht – weshalb?

Variationen:
Die Verwendung von Schleuderbällen oder das Stoßen einer Kugel kann deutlichere Differenzwahrnehmungen im Bereich der Körper-, Begleit- und Könnensgefühle erzeugen. Allerdings ist es hierzu in der Regel notwendig, die „Handicap-Übung" im Freien durchzuführen.

Kommentar:
Die „Handicap-Übung" mit ihrer kontrastiven Aufgabenstellung eröffnet mit Blick auf die differenzierte Wahrnehmung von Gefühlsbewegungen und ihren Versionen wertvolle motivationale Einsichten. Das selbsterfahrungsbezogene Nachempfinden körperlicher Empfindungen, emotionaler Begleitphänomene und motorisch-koordinativer Könnensleistungen ist hilfreich, wenn es darum geht zu erleben und zu spüren, wie diese Gefühlsbewegungen sich auf einen selbst und auf andere auswirken.

Bei Kindern und Jugendlichen als Zielgruppe, sind die Impulsfragen alters- und zielangemessen anzupassen. Je nach Zielgruppe, muss möglicherweise ein erweiterter zeitlicher Rahmen von 1 × 90 min in Betracht gezogen werden.

Ideenquelle:
- Praktische Seminararbeit mit Studierenden der Pädagogischen Hochschule Heidelberg im Semesterzeitraum von 2016–2018 Abb. 5.4.

Handlungsschritte	Gefühls-/Erfahrungsspeicher
• Lernumgebung vorbereiten	
• Anmoderation/Infotainment	
• Erkundungsphase I (Partnerarbeit)	
• Erkundungsphase II (Partnerarbeit)	
• Plenumsarbeit	
• Abschlussbilanzierung	

Abb. 5.4   „Handicap-Übung" – Handlungsschritte/emotionaler Erfahrungsspeicher

■■ 1e/Titel: Dilemmata-Geschichte „Lukas"
Grundanliegen:
- für den Unterschied zwischen rationalen und emotionalen Prozessvorgängen im Basketballkontext sensibilisieren

Lerngruppe: ab Klasse 5
Sozialform: Gruppe, Plenum
Zeitbedarf/Vorbereitungsgrad: 1 × 90 min/gering
Material/Geräte:
- Basketbälle, Hütchen, Latze
- zwei Rollstühle (gegebenenfalls zwei/vier Rollbretter)
- Impulsbogen „Dilemmata-Geschichte Lukas" (s. Anhang A.07)

Sicherheitshinweise: keine

Durchführung:
Die Lernumgebung ist vorbereitet. Benötigte Materialien, Hütchen zur Spielfeldmarkierung, Basketbälle, Latze zur Mannschaftskennzeichnung und zwei Rollstühle (zwei/vier Rollbretter) sind einsatzbereit zugänglich. Mittels Anmoderation seitens der KL sind die TN über das Grundanliegen, die Anforderungen, den Impulsbogen und den Ablauf der Übung (soweit notwendig) informiert.

Die TN finden sich zu Spielgruppen (3:3 oder 4:4) zusammen, um Basketball auf einem Korb nach Regeln des Streetballs zu spielen: ein neuer Angriff nach Foulspiel; „Aus" oder Korberfolg wird mit einem „Check" des Gegenspielers eröffnet; nach Ballbesitzwechsel müssen die neuen Angreifer und der Ball einmal hinter die 3er-Linie. Die TN dürfen wählen, ob sie mit den Sektoren oder im freien Spiel 3:3/4:4 spielen wollen.

In der „ersten Spielphase" sollen die Spielgruppen herausfinden, was ein cooles Streetballspiel als Mannschaft in Angriff, Abwehr und Zusammenarbeit auszeichnet. Dazu spielen alle Gruppen gegeneinander. Ziel ist es, möglichst jedes Spiel zu gewinnen und selbstständig zu regeln.

In der „ersten Reflexionsphase" tauschen die Gruppen ihre Spielerfahrungen untereinander aus. Erfolgserlebnisse wie Spielprobleme werden benannt, beschrieben und reflektiert. Anregungen zur Spieloptimierung werden formuliert und konkretisiert.

In der „zweiten Spielphase" nimmt in jeder Spielgruppe ein TN ein Mal die Rolle eines „Rollstuhlfahrers" ein. Ziel ist es herauszufinden, wie ein „Rollstuhlfahrer" mithilfe veränderter Bedingungen gut in das Streetballspiel integriert werden kann. Je nach Spielverlauf sollen im Rahmen kurzer Zwischenfeedbacks verschiedene Verbesserungsvorschläge eingebracht, erprobt und optimiert werden.

In der „zweiten Reflexionsphase" tauschen die Gruppen wieder ihre Spielerfahrungen, unter Einbezug der (künstlich erzeugten) Rollstuhlfahrer-Perspektive, aus. Markante Veränderungen im Hinblick beispielsweise auf die Handhabung des Basketballs, auf den Spielfluss, auf das Engagement in Angriff und Abwehr, auf die Qualität der Zusammenarbeit etc. werden mittels Vergleich der beiden Spielphasen herausgearbeitet und reflektiert.

Darauf aufbauend, konfrontiert die KL das Plenum unvermittelt mit dem Dilemma von „Lukas". Stellen Sie sich folgende Situation vor:

Lukas ist schon seit mehreren Jahren im Basketballverein. Seit der Grundschule ist er begeisterter Streetballspieler. Der orange Basketball mit seiner griffigen Oberfläche ist sein absoluter Lieblingsball, er liegt ihm gut in der Hand. Trickwürfe sind seine Spezialität. Durch das Training ist er gewohnt, Balldribblings, Druckpässe, Korbleger-Abschlüsse dynamisch und erfolgsorientiert auszuführen. Viele Körbe erzielen und gewinnen – das ist die Devise. Der attraktive Basketball, die coole Wettkampfsituation, der ungewisse Ausgang, der körperliche Einsatz, der temporeiche Spielfluss – das alles zusammen genommen macht für Lukas den wesentlichen Anreiz des Street-Basket-Ballspiels aus.

Im Sportunterricht sieht es anders aus. Da muss Lukas auf Tobias Rücksicht nehmen. Aufgrund einer körperlichen Behinderung sitzt Tobias im Rollstuhl. Bei Spielen, wie zum Beispiel beim Basketballspiel, geht es darum, durch Regeländerungen es Tobias zu ermöglichen, daran aktiv teilnehmen zu können. Anfänglich hatte Lukas keine Probleme damit, diverse Sonderregeln für Tobias zu akzeptieren. Denn Tobias sollte auch mitspielen können. Doch mit der Zeit ist Lukas so richtig „gefrustet". Die Sonderregeln schränken sein attraktives Basketballspiel ein, nehmen die Dynamik und den Reiz des Tempos weg. Die häufigen Unterbrechungen, die ständige Rücksichtnahme auf Tobias lassen bei Lukas zusehends keine echte Spielfreude mehr aufkommen. Setzt er sich mal mit seinem „Lieblingsball" körperbetont und gekonnt in Szene, bekommt er von „außen" (Lehrkraft, Mitschüler) nicht selten ein schlechtes Gewissen vermittelt.

Und dann die Krönung. In einer gemeinsamen Abschluss- und Auswertungsrunde hebt die Sportlehrkraft hervor, dass Tobias gut mitgespielt und eine ordentliche Leistung beim Korbwurf-Test gezeigt habe. Lukas, der einen nicht so guten Tag hatte und ein wenig vom Wurfpech verfolgt war, ist stinksauer und frisst seinen Ärger in sich hinein. Er denkt für sich: Kein Wunder, der hat ja auch jede Menge Sonderregeln und musste mit dem Ball nur den Korbrand treffen, um Punkte erzielen zu können.

Hier endet der Lese-/Erzählvortrag der Dilemmata-Geschichte von „Lukas". Es ist der Augenblick für die KL gekommen, den TN einige Fragen zu stellen. Lukas befindet sich in einer Zwickmühle, können Sie das nachvollziehen? Soll er die Wahrheit sagen (was Lukas nicht will, weil er Tobias nicht kränken und er es sich nicht mit der Lehrkraft verscherzen möchte)? Soll er sich zurückhalten, Verständnis zeigen und somit mithelfen, dass Tobias im Sportunterricht nicht benachteiligt und ausgegrenzt wird? Soll er sich verstellen, Spielfreude heucheln, seine Bedürfnisse unterdrücken und stattdessen die Freude am gemeinsamen Basketballspiel als wichtige Form der Mitmenschlichkeit betonen? Welche Idee hätten Sie für Lukas?

Zunächst diskutieren die jeweiligen Spielgruppen intern die Zwickmühle von Lukas. Zu gegebener Zeit stellen die Spielgruppen ihr Diskussionsergebnis dem Plenum vor. Ein erster gemeinsamer Austausch hinsichtlich der Einschätzung der Dilemmata-Situation für Lukas soll dadurch im Plenum angestoßen werden.

Für die Abschlussbilanzierung im Plenum bieten sich folgende drei Impulsfragen an: 1) Soll sich Lukas von rationalen Erwägungen (man soll mitmenschlich handeln) leiten lassen? 2) Soll Lukas auf emotionale Aspekte im Umgang mit dem (Basketball-) Spiel achten und seine individuellen Gefühle und Bedürfnisse nicht ignorieren oder diese doch unterdrücken? 3) Wie soll sich Lukas Ihrer Meinung nach jetzt entscheiden?

Variationen: keine

Kommentar:

„Dilemmata-Geschichten" haben sich bewährt, wenn es darum geht, das ständige Tauziehen zwischen dem rationalen System und dem emotionalen System zu verdeutlichen. Der polyvalente Zwickmühlen-Charakter (seine Gefühlslage äußern = Tobias verletzen. Oder persönliche Bedürfnisse zurückstellen = Tobias unterstützen. Oder Mund halten = eigene Fähigkeiten, Gefühle, Bedürfnisse verleugnen. Oder Interesse heucheln = sich und andere täuschen) ist besonders geeignet zu zeigen, weshalb eine Aufmerksamkeit auf emotionale Einfühlungsprozesse bedeutsam sein kann und nicht außer Acht gelassen werden sollte.

Rational ist Lukas klar, dass Tobias als Rollstuhlfahrer Hilfe und Unterstützung benötigt, wenn er am Sportunterricht aktiv teilnehmen können soll. Der persönliche Bezug zum Spielgerät Basketball, zu attraktiven Basketballerlebnissen, die direkte Betroffenheit als engagierter und kompetenter Basketballspieler aktivieren bei Lukas aber auch das emotionale System.

Das zu lösende „Problem Tobias" ist damit keine abstrakte und unpersönliche Entscheidungsaufgabe mehr, sondern für Lukas eine höchst persönliche und ihn stark berührende emotionale Angelegenheit. Deshalb überzeugen Lukas selbst gut verpackte rationale Argumente nicht. Sollte dies im ersten Moment der Fall sein, wird Lukas sich auf Dauer irgendwann nicht mehr wohlfühlen. Vielmehr benötigt Lukas emotionale Ansprache und Unterstützung. Insbesondere durch die Sportlehrkraft, die ihn, gemeinsam mit Tobias und den anderen Mitschülern, befähigt, einen stimmigen Lösungsansatz zu finden, welcher der augenblicklichen Gefühls-, Bedürfnis- und Könnenslage entspricht.

WICHTIG! Im Zusammenhang mit „Dilemmata-Geschichten" geht es nicht darum, die Entscheidungen von TN zu bewerten. Im Vordergrund steht der Unterschied zwischen rationalen und emotionalen Einfühlungsqualitäten in ihrer Bedeutung für lern- und motivationsförderliche Entscheidungs- und Handlungsprozesse im Umgang mit diversen Spiel- und Sportgeräten respektive sportunterrichtlichen Themenstellungen.

Ideenquelle:

- Praktische Seminararbeit mit Studierenden der Pädagogischen Hochschule Heidelberg im Semesterzeitraum von 2016–2018 Abb. 5.5.

Handlungsschritte	Gefühls-/Erfahrungsspeicher
• Lernumgebung vorbereiten	
• Anmoderation/Infotainment	
• Spielgruppen bilden	
• Streetball-Regeln festlegen	
• Spielphase I (ohne Rollstuhlfahrer)	
• Reflexionsphase I	
• Spielphase II (mit Rollstuhlfahrer)	
• Reflexionsphase II	
• Dilemmata-Geschichte »Lukas«	
• Austausch (Spielgruppen)	
• Ergebnis-Betrachtung (Plenum)	
• Abschlussbilanzierung	

Abb. 5.5 „Dilemmata-Geschichte Lukas" – Handlungsschritte/emotionaler Erfahrungsspeicher

■ ■ **1f/Titel: Trilogie – Basisexperimente im Dreierpack**

Grundanliegen:

▬ für das Zusammenspiel von Wahrnehmungs-, Kommunikations- und Verarbeitungs-prozessen unter objektempathischer Perspektive sensibilisieren

Lerngruppe: ab Klasse 5/6 (ab Klasse 4/Drehhockwende)

Sozialform: Einzelperson, Paare, Gruppen, Plenum

Zeitbedarf/Vorbereitungsgrad: 1 × 90 min/sehr umfangreich

Material/Geräte:

▬ Sprungkästen, Sprungbretter, Niedersprungmatten, Hütchen
▬ Impulsbogen „Smiley-Gesichter" (s. Anhang A.08)
▬ Impulsbogen „Kippbild" (s. Anhang A.09)
▬ Hinweisbogen „Sprungarrangement" (s. Anhang A.10)
▬ Hinweisbogen „Regeln zum Geräteaufbau/-abbau" (s. Anhang A.11)
▬ Beziehungsschal, unterschiedliche Duschköpfe

Sicherheitshinweise:

Für die Drehhockwende (Primarstufe) oder Sprunghocke (Sekundarstufe) über den seitgestellten Sprungkasten sind mithilfe des Hinweisbogens „Regeln zum Geräte-aufbau/-abbau" die üblichen organisatorischen und sicherheitsrelevanten Maßnah-men im Rahmen des Sprungarrangements anzusprechen und zu klären. Mit den Helfergriffen (einarmiger Oberarmklammer-Griff mit Schubhilfe oder beidarmiger Oberarmklammergriff durch zwei Helfer) sollten einige TN vertraut sein. Bei der Dreh-hockwende signalisiert der Springer dem Helfer vor dem Sprung, über welche (Kasten-) Seite er dreht. Die Neigung mancher TN zur Selbstüberschätzung gilt es im Vorfeld offen zu thematisieren. Anlauflänge, Abstand des Sprungbretts, die Höhe und die Sprung-technik sind „dosiert" verhandelbar. Die seitliche Stellung des Kastens ist (anfänglich) beizubehalten. Das Motto lautet: Sicherheit geht vor Risiko!

Durchführung/Teil 1:

Die Lernumgebung ist vorbereitet. Mindestens zwei Sprungarrangements sollten wie folgt aufgebaut sein: markierte Anlaufzone, Sprungbrett, Sprungkasten (quer) und Niedersprungmatten für eine sichere Landung. Weitere benötigte Materialien sind einsatzbereit zugänglich. Mittels Anmoderation seitens der KL sind die TN über das Grundanliegen, die Anforderungen, die vier Arbeitsbögen, den Sicherheitsrahmen und den Ablauf der Übung (soweit notwendig) informiert. Da die drei Basisexperi-mente auf das enge Zusammenspiel zwischen Wahrnehmen, Kommunizieren und Ver-arbeiten aufmerksam machen wollen, werden sie im Sinne einer „Funktions-Einheit" thematisiert.

Zur Sensibilisierung für den Wahrnehmungsbereich wird das einfache Wahr-nehmungsexperiment „Jeder hat seine eigene Brille" durchgeführt. Dazu versammeln sich die TN um ein Sprungarrangement, die KL stellt die Frage: „Was löst der Anblick des Großen Kastens bei Ihnen an Gefühlen/Gedanken aus?" Jeder TN betrachtet für sich konzentriert das vor ihm aufgebaute Sprunggerät. Danach ordnen sich die TN – entsprechend ihren Empfindungen/Eindrücken – zwei Smiley-Hütchen zu. Das Hütchen mit dem „lachenden Smiley" repräsentiert die positive Assoziation (Sprungkasten = lustbetonte Herausforderung). Das Hütchen mit dem „traurigen Smiley" repräsentiert die negative Assoziation (Sprungkasten = bedrohliche Anforderung).

Nun konfrontiert die KL die beiden Gruppen unvermittelt mit einem Kipp-/Sprungbild und mit der Aufgabe: „Beobachten Sie dieses Bild. Was sehen Sie? Was ermöglicht Ihnen zwei verschiedene Figuren zu sehen? Was verändert sich für Sie, wenn das Bild umkippt?" Die TN äußern sich zu den Fragen und tauschen sich aus. Der „Kipp-/Sprungbild-Impuls" macht darauf aufmerksam, dass man etwas sieht, das überraschenderweise zwei Sichtweisen beinhalten kann. Diese Anregung durch die KL soll die TN dazu anregen, den Sprungkasten, die Smiley-Zuordnungen und die Bewegungsaufgabe „Sprung über den Großen Kasten" etwas genauer zu betrachten und zu reflektieren. In Folge tauschen sich die TN über dieses Wahrnehmungsphänomen aufgabenorientiert aus – zuerst nur in ihren Gruppen, dann kurz im Plenum.

Anschließend wird das Ergebnis gruppenintern genutzt, um sich im Rahmen einer kontrollierten „Eingewöhnungsphase" mit dem Sprungarrangement und der Sprungaufgabe vertraut zu machen. Hierbei werden die Helfergriffe wiederholt und von geeigneten Helfern gezielt eingesetzt. Damit sollten die TN für den Wahrnehmungsakzent sensibilisiert sein. Die daraus resultierenden (Sprung-)Erfahrungen dienen als Grundlage für das folgende Kommunikationsexperiment.

Durchführung/Teil 2:
Zur Sensibilisierung für den Kommunikationsbereich wird das einfache Kommunikationsexperiment „Launischer Gesprächspartner" durchgeführt. Dazu finden sich die TN zu Paaren zusammen. Im Idealfall hat der eine Partner eine positive und der andere Partner eine negative „Bewegungs-Beziehung" zum Sprungarrangement beziehungsweise zur Bewegungsaufgabe „Sprung über den Großen Kasten" zu erzählen.

Es beginnt der Partner mit dem längeren Vornamen jeweils sein kastenspezifisches Beziehungsverhältnis dem anderen Partner mitzuteilen. Sein Gegenüber hat die Aufgabe, definitiv nicht zuzuhören und dies mittels Mimik und Gestik auch deutlich zu zeigen, frei nach dem Motto: Auf Deine „Kasten-Geschichte" habe ich Null Bock! Nach ca. einer Minute wechselt das Gegenüber plötzlich seine Haltung, seine Mimik und Gestik, sein Zuhör- und Sprechverhalten. Ab sofort wird den Bewegungserlebnissen am Sprungkasten mit großer Aufmerksamkeit zugehört, Einzelheiten werden mit großem, echtem Interesse nachgefragt. Nach wiederum ca. einer Minute werden die Rollen gewechselt, das kommunikative Ablaufprozedere wiederholt sich erneut.

Zu gegebener Zeit konfrontiert die KL die Paare unvermittelt mit dem „Beziehungsschal". Der Schal in ihren Händen symbolisiert die Botschaft: In einem objektbezogenen Beziehungssystem zweier Menschen sind wir nicht zu zweit, sondern zu dritt – Du und ich und die Beziehung zwischen uns und diversen Spiel- und

Sportgeräten. Die Aufgabe: Demonstrieren Sie und Ihr Partner mit dem Schal, wie man es sich vorzustellen hat, wenn die Kommunikation über das gerätebezogene Beziehungsverhältnis nicht gut funktioniert, sozusagen ein „kommunikativer Verkehrsstau" auftritt. Auf ein Signal wechseln Sie den Kommunikationsmodus. Demonstrieren Sie und Ihr Partner mit dem Schal, wie man es sich vorzustellen hat, wenn die Kommunikation gut funktioniert, sozusagen ein „kommunikativer Verkehrsfluss" auftritt.

Abschließend reflektieren die Paare zunächst untereinander ihre kommunikativen Erfahrungen in der Sender- respektive Empfängerrolle. In Kleingruppen oder im Plenum werden Bezüge zu den Auswirkungen einer (de-)motivierenden Gesprächsführung hergestellt.

Durchführung/Teil 3:
Zur Sensibilisierung für den Verarbeitungsbereich wird das einfache Ressourcenexperiment „Miesmacherdusche – Mutmacherdusche" durchgeführt. Dazu bilden die TN – bei zwei vorhandenen Sprungarrangements – zwei Gruppen. Pro Gruppe stehen zwei unterschiedliche Duschköpfe zur Verfügung. Die Gruppen ordnen sich jeweils einem Sprungarrangement zu. In jeder Gruppe werden zuerst das „Miesmacherdusch-Ritual" (Duschkopf A) und daran anschließend das „Mutmacherdusch-Ritual" (Duschkopf B) durchgeführt.

Das „Miesmacherdusch-Ritual" gestaltet sich wie folgt: Die TN der Gruppe bilden in der Anlaufzone eine „Depressions-Gasse". Ein Sprungakteur befindet sich in der Mitte der Gasse. Im Sinne einer negativen Verstärkung lässt die Gasse lautstark und voller Inbrunst beleidigende Buhrufe, höhnische Pfiffe und fiese Miesmachersprüche (Du Pflaume!/Du Loser!) auf den Sprungakteur herunterprasseln. Das miesmachende „Duschgefühl" kann mit den Fingerspitzen auf dem Rücken des Sprungakteurs intensiviert werden. Schließlich setzt sich ein TN noch auf den Rücken des Sprungakteurs. Der Sprungakteur deutet mit dem schweren „Gepäck" auf dem Rücken einen Sprungversuch an, der auf dem Sprungbrett, also vor dem Kasten, endet. Dann werden die Rollen gruppenintern getauscht. Jeder ist mal aktiv: in der „Depressions-Gasse", als Sprungakteur oder als „Gepäckstück". Wobei nicht jede Rolle von jedem ausgeübt werden muss. Zu gegebener Zeit erfolgt der „Ritual-Wechsel".

Das „Mutmacherdusch-Ritual" gestaltet sich wie folgt: Die TN der Gruppe bilden in der Anlaufzone eine „Motivations-Gasse". Ein Sprungakteur befindet sich in der Mitte der Gasse. Im Sinne einer positiven Verstärkung lässt die Gasse lautstark und voller Inbrunst begeisterte Anfeuerungsrufe, aufmunternde Pfiffe und optimistische Mutmachersprüche (Du packst das!/Du bist gut!) auf den Sprungakteur herunterprasseln. Das Mut machende Duschgefühl kann mit den Fingerspitzen auf dem Rücken des Sprungakteurs intensiviert werden. Schließlich macht sich der Sprungakteur „heiß", indem er sich auf dem Sprungbrett mit dynamischen Anhocksprüngen in die Senkrechte so richtig in Stimmung bringt. Voller Vorfreude wird der Sprung über den Kasten über einen verkürzten Anlauf zuerst angedeutet, danach mit verlängertem Anlauf vollzogen. Die situative Abklärung diverser Modalitäten (Kasten quer/längs; Sprunghocke/

Drehhockwende, mit/ohne Hilfestellung etc.) sind integrierender Bestandteil der Mutmacherphase. Auch hier gilt: Nicht jeder muss jede Rolle ausüben.

Nach oder zwischen einzelnen „Dusch-Runden" können sich die Gruppen intern immer wieder über ihre „Verstärker-Erfahrungen" austauschen und Bezüge zu (de-)motivierenden Verstärkerstrategien sowie daraus resultierende konkrete Auswirkungen aufwerfen, herausarbeiten, reflektieren, optimieren.

Für die Abschlussbilanzierung im Plenum bieten sich folgende drei Impulsfragen an: 1) Wie haben Sie für sich das Zusammenspiel der drei Basisexperimente erlebt? 2) Was hat Sie beim Zusammenwirken der Wahrnehmungs-, Kommunikations- und Verarbeitungsprozesse am meisten überzeugt? 3) Was muss passieren, damit im Umgang mit gerätespezifischen Anreizstrukturen und Gefühlsbewegungen objektempathische Wahrnehmungs-, Kommunikations- und Verarbeitungsleistungen in der Praxis effektiv zur Geltung kommen?

Variationen:

Mögliche Variationen beziehen sich hier vor allem auf den zeitlichen Gestaltungsaspekt. Je nach Zielgruppe, stellen gegebenenfalls drei Einzelstunden (3×45 min) oder eine Doppelstunde (1×90 min) plus eine Einzelstunde (1×45 min) einen günstigeren Zeitrahmen für die Durchführung der Basisexperimente dar.

Kommentar:

Der Begriff „Experiment" soll die TN dazu ermuntern, sich mit spielerischer Neugier und mit Lust auf „Fehlern" auf objektempathische Wahrnehmungs-, Kommunikations- und Verarbeitungsbesonderheiten einzulassen. Spaßbetontes und fantasievolles „Austesten" ungewöhnlicher Aktionen und Reaktionen sind in diesem Zusammenhang ernsthaft erwünscht.

Die Selbsterfahrung im „Wahrnehmungs-Experiment" soll zeigen, wie schwer es ist, sich von vertrauten Gewohnheiten und Überzeugungen zu lösen, um für andere Ansichten und Informationen offen zu werden. Die Fähigkeit zum Perspektivwechsel ist jedoch die Voraussetzung dafür, mittels andersartiger Blickwinkel veränderte Umgangsformen mit Spiel- und Sportgeräten überhaupt in Betracht zu ziehen.

Die Selbsterfahrung im „Kommunikations-Experiment" soll zeigen, wie wichtig feedbackförderliche Gesprächsformen und Spiegelungsprozesse sind, wenn es in der Begegnung mit Spiel- und Sportgeräten um Austausch und emotionale Abstimmung geht. Die Fähigkeit zum spiegelnden Sprechen und Zuhören ist die Voraussetzung dafür, im Umgang mit Spiel- und Sportgeräten sich selbst und andere besser zu verstehen.

Die Selbsterfahrung im „Verarbeitungs-Experiment" soll zeigen, dass es jeder Bewegungsakteur in der eigenen Hand hat, ob er mit einer pessimistischen oder optimistischen Grundstimmung an bestimmte Geräte-Situationen herangeht. Außenstehende können ihn dabei unterstützen, den Lösungswillen muss der Bewegungsakteur aber selbst aufbringen und entwickeln. Die Fähigkeit zur selbstwirksamen und lösungsorientierten Ressourcenaktivierung ist die Voraussetzung dafür, um sowohl bedrohliche als auch herausfordernde Begegnungen mit Spiel- und Sportgeräten vorteilhaft für sich und andere zu gestalten und zu nutzen.

Ideenquelle:
— Praktische Seminararbeit mit Studierenden der Pädagogischen Hochschule Heidelberg im Semesterzeitraum von 2016–2018 Abb. 5.6.

Handlungsschritte	Gefühls-/Erfahrungsspeicher
• Lernumgebung vorbereiten	
• Anmoderation/Infotainment	
• **Durchführung/Teil 1**	
• Smiley-Zuordnung	
• Wahrnehmungs-Experiment	
• Kipp-/Sprungbild	
• Kurzreflexion	
• Eingewöhnungsphase »Sprungangebot«	
• **Durchführung/Teil 2**	
• Paar-Bildung	
• Kommunikations-Experiment	
• Beziehungsschal	
• Kurzreflexion	
• **Durchführung/Teil 3**	
• Bildung von zwei Gruppen	
• Ressourcen-Experiment	
• Miesmacherdusch-Ritual	
• Mutmacherdusch-Ritual	
• Kurzreflexion	
• Abschlussbilanzierung	

Abb. 5.6 „Trilogie" – Handlungsschritte/emotionaler Erfahrungsspeicher

Literatur

Gilsdorf, R., & Kistner, G. (2015). *Kooperative Abenteuerspiele*. Seelze: Klett/Kallmeyer.
Thal, J., & Vormdohre, K. (2009). *Methoden und Entwicklung. Basismaterialien für effektiven und aktivieren-den Unterricht*. Baltmannsweiler: Schneider Hohengehren.

Zweite Lernepisode: Aufspüren – gerätebiografischen Gefühlshintergrund sichtbar und zugänglich machen

© Springer Fachmedien Wiesbaden GmbH, ein Teil von Springer Nature 2019
R. Ullmann, *Lust auf Bälle, Barren, Bodenmatten,* https://doi.org/10.1007/978-3-658-23739-4_6

6.1 Absicht und Vorgehen

Absicht der zweiten Lernepisode ist, die TN zu veranlassen, sich auf emotionale Spuren-suche zu begeben. Es geht darum, sich zu erinnern, wie die eigenen Gefühlsbewegungen in der Begegnung mit verschiedenen Spiel- und Sportgeräten zustande kamen und auf welche Weise dieses emotionale Beziehungsverhältnis noch bis heute nachwirkt. Gerätebezogene Gefühlsspuren aufsuchen, geglückte und missglückte Bewegungserlebnisse mit Geräten wieder auffrischen, das kann als Ausgangspunkt für ein Hinterfragen von Gefühls-, Geräte-, Bewegungs- und Einfühlungsstereotypen genutzt werden. Zugleich eröffnen sich Möglich-keiten, eigene und fremde Zugänge zu verschiedenen Spiel- und Sportgeräten offenzulegen und besser nachzuvollziehen. Darauf aufbauend, können neue oder andersartige Zugangs-wege zu verschiedenen Spiel- und Sportgeräten gefunden und geprüft werden.

Sollen die impliziten Gefühls- und Bewegungserfahrungen mit Spiel- und Sport-geräten freigelegt werden, bieten sich spielerische Begegnungen an, um Erlebnisse und Erinnerungen zu aktivieren. Denn nichts ist im Sportunterricht alltäglicher als der Ein-satz von Spiel- und Sportgeräten unterschiedlichster Art. Begegnungen mit Spiel- und Sportgeräten und ihren spezifischen Anreizstrukturen erleben die Bewegungsakteure an sich selbst und bei anderen: sie können gefühlt und erspürt, beobachtet und nach-empfunden, imitiert und simuliert, reflektiert und modifiziert werden.

Der Weg, mittels sieben exemplarischen Praxisanregungen zu Suchprozessen anzu-regen, orientiert sich am Alltag von Sportlehrkräften und Schülern. Die Sensibilisie-rung für biografisch verankerte Gefühlsspuren im Umgang mit Spiel- und Sportgeräten beginnt im Geräteraum. Der Geräteraum mit seinem Fundus an verschiedenen Geräte-typen stellt eine emotionale Visitenkarte mit hohem Erinnerungspotenzial dar. Geräte-räume sind Aushängeschilder für unterschiedliche emotionale Beziehungsverhältnisse zu verschiedenen Spiel- und Sportgeräten oder zu ein- und demselben Gerät.

Geht es darum herauszufinden, wo genau im Umgang mit Spiel- und Sportgeräten sich deren attraktiven, angenehmen und herausfordernden oder unattraktiven, unan-genehmen und belastenden Anreize befinden, dann erfordert dies den selektiven Kon-takt mit Spiel- und Sportgeräten auf unterschiedliche Art und Weise. Gerätespezifische emotionale Spuren sind Lebensäußerungen von Bewegungsakteuren; sie sind sichtbare Zeichen von Vorlieben und Abneigungen, Hoffnungen und Befürchtungen, Zutrauen und Misstrauen, Lust und Frust, Mut und Scham. Das macht sie für Bewegungsakteure wie für Sportlehrkräfte so bedeutsam.

Allerdings gilt es im pädagogischen Kontext von Schule und Professionalisierung zu bedenken: Biografisch ausgerichtete Selbst- und Fremdreflexion achtet darauf, weder zu tief nach innen (kein Psychologisieren) noch zu weit nach außen (beispielsweise keine Bewertung der sportlichen Leistungsfähigkeit und Einstellung) zu dringen.

6.2 Exemplarische Praxisanregungen zur Spurensuche

■■ **2a/Titel: Auf Gefühlstour im Geräteraum**
Grundanliegen:
— Gefühlshintergrund zu Spiel- und Sportgeräten aufspüren, nacherleben und nach-vollziehen

Lerngruppe: ab Klasse 4
Sozialform: Einzelperson, Plenum
Zeitbedarf/Vorbereitungsgrad: 1 × 45 min/umfangreich
Material/Geräte:

- Fundus an Hand-, Klein-, Großgeräten
- Impulsbogen „Stimmungsbarometer-Geräteraum" (s. Anhang A.12)
- Impulsbogen „Meine Geräte-Hitliste" (s. Anhang A.13)
- Stoppuhr, Stifte, Tesaband

Sicherheitshinweise:

Ablauf und Organisation der „Gefühlstour im Geräteraum" sind mit den TN gründlich vor zu besprechen. Klare Verhaltensregeln sind, auch unter dem Sicherheitsaspekt, zu vereinbaren. Auf diesem Verhaltenskodex lassen sich die Spiel- und Sportgeräte, selbst in teils engen Geräteräumen, sorgfältig inspizieren. Wenn möglich, sollten auch Geräteschränke und Gerätewagen zugänglich sein. Es empfiehlt sich, Hausmeister und Kollegen vorab von dem Vorhaben in Kenntnis zu setzen.

Durchführung:

Die Lernumgebung ist vorbereitet. Benötigte Materialien und die vorhandenen Geräteräume, Geräteschränke und Gerätewagen sind einsatzbereit zugänglich. Mittels Anmoderation seitens der KL sind die TN über das Grundanliegen, die Anforderungen, die zwei Impulsbögen, den Verhaltenskodex, den Sicherheitsrahmen und den Ablauf der Übung (soweit notwendig) informiert.

Im Zusammenhang mit dem Impulsbogen „Meine Geräte-Hitliste" ist folgende Erweiterung möglich: Falls vorhanden und gewünscht, können ebenso Trendsportgeräte (Waveboard, Slacklines etc.), psychomotorische Übungsgeräte (Pedalos, Rollbretter etc.) und Hilfsgeräte (Hütchen, Zauberschnur etc.) in die Inspektion mit einbezogen werden.

Auf ein Signal der KL sucht jeder TN einen Geräteraum auf, ohne diesen aber zu betreten. In einer günstigen Position hält jeder TN für ca. eine Minute inne und lässt das Ambiente/Inventar des jeweils anvisierten Geräteraums in Ruhe auf sich einwirken. Die TN hören in sich hinein und vergewissern sich, ob dieser Anblick bei ihnen angenehme oder unangenehme Assoziationen (Gefühle/Gedanken) auslöst.

Danach suchen sich die TN einen Platz in der Halle und halten auf dem Impulsbogen „Stimmungsbarometer-Geräteraum" ihre Empfindungen/Gefühlseindrücke stichwortartig fest (10 = äußerst anziehend, weil…/5 = teilweise anziehend, weil…/1 = kaum anziehend, weil…). Emotionale Zwischentöne sind erwünscht.

Dann organisieren sich die einzelnen TN so, dass sie vorhandene Geräteräume geordnet inspizieren können. Inspektionskriterien sind: Anschauen, Beschnuppern, Betasten! Bei der sorgfältigen Begutachtung wird nacheinander Kontakt zu verschiedenen Gerätetypen aufgenommen, die im eigenen Bewegungsleben eine besondere oder – aus welchen Gründen auch immer – noch gar keine Rolle gespielt haben. Sollten zufällig auch andere TN sich gleichzeitig diesem Gerät zuwenden, kann diese Gelegenheit für einen leisen „Smalltalk" genutzt werden. Zu gegebener

Zeit schlendern die TN einzeln wieder weiter und suchen sich ein neues Gerät, das sie emotional besonders anspricht und bewegt.

Auf ein Signal der KL beenden die TN ihre Gefühlstour in den Geräteräumen. Jeder TN füllt seinen Impulsbogen „Meine Geräte-Hitliste" aus. Dazu liegen Impulsbögen und Stifte in entsprechender Nähe griffbereit. In Zuordnung zu den Gerätetypen trägt jeder TN in der linken Spalte seinen absoluten Geräte-Favoriten (oder auch zwei), in der rechten Spalte seinen absoluten Geräte-Fiesling (oder auch zwei) ein. Stichwortartige Notizen sollen dabei helfen, besondere Erlebnisse mit einzelnen Geräten in Form einer kleinen Bewegungsgeschichte erzählen zu können.

Danach stellen die TN im Sitzkreis ihre „Stimmungsbarometer", ihre „Geräte-Hitlisten" und ihre „Bewegungsgeschichten" vor. Sie erzählen, was der Anblick der Geräteräume bei Ihnen im ersten Moment an Assoziationen ausgelöst hat; sie erläutern mithilfe kleiner „Bewegungsgeschichten", was sich hinter der „Geräte-Hitliste" bezüglich der Geräte-Favoriten/Geräte-Fieslinge verbirgt. So kommen die TN über persönlich bedeutsamen Bewegungserinnerungen ihrem gerätebiografischen Gefühlshintergrund auf die Spur und miteinander ins Gespräch.

Für die Abschlussbilanzierung im Plenum bieten sich folgende drei Impulsfragen an: 1) Wie ist es Ihnen emotional bei der „Gefühlstour im Geräteraum" ergangen? 2) Inwieweit konnten Sie mithilfe des „Stimmungsbarometers", der „Geräte-Hitliste" und der „Bewegungsgeschichten" Ihren „alten" Gefühlen auf die Spur kommen? 3) Welche Einsichten konnten Sie über die biografische Rückbesinnung im Hinblick auf bestimmte Spiel- und Sportgeräte gewinnen – für sich und andere?

Variationen: keine

Kommentar:

Der Geräteraum stellt eine emotionale Visitenkarte mit hohem Erinnerungs- und Reflexionspotenzial dar. Deshalb lohnt es sich, ihn aufzusuchen. Nicht nur Kindern und Jugendlichen, sondern auch Erwachsenen macht es Spaß, den Geräteraum zu inspizieren. Die Situation ist allerdings in der Regel ungewöhnlich, dürfen doch normalerweise Geräteräume im Sportunterrichtsalltag nur unter Aufsicht betreten werden. Deshalb sind „Verhaltensregeln", wie zum Beispiel: Langsam gehen! Sich gleichmäßig verteilen! Rücksicht aufeinander nehmen! Störungen vermeiden! Mit Geräten nur vorsichtig hantieren! Leise sprechen! unbedingt einzuführen und konsequent zu beachten.

Bei einer großen Lerngruppe bietet es sich, diese in zwei Gruppen aufzuteilen. Während Gruppe A sich auf Gefühlstour in den Geräteraum/in die Geräteräume begibt, darf Gruppe B in der Sporthalle ein ihr bekanntes und beliebtes Spiel spielen. Zu gegebener Zeit erfolgt der Wechsel.

Im Zuge der Gefühlstour im Geräteraum sollte sich zusehends die Bereitschaft entwickeln, persönliche Bewegungserlebnisse mit Spiel- und Sportgeräten wieder aufzufrischen, anderen mitzuteilen und im Austausch mit den TN auch damit einhergehende Geräte-, Gefühls- und Bewegungsstereotype aufzudecken und zu hinterfragen.

Ideenquelle:

▰ Praktische Seminararbeit mit Studierenden der Pädagogischen Hochschule Heidelberg im Semesterzeitraum von 2016–2018 Abb. 6.1.

Handlungsschritte	Gefühls-/Erfahrungsspeicher
• Lernumgebung vorbereiten	
• Anmoderation/Infotainment	
• Zusatzhinweis	
• Geräteräume aufsuchen (kein Zutritt!)	
• Impulsbogen »Stimmungsbarometer-Geräteraum«	
• Geräteräume inspizieren	
• Impulsbogen »Meine Geräte-Hitliste«	
• Erzählungen im Sitzkreis	
• Abschlussbilanzierung	

Abb. 6.1 „Gefühlstour im Geräteraum" – Handlungsschritte/emotionaler Handlungsspeicher

▪▪ **2b/Titel: Der Handgeräte-Gefühlssack**
Grundanliegen:
▰ Gefühlshintergrund zu Handgeräten aufspüren, nacherleben und nachvollziehen

Lerngruppe: ab Klasse 4
Sozialform: Gruppe, 2er-/3er-Teams, Plenum
Zeitbedarf/Vorbereitungsgrad: 1 × 45 min/umfangreich
Material/Geräte:
▰ Fundus an Handgeräten
▰ Impulsbogen „Liste Gefühlsvokabular" (s. Anhang A.04)
▰ Impulsbogen „Liste Bedürfnisvokabular" (s. Anhang A.05)
▰ Tücher, Augenbinden/-klappen
▰ zwei Betttücher (Gefühlssäcke)

Sicherheitshinweise: keine

Durchführung:
Die Lernumgebung ist vorbereitet. Benötigte Materialien und die in zwei „Gefühlssäcken" deponierten Handgeräte wie beispielsweise Bälle, Sprungseile, Gummiringe, Indiacas, Frisbees, Wurfheuler, Reifen etc. sind einsatzbereit zugänglich. Mittels Anmoderation seitens der KL sind die TN über das Grundanliegen, die

Anforderungen, die zwei Impulsbögen und den Ablauf der Übung (soweit notwendig) informiert.

Zur Einstimmung stellt die KL den TN die Liste „Gefühlsvokabular" zur Verfügung und thematisiert kurz, weshalb es von Vorteil ist, im Umgang mit Spiel- und Sportgeräten sowohl positive Gefühlslagen (bei Bedürfniserfüllung) als auch negative Gefühlslagen (bei Bedürfnisverletzung) benennen und beschreiben zu können. Mithilfe des „Bedürfnisvokabulars" wird in diesem Zusammenhang auch die Grundformel „Alle Gefühle gehen von Bedürfnissen aus" (erneut) ins Bewusstsein gerufen.

Dann teilen sich die TN in zwei Gruppen auf und bilden jeweils einen Kreis um ihren „Gefühlssack". Der Reihe nach greifen die Gruppenmitglieder hinein und erhalten dann einzeln die Gelegenheit zu beschreiben, was ihnen anhand des kurzzeitig ertasteten Handgerätes zum Thema „Gefühl" einfällt. Situativ können andere Gruppenmitglieder bei Klärungsbedarf nachfragen. Die KL achtet darauf, dass keine Bewertung der Beschreibungen durch andere TN erfolgt.

In einer kurzen „Brainstorming-Runde" halten die Mitglieder der Gruppe fest, was sie aus Sicht von betroffenen Bewegungsakteuren in Bezug zu bestimmten Handgeräten an wichtigen Hinweisen über Gefühle (Standpunkte, Umgangs- und Bewegungsgewohnheiten) erhalten haben.

In den Gruppen finden sich die TN anschließend zu 2er- oder 3er-Teams zusammen. Jedes Team probiert verschiedene Handgeräte aus und versucht mittels unterschiedlicher Bewegungsideen die artikulierte Gefühls- und Bewegungsbeziehung (motorisch) nachzuvollziehen und zum Ausdruck zu bringen. Nicht selten werden in dieser „Erprobungsphase" in den Teams weiterführende Rückbesinnungen zur Entstehung von „alten" Gefühlslagen angestoßen.

Für die Abschlussbilanzierung im Plenum bieten sich folgende drei Impulsfragen an: 1) Wie haben Sie für sich den „Handgeräte-Gefühlssack" erlebt? 2) Welche emotionalen Hinweise im Zusammenhang mit Handgeräten haben Sie am meisten überrascht? 3) Mit welchem Ertrag konnten Sie den eigenen handgerätespezifischen Gefühlshintergrund und den von anderen aufspüren?

Variationen: keine

Kommentar:

Den TN macht es in der Regel Spaß, in den Sack zu greifen und die Handgeräte zu ertasten. Dabei ist auf eine geordnete Reihenfolge zu achten. Schnell kommt ein Austausch über Erlebnisse und Erfahrungen mit verschiedenen Handgeräten zustande. Mit dem motorischen Nachvollzug von diversen Gefühlslagen und Gebrauchsgewohnheiten werden konkrete Beziehungsqualitäten zu Objekten (hier Handgeräten) greifbar. Deutlich wird aber auch, dass so manche Umschreibungen der Bewegungs- und Gefühlsbeziehungen sich sehr ähnlich sind. Handgerät für Handgerät wird die Gefühls-Thematik intensiver und differenzierter beleuchtet. Der Impuls mit dem „Handgeräte-Gefühlssack" hilft, sich mit sich selbst zu befassen und den eigenen biografischen Gefühlshintergrund anzuerkennen und mit anderen Gefühlshintergründen zu vergleichen.

Ideenquelle:
- Böttger (1994, S. 8) Abb. 6.2.

Handlungsschritte	Gefühls-/Erfahrungsspeicher
• Lernumgebung vorbereiten	
• Anmoderation/Infotainment	
• Impulsbogen »Gefühlsvokabular«	
• Impulsbogen »Bedürfnisvokabular«	
• Gruppenbildung	
• Handgeräte-Gefühlssack	
• Brainstorming-Runde	
• Erprobungsphase	
• Abschlussbilanzierung	

Abb. 6.2 „Handgeräte-Gefühlssack" – Handlungsschritte/emotionaler Erfahrungsspeicher

■ ■ **2c/Titel: Besuch im Gefühlsmuseum**
Grundanliegen:
- Gefühlshintergrund zu Klein- und Großgeräten aufspüren, nacherleben und nachvollziehen

Lerngruppe: ab Klasse 7
Sozialform: Gruppen/Paare, Plenum
Zeitbedarf/Vorbereitungsgrad: 1 × 90 min/sehr umfangreich
Material/Geräte:
- Hinweisbogen „Regeln zum Geräteaufbau/-abbau" (s. Anhang A.11)
- Fundus an Klein- und Großgeräten
- Markierungshütchen, Handy

Sicherheitshinweise:
Vor Nutzung der Geräte sind die TN mit grundlegenden Sicherheitsaspekten und Regeln zum funktionellen Auf- und Abbau von Geräten vertraut zu machen. Situativ gibt die KL den TN (sicherheits-)organisatorische Tipps und Anregungen im Kontext der Präsentation der einfachen Geräteübungen.

Durchführung:
Die Lernumgebung ist vorbereitet. Benötigte Materialien und diverse Klein- und Großgeräte sind einsatzbereit zugänglich. Mittels Anmoderation seitens der KL sind die TN über das Grundanliegen, die Anforderungen, den Hinweisbogen, den Sicherheitsrahmen und den Ablauf der Übung (soweit notwendig) informiert.

Der „Besuch im Gefühlsmuseum" beinhaltet für die TN die Aufgabe, sich selbst als emotionales Ausstellungsobjekt in Form einer „Gefühlsskulptur" darzustellen. Dazu müssen sie partnerweise ein von ihnen ausgewähltes Klein- oder Großgerät mit einbeziehen.

Die TN bilden zunächst zwei Gruppen (Gruppe A/Gruppe B). In den Gruppen finden sich die TN zu Paaren zusammen. Gemeinsam einigen sich die Paare auf ein Gerät, das sie aufgrund von eigenen Bewegungserlebnissen oder des Interesses wegen gerne ausstellen möchten. Mit den gerätebezogenen Bewegungserlebnissen oder Interessensabsichten können in emotionaler Hinsicht positive (Begeisterung, Zuversicht), negative (Abneigung, Widerwillen) oder auch zwiespältige (Skepsis, Zweifel) Begleiterscheinungen assoziiert werden.

Dazu markieren sich die Paare in der Sporthalle mit Hütchen eine Ausstellungszone und platzieren das gewählte Klein- oder Großgerät entsprechend. Die Paare überlegen sich, wie sie mittels einer „Gefühlsskulptur" das paarinterne emotionale Beziehungsverhältnis zu dem Gerät darstellen möchten. Sie bereiten dazu eine (angespannte) Ausstellungsposition und eine (entspannte) Ruheposition vor.

Während die Museumsbesucher (Gruppe A) nacheinander einzelne „Gefühlsskulpturen" begutachten, nehmen die entsprechenden emotionalen Ausstellungsobjekte (Gruppe B) bei direktem Kontakt mit den Besuchern die angespannte Ausstellungsposition ein und halten diese, während sie ohne Publikum aus der angespannten Gefühlsskulptur in die entspannte Ruheposition überwechseln. Dieser Wechsel erfolgt ruhig, kontinuierlich, aber akzentuiert, sodass über die kontrastiven Anspannungs- und Entspannungsmomente die emotionale Botschaft der jeweiligen gerätespezifischen Gefühlsskulptur deutlich „rübergebracht" werden kann.

Um die Darstellungslust bei den TN zu fördern und der Dramaturgie willen, sollen die Museumsbesucher ruhig etwas provozieren: indem sie ab und zu bewusst lange und sich darüber unterhaltend vor den gerätespezifischen Gefühlsskulpturen stehen bleiben, sich auch mal kurz entfernen, um dann doch noch mal unvermittelt zurückzukehren und ein Foto mit dem Handy zu machen.

Zu gegebener Zeit übernimmt die Gruppe B die Rolle der Museumsbesucher während die Paare der Gruppe A über die Einnahme der gerätespezifischen „Gefühlsskulpturen" zu emotionalen Ausstellungsobjekten werden.

Darauf aufbauend, bekommen die Paare die (nicht ganz leichte) Aufgabe, die emotionale Botschaft der gerätespezifischen Gefühlsskulpturen auf eine Übung mit dem ausgewählten Klein- oder Großgerät zu übertragen. Aufgabe ist es, eine einfache Bewegungsabfolge nach eigener Wahl zu erproben und so zu demonstrieren, dass auch für außen stehende Zuschauer der emotionale Gehalt der gerätespezifischen „Gefühlsskulptur" deutlich zu erkennen ist und nachvollzogen werden kann.

Auf ein Signal der KL demonstriert jedes Paar seine Geräteübung mit einfachen Bewegungselementen. Nach jeder Übung besteht die Möglichkeit, gemeinsam mit den Zuschauern den Zusammenhang zwischen der Gefühlsskulptur, den Geräteanreizen und den damit einhergehenden Bewegungseinfällen zu besprechen.

Für die Abschlussbilanzierung im Plenum bieten sich folgende drei Impulsfragen an: 1) Welche Gefühle hat der Museumsbesuch bei Ihnen ausgelöst? 2) Was ist Ihnen leichter/schwerer gefallen – die Rolle des Museumsbesuchers oder die Rolle bei der Einnahme der Gefühlsskulptur? 3) Wodurch hat sich Ihre Wahrnehmung, ihr Verständnis, Ihr emotionales Verhältnis zu Klein- und Großgeräten verändert?

Variationen: keine

Kommentar:

Der Zugang zu gerätespezifischen Gefühlslagen und Vorstellungen über die Museums-
metapher und über die Einnahme von Gefühlsskulpturen ist ungewohnt, aber
spannend. Wird doch der Umgang mit Klein- und Großgeräten nach wie vor in Verbindung mit klassischen Sportarten und normierten Bewegungsfertigkeiten gebracht.

Eine Auseinandersetzung mit (Turn-)Geräten und deren Anreizstrukturen zu
erleben, in der eigene und fremde Gefühlsbewegungen mittels Gefühlsskulpturen
spielerisch-intuitiv und kreativ-improvisativ thematisiert werden, weicht von alltäg-
lichen Vorstellungen im Umgang mit Klein- und Großgeräten ab. Doch mit der Einnahme von Gefühlsskulpturen werden die TN ermutigt, sich und anderen unmittelbar
persönliche Rückmeldung zu geben. Das Ausdrücken und Nachspüren des Zusammen-
hangs von Gefühlsbewegungen und Bewegungseinfällen – in Abhängigkeit typischer
Anreizstrukturen von Klein- und Großgeräten – eröffnet neue Horizonte, kann viel in
Bewegung setzen. Hierbei müssen die gerätebezogenen Gefühlsskulpturen nicht von
Harmonie geprägt sein. Im Gegenteil, die Darstellung widersprüchlicher Gefühlslagen
bringt die eigene Einschätzung ins Verhältnis zu anderen Einschätzungen.

Die Präsentation einer Geräteübung mit einfachen Bewegungselementen bietet abschließend die Gelegenheit, die unterschiedlichen Gefühlslagen und Einschätzungen im Hinblick auf diverse Klein- und Großgeräte in ihren Folgen für den
Bewegungsvollzug zu verdeutlichen. Bei den sich daraus ergebenden Diskussionen ist
durch die KL darauf zu achten, dass diese im Grundton angemessen bleiben und nicht
ausufern.

Ideenquelle:

Gloystein und Marquardt (1999, S. 57) Abb. 6.3.

Handlungsschritte	Gefühls-/Erfahrungsspeicher
• Lernumgebung vorbereiten	
• Anmoderation/Infotainment	
• Gruppen/Gelegenheitspaare bilden	
• Gefühlsskulpturen	
• Museumsbesuch	
• Geräteübung erproben	
• Geräteübung demonstrieren	
• Zwischengespräche	
• Abschlussbilanzierung	

Abb. 6.3 „Besuch im Gefühlsmuseum" – Handlungsschritte/emotionaler Erfahrungsspeicher

6

▪▪ 2d/Titel: Begegnung und Austausch

Grundanliegen:

- Gefühlsbeziehungen und Einstellungen (eigene und fremde) zu Spiel- und Sportgeräten aufspüren, nacherleben und nachvollziehen
- auf die Bedeutung feedbackförderlicher Kommunikation aufmerksam machen

Lerngruppe: ab Klasse 5/6 (ab Klasse 4; je nach Variation)
Sozialform: Einzelperson, Paare, Plenum
Zeitbedarf/Vorbereitungsgrad: 1 × 45 min/umfangreich
Material/Geräte:

- Fundus an Hand-, Klein-, Großgeräten
- Hinweisbogen „Regeln zum Geräteaufbau/-abbau" (s. Anhang A.11)

Sicherheitshinweise:
Da die TN sich ihre Geräte selbst aussuchen dürfen, empfiehlt es sich vor Beginn der Übung, diverse Hinweise zum sorgsamen, sicheren und funktionellen Umgang mit Spiel- und Sportgeräten zu geben.

Durchführung:
Die Lernumgebung ist vorbereitet. Benötigte Materialien und Geräte sind einsatzbereit zugänglich. Mittels Anmoderation seitens der KL sind die TN über das Grundanliegen, die Anforderungen, den Hinweisbogen, den Sicherheitsrahmen und den Ablauf der Übung (soweit notwendig) informiert.

Die TN wählen sich aus dem bereitgestellten Fundus an Hand-, Klein- und Großgeräten ein Gerät aus und suchen sich in der Sporthalle einen Platz, an dem sie sich wohl fühlen. Dort verweilen sie für eine kurze (Besinnungs-)Zeit. Nach ca. einer Minute signalisiert die KL: Wer möchte, kann sich jetzt langsam in Bewegung setzen und auf andere TN zugehen und mit ihnen in Kontakt treten. WICHTIG: Die Kontakte sollen möglichst vom Gefühl geleitet sein, dass gerade diese Person aufgrund ihrer Gerätewahl ausgesucht wurde. Dabei sollen die Aktionen während der Kontaktaufnahme feedbackförderlich mittels nonverbaler Elemente initiiert werden.

Haben sich die TN zu Paaren zusammen gefunden, tauschen sich die Partner feedbackförderlich untereinander darüber aus, weshalb sie gerade diesen persönlichen Kontakt wollten. Sie erzählen sich in Folge, welche besonderen Bewegungserlebnisse und Gefühlseindrücke sie mit dem jeweils ausgesuchten Gerät verbinden.

Zu gegebener Zeit lösen sich die Partner wieder voneinander und treten mit anderen TN erneut zunächst nonverbal in Kontakt. Nach erfolgter Kontaktaufnahme findet abermals das gleiche feedbackförderliche Erzählprozedere (verbale Ebene) statt.

Am Ende der Übung ziehen sich alle TN wieder an ihren ursprünglichen Platz in der Sporthalle zurück; sie bekommen kurz (Besinnungs-)Zeit, sich die vorangegangenen Kontaktaufnahmen und (Geräte-)Begegnungen mit den dazugehörigen Bewegungserlebnissen und Gefühlseindrücken nochmals zu vergegenwärtigen.

Für die Abschlussbilanzierung im Plenum bieten sich folgende drei Impulsfragen an: 1) Was hat Sie gereizt, gerade diesen Kontakt/diese Kontakte aufzusuchen? 2) In welcher Form sind Ihnen durch die (non-)verbal gestalteten Feedback-Begegnungen irgendwelche emotionalen Beziehungen im Umgang mit Spiel- und Sportgeräten klarer oder unklarer geworden? 3) Weshalb sind Sie in Ihrer Gefühlslage und Einstellung zu bestimmten Spiel- und Sportgeräten eher verunsichert oder eher stabilisiert worden?

Variationen:
Die Übung kann im Rahmen von drei Einzelstunden in drei Begegnungsrunden aufgeteilt werden. In der ersten Runde stehen die Handgeräte, in der zweiten Runde die Kleingeräte und in der dritten Runde die Großgeräte im Mittelpunkt des gemeinsamen Austausch- und Reflexionsprozesses.

Kommentar:
Es geht unter Einbeziehung von persönlichen Erlebnissen und Erfahrungen mit Hand-, Klein- und Großgeräten um die Klärung von Gefühls- und Bewegungsbeziehungen – eigenen wie fremden – durch spontane, vom gegenwärtigen Gefühl geleitete nonverbale und verbale Aktionen. Es ist ein weiterer möglicher Weg, emotionale Spuren und damit involvierte Sichtweisen und Einstellungen sichtbar zu machen, zu problematisieren, zu klären.

Zugleich besteht die Möglichkeit, auf die Bedeutung von nonverbaler und verbaler Kommunikation im Sinne feedbackförderlicher Körpersignale respektive feedbackförderlicher Sprech- und Zuhöraktivitäten aufmerksam zu machen.

Ideenquelle:
▬ Praktische Seminararbeit mit Studierenden der Pädagogischen Hochschule Heidelberg im Semesterzeitraum von 2016–2018 Abb. 6.4.

Handlungsschritte	Gefühls-/Erfahrungsspeicher
• Lernumgebung vorbereiten	
• Anmoderation/Infotainment	
• Geräteauswahl/Besinnungszeit	
• Kontaktaufnahme (Paarbildung)	
• Erfahrungsaustausch mit Partner	
• Partnerwechsel	
• Rückbesinnung (Einzelperson)	
• Abschlussbilanzierung	

Abb. 6.4 „Begegnung und Austausch" – Handlungsschritte/emotionaler Erfahrungsspeicher

6

■ ■ **2e/Titel: Geräte-Schubladen**

Grundanliegen:

▬ Einfluss und Folgen des „Schubladen-Denkens" im Umgang mit Spiel- und Sportgeräten aufspüren, nacherleben und nachvollziehen

Lerngruppe: ab Klasse 7
Sozialform: Tandems, Plenum
Zeitbedarf/Vorbereitungsgrad: 1 × 90 min/umfangreich
Material/Geräte:

▬ Fundus an Hand-, Klein-, Großgeräten
▬ Impulsbogen „Schublade – Unser Geräte-Favorit" (s. Anhang A.14)
▬ Impulsbogen „Schublade – Unser Geräte Fiesling" (s. Anhang A.15)
▬ Stifte

Sicherheitshinweise:
Da die TN sich ihre Geräte selbst aussuchen dürfen, empfiehlt es sich vor Beginn der Übung, diverse Hinweise zum sorgsamen, sicheren und funktionellen Umgang mit Spiel- und Sportgeräten zu geben.

Durchführung:
Die Lernumgebung ist vorbereitet. Benötigte Materialien und verfügbare Hand-, Klein- und Großgeräte sind einsatzbereit zugänglich. Mittels Anmoderation seitens der KL sind die TN über das Grundanliegen, die Anforderungen, die zwei Impulsbögen, den Sicherheitsrahmen und den Ablauf der Übung (soweit notwendig) informiert.

Die TN finden sich zu Tandems zusammen. Sie einigen sich aus dem Fundus an Hand-, Klein- und Großgeräten auf zwei Geräte, wo klar ist: Gerät A stellt mit seiner äußeren Erscheinung und seinen „Charaktereigenschaften" attraktive Bewegungserlebnisse und Wohlgefühle, Gerät B stellt mit seiner äußeren Erscheinung und seinen „Charaktereigenschaften" unattraktive Bewegungserlebnisse und Unwohlgefühle in Aussicht.

Im Rahmen einer kleinen „Erkundungsphase" testen die Tandems zum einen geschickte, schwungvolle, ermutigende, verspielte und unbeschwerte Hantierungs-, Gebrauchs- und Bewegungsexperimente aus, um das lusterzeugende Wesen des Geräte-Favoriten (A) zum Vorschein und zum Ausdruck zu bringen (Symbolisierung der Positiv-Schublade). Zum anderen testen sie ungeschickte, mutlose, verzagte, krampfhafte und widerwillige Hantierungs-, Gebrauchs- und Bewegungsexperimente aus, um das frusterzeugende Wesen des Geräte-Fieslings (B) zum Vorschein und zum Ausdruck zu bringen (Symbolisierung der Negativ-Schublade).

Daran anschließend bringen die Tandems ihre „Erfahrungen" mithilfe zweier „Geräte-Schubladen" schriftlich und stichwortartig auf den Punkt:

▬ Der Geräte-Favorit XY ist für uns attraktiv, erfrischend, motivierend und anziehend, weil …
▬ Der Geräte-Fiesling XY ist für uns unattraktiv, jämmerlich, demotivierend und abstoßend, weil …

Im Rahmen einer „Präsentationsphase" demonstrieren die Tandems den anderen TN ihren jeweiligen Zuneigungsgrad zu dem Geräte-Favoriten beziehungsweise ihren jeweiligen Abneigungsgrad zu dem Geräte-Fiesling. Sie greifen dazu auf die in der Erkundungsphase erprobten positiven respektive negativen Hantierungs-, Gebrauchs- und Bewegungsideen zurück. Die TN in der Zuschauer-Rolle lassen die kontrastiven Geräteperspektiven auf sich einwirken und stellen Vermutungen darüber an, weshalb Gerät A besonders beliebt und Gerät B besonders unbeliebt zu sein scheint. Die Demo-Tandems bestätigen, ergänzen oder korrigieren die Vermutungen der Zuschauer. Erste Überlegungen zur „Schubladen-Problematik" im Zusammenhang mit Spiel- und Sportgeräten werden geäußert und zur Diskussion gestellt.

Für die Abschlussbilanzierung im Plenum bieten sich folgende drei Impulsfragen an: 1) Wie lauten die typischen Schubladen aus der Perspektive des Geräte-Favoriten respektive des Geräte-Fieslings? 2) Wie kommt es, dass Spiel- und Sportgeräte in Schubladen gesteckt werden, welche Folgen ergeben sich daraus – für das Gerät und für den Bewegungsakteur selbst? 3) Inwiefern besitzt der Bewegungsakteur einen Einfluss darauf, Spiel- und Sportgeräte in eine positive oder in eine negative Schublade zu stecken?

Variationen:

Die Übung kann im Rahmen von drei Einzelstunden in drei „Schubladenrunden" aufgeteilt werden. In der ersten Runde stehen die Handgeräte, in der zweiten Runde die Kleingeräte und in der dritten Runde die Großgeräte im Mittelpunkt des gemeinsamen Austausch- und Reflexionsprozesses.

Kommentar:

Die Thematik lässt sich aus zwei Perspektiven beleuchten. So wurde sicherlich jeder Bewegungsakteur schon einmal in eine Schublade gesteckt beziehungsweise wurde ihm der Stempel aufgedrückt, zum Beispiel: Du hast Talent/kein Talent. Du bist ehrgeizig und kreativ/Du gibst schnell auf und bist ideenlos. Mit dem Gerät kommst Du einfach nicht klar/Das Gerät liegt Dir, das kannst Du gut ausreizen usw.

So ergeht es auch diversen Spiel- und Sportgeräten. Für die einen sind manche Spiel- und Sportgeräte der absolute „Renner", weil man damit viele positive Bewegungserlebnisse und -erinnerungen damit verbindet oder weil sie gerade „in" sind und die Aufnahme in eine soziale Gruppe erleichtern. Für die anderen sind manche Spiel- und Sportgeräte einfach nur „blöd" und „langweilig", weil man damit vermehrt nur Ungeschicklichkeit, Verletzungen, Demütigungen also insbesondere negative Bewegungserlebnisse und -erinnerungen assoziiert.

Steckt man Bewegungsakteure in eine Schublade, wie zum Beispiel: „Du bist ungeschickt" oder Spiel- und Sportgeräte in eine Schublade, wie zum Bespiel: „Das Gerät gibt nicht viel her" oder gibt ihnen gut gemeinte Etiketten: „Sie sind ein sehr geschickter Bewegungsakteur" oder: „Mit dem Gerät lassen sich vielfältige Bewegungsideen kreieren" – dann besteht die Gefahr, dass man Bewegungsakteure wie Spiel- und Sportgeräte nur noch durch die jeweiligen Brillen betrachtet und beurteilt. Auf der Strecke bleibt dabei sowohl das individuell Ressourcenpotenzial der Bewegungsakteure als auch das vielfältige Anreizpotenzial von Spiel- und Sportgeräten. Denn jeder Bewegungsakteur ist ausgestattet mit speziellen Fähigkeiten und jedes Spiel- und Sportgerät ist ausgestattet mit spezifischen Anreizstrukturen. Zusammengenommen resultiert daraus ein facettenreiches Anwendungsspektrum, das immer wieder für überraschende Wendungen sorgen könnte, wenn es denn aufgesucht und anerkannt werden würde.

Ideenquelle:
- Praktische Seminararbeit mit Studierenden der Pädagogischen Hochschule Heidelberg im Semesterzeitraum von 2016–2018 Abb. 6.5.

Handlungsschritte	Gefühls-/Erfahrungsspeicher
• Lernumgebung vorbereiten • Anmoderation/Infotainment • Gelegenheits-Tandems bilden • Geräte auswählen • Erkundungsphase • Geräte-Steckbriefe anfertigen • Präsentationsphase • Abschlussbilanzierung	

Abb. 6.5 „Geräte-Schubladen" – Handlungsschritte/emotionaler Erfahrungsspeicher

■■ 2f/Titel: Innensicht – Außensicht
Grundanliegen:
- das eigene Bild mit Bezug zu dem Bild, das andere von einem haben im Zusammenhang mit Spiel- und Sportgeräten aufspüren, nacherleben und nachvollziehen

Lerngruppe: ab Klasse 7
Sozialform: Einzelperson, Plenum
Zeitbedarf/Vorbereitungsgrad: 1 × 45 min/gering
Material/Geräte:
- Fundus ans Hand-, Klein-, Großgeräten
- Hinweisbogen „Regeln zum Geräteaufbau/-abbau" (s. Anhang A.11)
- Zettel für Kurzbeschreibungen, Stifte

Sicherheitshinweise:
Da die TN sich ihre Geräte selbst aussuchen dürfen, empfiehlt es sich vor Beginn der Übung, Hinweise zum sorgsamen, sicheren und funktionellen Umgang mit Spiel- und Sportgeräten zu geben.

Durchführung:
Die Lernumgebung ist vorbereitet. Benötigte Materialien und verfügbare Hand-, Klein- und Großgeräte sind einsatzbereit zugänglich. Mittels Anmoderation seitens

der KL sind die TN über das Grundanliegen, die Anforderungen, den Hinweisbogen, den Sicherheitsrahmen und den Ablauf der Übung (soweit notwendig) informiert.

Die TN wählen sich aus dem Fundus an Hand-, Klein- und Großgeräten eines aus, mit dem sie besondere positive oder negative Bewegungserlebnisse/Bewegungserinnerungen verbinden. Für ca. fünf Minuten konzentrieren sie sich auf sich selbst und überlegen, wie sie sich den anderen TN mit Bezug auf das ausgewählte Gerät vorstellen könnten. Parallel dazu sollen spielerisch-experimentierende Bewegungseinfälle mit und an dem Gerät helfen, das persönliche Beziehungsverhältnis zu dem jeweiligen Gerät authentisch und anschaulich zu unterfüttern.

Auf dieser mentalen und motorischen Ausgangsbasis fertigen die TN schriftlich zwei Kurzbeschreibungen ihrer Bewegungspersönlichkeit an, ohne dabei ihren Namen auf den Zettel zu schreiben. Die erste Leitfrage auf der Vorderseite lautet: Wie sehe/fühle ich mich im Umgang mit dem Gerät XY selbst? Die zweite Leitfrage auf der Rückseite lautet: Wie sehen mich die anderen TN im Umgang mit dem Gerät XY, welche Gefühle vermuten sie bei mir? Jeweils drei kurze Sätze genügen.

Die TN bilden einen Sitzkreis und alle legen ihre Zettel (Vorderseite oben auf) in die Mitte des Kreises. Jeder TN nimmt nun irgendeine Beschreibung (nicht die eigene) auf und liest nur den Teil zur ersten Leitfrage: Wie sehe ich mich im Umgang mit dem Gerät XY selbst? vor. Die anderen TN im Sitzkreis sollen nun den Verfasser erraten, ihre Vermutungen äußern und möglichst auch begründen. Der als Autor fungierende TN nimmt dann im Anschluss daran kurz Stellung.

Erst danach wird der Teil zur zweiten Leitfrage: Wie sehen mich die anderen TN im Umgang mit dem Gerät XY?/Welche Gefühlslage vermuten sie? vorgelesen. Die anderen TN hören aufmerksam zu und bringen zu den einzelnen Satzimpulsen ihre Bestätigungen, Ergänzungen oder Korrekturen zur Sprache. Im Anschluss daran beginnt der nächste TN mit dem ihm vorliegenden Zettel.

Für die Abschlussbilanzierung im Plenum bieten sich folgende drei Impulsfragen an: 1) Haben Sie schon einmal Fremdäußerungen über sich gehört, wie sind Sie damit umgegangen? 2) Welche Unterschiede wurden zwischen den aufgeführten und den geäußerten Beschreibungen deutlich? 3) Was ist für Sie die zentrale Einsicht im Umgang mit Spiel- und Sportgeräten – im Hinblick auf sich selbst und auf andere?

Variationen: keine

Kommentar:

Ob Spiel- und Sportgeräte als attraktiv oder unattraktiv, als beliebt oder unbeliebt eingeschätzt werden, hängt nicht zuletzt auch davon ab, wie sich der Bewegungsakteur selbst einschätzt. Nimmt er sich selbst schwach, unsicher und ungeschickt wahr, ist es wenig erstaunlich, dass ihn negative Gefühle beherrschen und aktives, zupackendes Entdeckerverhalten schwer fällt. Eine positive Selbstwahrnehmung dagegen erhöht die Wahrscheinlichkeit, mit jedem Gerät klar zu kommen und erfolgreich sein zu können – was wiederum das Gerät als attraktiv und begehrenswert erscheinen lässt. In diesem Zusammenhang kann der Vergleich des eigenen Selbstbildes mit dem, wie andere einen sehen (Fremdbild), sehr aufschlussreich sein und Neu-/Umorientierungen im Umgang mit Spiel- und Sportgeräten auslösen.

Ideenquelle:
- Praktische Seminararbeit mit Studierenden der Pädagogischen Hochschule Heidelberg im Semesterzeitraum von 2016–2018 Abb. 6.6.

Handlungsschritte	Gefühls-/Erfahrungsspeicher
• Lernumgebung vorbereiten	
• Anmoderation/Infotainment	
• Gerät auswählen	
• Konzentrations-/Experimentalphase	
• Kurzbeschreibungen	
• Sitzkreis/erste Leitfrage	
• Sitzkreis/zweite Leitfrage	
• Abschlussbilanzierung	

Abb. 6.6 „Innensicht-Außensicht" – Handlungsschritte/emotionaler Erfahrungsspeicher

■ ■ **2g/Titel: Architekten-Workshop**
Grundanliegen:
- Gefühle/Bedürfnisse als Ursprung von gerätespezifischen Hinderniskonstruktionen und Bewegungsabsichten aufspüren, nacherleben und nachvollziehen

Lerngruppe: ab Klasse 7
Sozialform: Einzelperson, Teams, Plenum
Zeitbedarf/Vorbereitungsgrad: 2 × 90 min/sehr umfangreich
Material/Geräte:
- Videosequenzen (s. „Internetportale ▶ www.Parkour/Freeruning.de")
- Hinweisbogen „Regeln zum Geräteaufbau/-abbau" (s. Anhang A.11)
- Instruktionsbogen „Gestaltungskriterien Stationsaufbau" (s. Anhang A.16)
- Hinweisbogen „Ideen für Parkour-/Freeruningelemente" (s. Anhang A.17)
- Fundus an Klein-, Großgeräten
- Handys, Tablets

Sicherheitshinweise:
Neben Hinweisen zum sicheren und funktionellen Auf- und Abbau von Geräten sollten unter Sicherheitsaspekten auch grundlegende Bewegungserfahrungen im Rollen, Springen und Fliegen aus der Primar-/Orientierungsstufe vorhanden sein. Ebenso das sichere Landen und Abrollen, was der Unfallvermeidung dient. Deshalb ist eine

explizite Fall- und Landeschulung („Rouladeerfahrungen") vorzuschalten. So lässt sich lernen, die Fallenergie kontrolliert abzufangen und aus selbstgewählten Höhen gelenkschonend und sicher zu landen.

Durchführung/Teil 1:
Die Lernumgebung ist vorbereitet. Benötigte Materialien und verfügbare Klein- und Großgeräte sind einsatzbereit zugänglich. Mittels Anmoderation seitens der KL sind die TN über das Grundanliegen, die Anforderungen, die drei Arbeitsbögen, den Sicherheitsrahmen und den Ablauf der Übung (soweit notwendig) informiert.

Ausgangspunkt zur Konstruktion eigener Hindernisarrangements respektive zur Ideenfindung von eigenen Überwindungsmöglichkeiten sind kurze Videosequenzen aus den Bereichen Parkour und Freeruning. Um einer einseitigen Fokussierung auf spektakuläre „Moves"/„Runs" vorzubeugen, werden den TN zur Analyse und Interpretation der Videoszenen folgende Fragestellungen nahe gelegt:

- Was löst die Parkour-/Freeruning-Thematik bei Ihnen an Gefühlen aus?
- Welche Bedürfnisse vermuten Sie hinter diesen Gefühlen?
- Welche Geräte können als Hindernisse umfunktioniert werden?
- Welche Hindernisarrangements und Überwindungsideen eignen sich zur Umsetzung einer Inszenierung für möglichst viele Bewegungsakteure?
- Was ist zu beachten, um Verletzungsgefahren zu reduzieren?

Erste Gefühlseindrücke und Bedürfnishintergründe (gegebenenfalls unter Zuhilfenahme des „Gefühlsvokabulars" und „Bedürfnisvokabulars") sowie erste Informationen und Anregungen zur Umsetzung von infrage kommenden Hindernisarten und Überwindungsideen werden im Plenum gesammelt und geprüft.

Nun finden sich die TN zu „Architekten-Teams" (4–5 TN) zusammen. Sie haben den Auftrag, mit Hilfe von Geräten ein Hindernisarrangement (stationsförmig) zu planen und aufzubauen, explorative Bewegungslösungen für die Überquerung der Hindernisse zu finden sowie geeignete Hilfen auszuarbeiten. Die Teams haben hierzu 30 min Zeit, um gefühlsgeleitete und bedürfniserfüllende Überwindungsformen, Bewegungslösungen und Hilfemaßnahmen im Kontext eines „Moves" zu erproben. Zur Unterstützung des Aufbaus bekommen die Teams folgende Gestaltungskriterien an die Hand:

- Die Auswahl der Hindernisse und der Bewegungsideen soll sich nicht nur am Spektakulären, sondern auch an der Umsetzbarkeit durch die TN orientieren.
- Das Hindernisarrangement (die Station) soll von der Mehrzahl der Teammitglieder bewältigt werden können und sollte in gefühls- und bedürfnisbezogener Hinsicht Differenzierungsmöglichkeiten bieten.
- Etwaige Verletzungsrisiken sind durch Absicherungsmaßnahmen und Hilfestellungen zu reduzieren.
- Da die KL selbst nur immer an einem Arrangement Hilfestellung leisten kann, sollten die Stationen mit alleiniger Hilfestellung durch die TN sicher betrieben werden können.

Wenn die jeweiligen Hindernisarrangements stehen (Handy-/Tablet-Dokumentation), werden die erarbeiteten „Moves" (Handy-/Tablet-Dokumentation) in einer Art „Workshopphase" den anderen Teams vermittelt. Dazu teilt sich jedes „Architekten-Team" in ein Lehrteam und in ein Lernteam auf. Die Lernteams wechseln im Uhrzeigersinn auf ein Signal der KL hin jeweils an die nächste Station, wo das jeweilige Arrangement erläutert und der dazugehörige „Move" zur Erleichterung des Nachmachens vorgemacht wird. Die Lehrteams bleiben so lange an ihren Stationen, bis ihre Lernteams wieder eintreffen und sie ablösen. Dann gehen die Lehrteams auf Reise.

Durchführung/Teil 2:

In der Folgestunde bauen die „Architekten-Teams" ihre Stationen wieder auf. Nun soll jedes Team auf der Grundlage der Vorerfahrungen einen eigenen „Run" kreieren und präsentieren. Aufgabe ist es, die vorhandenen Hindernisarrangements so zu bewältigen, dass jedes Teammitglied für sich – in Absprache mit den anderen – seine Gefühls- und Bedürfnislage weitgehend als erfüllt „erleben und ausleben" kann.

Dabei bleibt es den Teams freigestellt, ob sie im Rahmen des „Runs" Bewegungsalternativen bevorzugen, Einzelläufe zeigen, in Kleingruppen synchron hintereinander laufen oder als gesamtes Team gleichzeitig unterwegs sein wollen. Wenn vom Bauchgefühl nötig, dürfen Veränderungen beim Gerätearrangement vorgenommen werden.

Nach einer ca. 30-min Erprobungs- und Einübungszeit stellt jedes Team seine gefühls- und bedürfnisbasierte „Run-Performance" den anderen Teams vor. Die Zuschauer äußern nach der Präsentation mithilfe des „Gefühls- und Bedürfnisvokabulars" ihre Vermutungen hinsichtlich des Gefühls- und Bedürfnishintergrundes. Die Traceure bestätigen, korrigieren oder ergänzen die Einschätzung der Zuschauer.

Für die Abschlussbilanzierung im Plenum bieten sich folgende drei Impulsfragen an: 1) Was haben Sie bei der „Parkour-/Freeruning-Situation" als besonders bedürfniserfüllend/bedürfnisverletzend wahrgenommen? 2) Inwieweit konnten Sie erleben, was es heißt, dass Gefühle auf Bedürfnisse basieren und Bedürfnisse sich auf unterschiedliche Weise erfüllen lassen 3) Parkour/Freeruning: Viele Gefühle und grundlegende Bedürfnisse auch unter dem Aspekt der Gerätenutzung – Ihr zentraler Lernertrag?

Variationen: keine

Kommentar:

Das Vorgehen bedient sich einer kind- und jugendgemäßen Zugangs- und Aneignungsweise. Die Bewegungsakteure nähern sich der Sportart an, wie sie das in ihrer Freizeit auch tun, nämlich nach den Prinzipien des Abschauens und Nachmachens und mit dem Interesse, etwas „Cooles" zu machen. Mit dem Parkour-/Freeruningsport lässt sich der Beziehungskontext „Geräteanreize↔Bewegungsakteur↔Gefühle/Bedürfnisse↔Bewegungsabsichten" gut aufzeigen und konkretisieren. Bei wenig Parkour-/Freeruningerfahrungen sollte man sich als KL nicht scheuen, einen erfahrenen Kollegen in die Vorbereitung, Planung und Organisation mit einzubinden.

Ideenquelle:

— Laßleben (2010, S. 24–27) Abb. 6.7.

Handlungsschritte	Gefühls-/Erfahrungsspeicher
• Lernumgebung vorbereiten	
• Anmoderation/Infotainment	
• **Durchführung/Teil 1**	
• Videosequenzen (Parkour/Freeruning)	
• Eindrücke, Hintergründe, Informationen	
• Architekten-Teams (Hindernisse/Moves)	
• Workshopphase	
• **Durchführung/Teil 2**	
• Stationsaufbau/Runs erproben	
• Gesamtperformance der Runs	
• Abschlussbilanzierung	

Abb. 6.7 „Architekten-Workshop" – Handlungsschritte/emotionaler Erfahrungsspeicher

Literatur

Böttger, G. (1994). Von Teddys, Tabak und anderen Gefühlen. Einstieg in die Arbeit mit Kommunikations- und Rollenspielen. *Pädagogik, 46*(4), 6–9.
Gloystein, D., & Marquardt, L. (1999). Einen Zugang zum Turnen eröffnen. *Sportpädagogik, 23*(3), 55–58.
Laßleben, A. (2010). Le Parkour – do it yourself. *Sportpädagogik, 34,*24–27.

Dritte Lernepisode: Experimentieren I – gerätespezifische Gefühlsbewegungen körperorientiert beobachten und beschreiben

© Springer Fachmedien Wiesbaden GmbH, ein Teil von Springer Nature 2019
R. Ullmann, *Lust auf Bälle, Barren, Bodenmatten*, https://doi.org/10.1007/978-3-658-23739-4_7

7.1 Absicht und Vorgehen

Absicht der dritten Lernepisode ist, bei den TN die Fähigkeit zur Emotionsaufmerksamkeit über den Ansatzpunkt der Körperwahrnehmung zu schulen und zu steigern. Gefühlsbewegungen, ausgelöst durch den Kontakt mit Spiel- und Sportgeräten, identifikationsstiftend zu beobachten und zu beschreiben erfordert, sie körperlich-sinnlich zu spüren. Mit anderen Worten: Die Gefühlswahrnehmung setzt die Wahrnehmung des Körpers voraus. Eine auf das Körperzentrum (körpernahe Wahrnehmung) oder auf das Körperumfeld (körpererweiterte Wahrnehmung) ausgerichtete Aufmerksamkeit macht es leichter zu erkennen, was einer Person im Umgang mit Spiel- und Sportgeräten gut tut oder schadet.

Körperwahrnehmung unter objektempathischer Perspektive umfasst die Aufnahme von Sinnesreizen aus der Welt der Spiel- und Sportgeräte (mit dem Körper wahrnehmen) sowie aus dem eigenen Körper (den Körper wahrnehmen) und deren Verarbeitung im zentralen oder peripheren Nervensystem. Dabei lösen die über unterschiedliche Sinnesorgane wahrgenommenen Geräteanreize jeweils besondere Empfindungen aus. Körperwahrnehmungen sind immer emotional getönt. Das heißt, gerätespezifische Wahrnehmungsmuster sind mit bewegungsgeschichtlichen Gefühlsqualitäten verknüpft. Die Vielzahl der aufgenommenen Geräteanreize wird unter Rückgriff auf bekannte Gefühls- und Bewegungsbeziehungen zu einem verständlichen Wahrnehmungsbild verbunden. Am Ende des Wahrnehmungsprozesses kommt es beim Kontakt mit Spiel- und Sportgeräten zu einer auf Gefühlen basierenden motorischen Reaktion. Die Verknüpfung von gerätespezifischen Wahrnehmungen, Gefühlslagen, Einstellungen und Bewegungsimpulsen erfolgt überwiegend unbewusst. Hier ist der Ansatzpunkt, um über die Körperwahrnehmung Reflexionen und gegebenenfalls Änderungen im Umgang mit Spiel- und Sportgeräten anzuregen.

Die Einführung in die körperorientierte Wahrnehmungsarbeit geschieht auf der Basis von neun exemplarischen Praxisanregungen unter Einbezug verschiedener Hand-, Klein- und Großgeräte. Sinnesübungen, körpernahe und körpererweiterte Beobachtungs-, Beschreibungs- und Reflexionsvorgänge, szenische Gefühls- und Bewegungsdarstellungen – alle diese Ausdrucks- und Gestaltungsformen mobilisieren in besonderer Weise die menschlichen Sinne und die objektempathische Wahrnehmungstätigkeit. Es ist eine Tätigkeit, die es Sportlehrkräften und Bewegungsakteuren möglich macht, den routinierten Alltagsblick auf Spiel- und Sportgeräte zu durchbrechen, vertraute Geräte-Schubladen als frag-würdig zu betrachten und mit der damit bewirkten Irritation gestaltend umgehen zu lernen.

Der experimentierende Charakter soll helfen und ermutigen, sich mit einer gewissen forschenden Fragehaltung auf den Körperakzent einzulassen und neugierig zu erleben, was es in der Begegnung mit Spiel- und Sportgeräten heißt, bewusster seinen Körper wahrzunehmen respektive bewusster mit dem Körper wahrzunehmen.

7.2 Exemplarische Praxisanregungen zur körperorientierten Wahrnehmung

▪▪ 3a/Titel: Handgeräte anschauen
Grundanliegen:
- Handgeräte gründlich anschauen/Wahrgenommenes möglichst unvoreingenommen und mit einfachen Worten benennen/beschreiben

Lerngruppe: ab Klasse 3/4
Sozialform: Einzelperson, 5er-Teams, Plenum
Zeitbedarf/Vorbereitungsgrad: 1 × 45 min/gering
Material/Geräte:
- Fundus an Handgeräten
- Tuch zum Abdecken, Stoppuhr

Sicherheitshinweise: keine

Durchführung:
Die Lernumgebung ist vorbereitet. Benötigte Materialien und Handgeräte sind einsatzbereit zugänglich. Mittels Anmoderation seitens der KL sind die TN über das Grundanliegen, die Anforderungen und den Ablauf der Übung (soweit notwendig) informiert.

Die TN sitzen im Kreis. Auf dem Boden innerhalb des Sitzkreises liegen verschiedene Handgeräte, zum Beispiel: ein Reifen, ein Sprungseil, ein Indiaca, ein Band, ein Frisbee, ein Rugby-Ei, ein Tennisring, ein Wurfheuler, verschiedene Bälle. Die TN haben eine Minute Zeit, sich die Handgeräte genau anzusehen. Sie dürfen nicht angefasst werden. Nach einer Minute legt die KL ein Tuch über die Handgeräte.

Die TN gehen zu 5er-Teams zusammen. Sie suchen sich einen Platz in der Sporthalle und fertigen eine Liste aller Handgeräte an. Die Notation orientiert sich dabei an einer bestimmten Ordnung, zum Beispiel: von groß zu klein, von leicht zu schwer, von bunt zu einfarbig oder umgekehrt. Zusätzlich erhalten alle aufgelisteten Handgeräte eine emotionale Smiley-Bewertung (lachendes Gesicht, trauriges Gesicht, neutrales Gesicht). Dazu darf jeder TN des Teams (s)ein Smiley auf der Liste dem jeweiligen Handgerät zuordnen. Die Teams klären intern die Rangfolge ab, welche Handgeräte wie eingeschätzt werden: am beliebtesten, am unbeliebtesten oder neutral.

Dann setzen sich die TN unter Beibehaltung der Teamzugehörigkeit wieder in den Kreis. In der „ersten Runde" liest jedes Team seine Liste vor und prüft sie – mit Unterstützung der anderen Teams – auf Richtigkeit und Vollständigkeit.

In der „zweiten Runde" stellt jedes Team seine handgerätbezogene Smiley-Bewertung vor. Ein Vergleich der „Smiley-Profile" untereinander schließt sich an.

In der „dritten Runde" wählt sich jedes Team ein Handgerät aus, zu dem man aufgrund der Wahrnehmungseindrücke einen intensiveren oder veränderten Beziehungskontakt aufbauen möchte. Im Rahmen einer Erkundungssituation sollen die Teams dazu über selbstorganisierte Bewegungs- und Spielexperimente das Handgerät auf unterschiedliche Art und Weise entdecken und austesten. Ziel ist es herauszufinden, ob sich gegenüber dem ausgewählten Handgerät eine neue oder andersartige Beziehungsqualität entwickelt hat. Gegen Ende tauschen die Teams ihre emotionalen Erfahrungen im Umgang mit Handgeräten wieder untereinander aus.

Für die Abschlussbilanzierung im Plenum bieten sich folgende drei Impulsfragen an: 1) Was soll erfasst werden, um die Handgeräte vollständig aufzählen und richtig einordnen zu können? 2) Inwiefern ist es leicht/schwer gefallen, den Handgeräten mittels Smileys eine emotionale Rangfolge zuzuweisen? 3) Konnten Sie bezüglich Ihrer Gefühle und Bedürfnisse mehr darüber erfahren, was Ihnen im Umgang mit bestimmten Handgeräten wichtig ist – Ihre Einschätzung?

Variationen:
Bevor die Teams ihre emotionale Smiley-Bewertung preisgeben, stellen die anderen Teams Vermutungen über deren (Un-)Beliebtheitsgrad an.

Kommentar:

In diesen wahrnehmungsaktivierenden Erfahrungssituationen können die Teams lernen, das ausgewählte Handgerät auf unterschiedliche Art und Weise zu betrachten und zu handhaben. Um ein „gutes" (Wahrnehmungs-)Gefühl für das Handgerät zu entwickeln ist es wichtiger, den eigenen emotionalen Eindrücken und Empfindungen nachzuspüren als individuell vorgefertigte Bewegungsschablonen oder Könnerlösungen oder fremde Gefühlseindrücke zu übernehmen.

Ideenquelle:

▬ Praktische Seminararbeit mit Studierenden der Pädagogischen Hochschule Heidelberg im Semesterzeitraum von 2016–2018 Abb. 7.1.

Handlungsschritte	Gefühls-/Erfahrungsspeicher
• Lernumgebung vorbereiten	
• Anmoderation/Infotainment	
• Sitzkreis/Handgeräte anschauen	
• Handgeräte-Liste (5er-Teams)	
• Sitzkreis (erste/zweite Runde)	
• Dritte Runde/Erkundungssituation	
• Abschlussbilanzierung	

Abb. 7.1 „Handgeräte anschauen" – Handlungsschritte/emotionaler Erfahrungsspeicher

■■ **3b/Titel: Handgeräte-Tastenrätsel**

Grundanliegen:

▬ Handgeräte gründlich betasten/Wahrgenommenes möglichst unvoreingenommen und mit einfachen Worten benennen/beschreiben

Lerngruppe: ab Klasse 3/4
Sozialform: Einzelperson, Plenum
Zeitbedarf/Vorbereitungsgrad: 1 × 45 min/gering
Material/Geräte:

▬ Fundus an Handgeräten, Sprungseile
▬ selbst mitgebrachte Betttücher, Tesaband, Stifte

Sicherheitshinweise: keine

Durchführung:

Die Lernumgebung ist vorbereitet. Benötigte Materialien, Handgeräte und die selbst mitgebrachten Betttücher (deponiert im Geräteraum) sind einsatzbereit zugänglich. Mittels Anmoderation seitens der KL sind die TN über das Grundanliegen, die Anforderungen und den Ablauf der Übung (soweit notwendig) informiert.

Die TN sitzen in der Sporthalle im Kreis zusammen. Nach Aufforderung durch die KL stehen die TN einzeln nacheinander auf und gehen in den Geräteraum. Dort greifen sie sich ihr eigenes Betttuch. Sie wählen sich ein Handgerät aus, das sie entweder sehr mögen oder sehr skeptisch einschätzen. Das ausgewählte Handgerät wird in dem Betttuch „versteckt". Sobald ein TN mit dem Betttuch in der Hand den Geräteraum verlässt, steht der nächste TN auf, um sich sein Handgerät im Geräteraum auszusuchen und es gleichfalls im Betttuch zu „verstecken". So bleibt gewährleistet, dass niemand weiß, welches Handgerät sich in dem jeweiligen Betttuch befindet.

Jetzt werden die Betttücher unter den TN ausgetauscht, damit kein TN sein eigenes Betttuch hat. Dann sucht sich jeder TN einen Platz in der Halle, wo er ungestört das sich im „fremden" Betttuch befindliche Handgerät intensiv betrachten, beschnüffeln, und betasten kann. WICHTIG! Das Handgerät bleibt für die anderen TN unsichtbar.

Dann wird die Öffnung der Betttücher mit einem Sprungseil zusammen gebunden. Jeder TN kennzeichnet mit Hilfe eines Tesabandes das fremde und von ihm inspizierte Betttuch namentlich und sucht wieder die Sitzkreiszone auf. Dort werden die Betttücher in gemeinsamer Interaktion mittels Tasteninspektion der Größe oder des Gewichts der Handgeräte nach geordnet und in einer Reihe auf dem Boden entsprechend von groß zu klein/von schwer zu leicht oder umgekehrt platziert.

Jetzt beginnt der auf dem ersten Betttuch namentlich aufgeführte TN, das ihm zugewiesene Handgerät auf zweifache Weise zu beschreiben: Zum einen mit Hilfe der gerätetypischen Anreizmerkmale (Größe, Farbe, Form, Oberflächenbeschaffenheit, Materialeigenschaften, Bewegungsoptionen), ohne das Handgerät dabei zu benennen. Zum anderen mit Hilfe von Mimik, Gestik und Sprache, und zwar so, dass das emotionale Beziehungsverhältnis zu dem Handgerät zum Ausdruck kommt.

Die anderen TN hören aktiv zu, ohne den „Beschreiber" zu unterbrechen. Zu gegebener Zeit nennen die TN den Namen des Handgerätes und rufen ihm brainstormmäßig ihre Vermutungen zu dessen emotionaler Befindlichkeit zu. Zum Abschluss erhält der ursprüngliche Besitzer des Betttuchs die Gelegenheit die anderen TN darüber aufzuklären, weshalb er das Handgerät für sich ausgesucht hat.

Für die Abschlussbilanzierung im Plenum bieten sich folgende drei Impulsfragen an: 1) Was haben Sie beim Betasten über sich und ihre emotionale Beziehung zu dem jeweiligen Handgerät erfahren? 2) Haben Sie sich beim Beschreiben der emotionalen Beziehung zu dem Handgerät (un-)wohl gefühlt – welche emotionalen Hinweise gab es dafür? 3) Weg vom oberflächlichen Gebrauch, hin zum ausgiebigen Anschauen, Beschnuppern, Betasten – hat sich Ihre emotionale Beziehung zu Handgeräten verändert?

Variationen: keine

Kommentar:

Um das präzise Sprechen und aktive Zuhören über gerätespezifische Gefühlsbewegungen zu fördern, soll das Handgerät erst dann geraten werden, wenn der TN mit seinem Beschreibungsprocedere fertig ist (auch wenn es schwerfällt). Für die Schärfung des körperorientierten Wahrnehmungsvermögens im Umgang mit (Hand-)Geräten bilden, neben visuellen und olfaktorischen, insbesondere taktile und sprachliche Fähigkeiten ein wichtiges Fundament. Sie helfen, sich das wahrgenommene (Hand-)Gerät zu eigen zu machen und zu prüfen, ob es in das bisherige Gefühls- und Erfahrungskonzept passt oder ob neue Gefühls- und Deutungsmuster notwendig sind.

Ideenquelle:
- Praktische Seminararbeit mit Studierenden der Pädagogischen Hochschule Heidelberg im Semesterzeitraum von 2016–2018 Abb. 7.2.

Handlungsschritte	Gefühls-/Erfahrungsspeicher
• Lernumgebung vorbereiten	
• Anmoderation/Infotainment	
• Handgerät auswählen (Betttuch)	
• Betttuch tauschen/Handgerät inspizieren	
• Betttücher ordnen	
• Handgeräte beschreiben/Stellungnahme	
• Abschlussbilanzierung	

Abb. 7.2 „Handgeräte-Tastenrätsel" – Handlungsschritte/emotionaler Erfahrungsspeicher

▪▪ 3c/Titel: Basketballsounds entdecken

Grundanliegen:
- Basketbälle akustisch inspizieren (er-hören) und Musik mit ihnen machen/ Wahrgenommenes möglichst unvoreingenommen und mit einfachen Worten benennen/beschreiben

Lerngruppe: ab Klasse 7/8
Sozialform: Einzelperson, 3er-Gruppe, Teams, Plenum
Zeitbedarf/Vorbereitungsgrad: 2 × 90 min/umfangreich
Material/Geräte:
- Ballwagen/Ballnetze mit Basketbällen, Markierungshütchen
- Plakate, Eddingstifte, Tesaband
- Impulsbogen „Liste Gefühlsvokabular" (s. Anhang A.04)
- Instruktionsbogen „Feedbackregeln" (s. Anhang A.18)

Sicherheitshinweise: keine

Durchführung/Teil 1:
Die Lernumgebung ist vorbereitet. Benötigte Materialien und Basketbälle sind einsatzbereit zugänglich. Mittels Anmoderation seitens der KL sind die TN über das Grundanliegen, die Anforderungen, die zwei Arbeitsbögen und den Ablauf der Übungen (soweit notwendig) informiert.

Zur Einstimmung erforschen die TN in der „Eingewöhnungsphase" die Klangbreite des Instruments „Basketball". Dazu bewegen sich die TN zunächst frei durch die Sporthalle. Die Bälle werden von der KL nach und nach an die TN verteilt, sodass Pässe untereinander gespielt werden, um die bewegungszentrierte Interaktion zwischen den TN anzuregen. Im Zuge der Ballgewöhnungsphase beginnt die musikalische Erforschung des Basketballes. Die zweifache Aufgabenstellung lautet: 1) „Ohren auf!/Welche Sounds können Sie mit dem Basketball erzeugen?" 2) „Hören Sie in Ihren

Körper hinein!/Wie würden Sie Ihre körperlichen Empfindungen umschreiben?" Mit diesem Impuls wird ein entdeckendes Auseinandersetzen mit dem Klanginstrument Basketball und dem Klangraum Basketballfeld in Verbindung mit diversen Körpergefühlen eingeleitet. Erfahrungsgemäß werden Geräusche/Klänge mit und am Ball alleine, mit einem Partner oder im Team gesammelt, erprobt, erlauscht.

In der „ersten Feedbackrunde" gehen die TN zu 3er-Gruppen zusammen, sie tauschen ihre Erfahrungen aus und sammeln die entdeckten Geräusche respektive aufgespürten Körpergefühle. Das Gespräch soll unter Beachtung von Feedbackregeln dialogförderlich gestaltet werden. Zur Strukturierung der Ideensammlung, gibt die KL auf Plakaten folgende Schlüsselkategorien vor: Kategorie 1: „Bounce → Ball prellen"/ Kategorie 2: „Clap → Hand schlägt auf Ball"/Kategorie 3: „Stroke → Hand streichelt über den Ball"/Kategorie 4: „Emotionen → Wohlbefinden – Unwohlbefinden".

Bei den ersten drei Kategorien sollen die unterschiedlichen Prell-, Schlag- und Streichelvarianten aufgelistet und die dazugehörigen dominanten Geräusche (laut, leise, dumpf, kurz, hoher Ton, Länge variierbar…) zugeordnet werden. Die vierte Kategorie beschreibt mit Hilfe des Gefühlsvokabulars, wie sich die positive respektive negative Befindlichkeit im Kontext der Prell-, Schlag- und Streichelvarianten anfühlt.

Mit der sich anschließenden „ersten Erkundungsphase" werden die 3er-Gruppen mittels synchroner Übungen dazu animiert, sich an die Rhythmisierung der Geräusche „Bounce" und „Clap" zu gewöhnen. Dabei soll der Basketball unter Einsatz des ganzen Körpers gespielt und somit das Umdeuten des Basketballs vom Sportgerät zum Klanginstrument eingeleitet werden. Hauptaugenmerk liegt dabei auf gemeinsam und möglichst synchron gestaltete Wiegeschritte (Beinarbeit) in Verbindung mit synchronen Handschlagvarianten (Armarbeit) auf den Ball. Dabei kann die Suche nach emotional stimmigen Bewegungs-/Rhythmuslösungen, auf der Grundlage aktualisierter Befindlichkeiten, für die Aktivierung von personalen und sozialen Ressourcen genutzt werden.

Über einen dialogförderlichen Erfahrungsaustausch in der 3er-Gruppe im Rahmen der „zweiten Feedbackrunde" sollen die Gruppenmitglieder herausarbeiten, dass jeder Sound durch ein entsprechendes Gefühls- und Bewegungsbild zum Ausdruck kommt, dass jeder musikalischer Ausdruck in direkter Verbindung zum Gefühls- und Bewegungsausdruck steht. Durch die Aufforderung zur Reflexion: „Was konnten Sie beobachten, wie haben Sie sich gefühlt und wie haben sich Ihre Bewegungsaktionen verändert?" soll den 3er-Gruppen der Bezug zwischen musikalischer, emotionaler und ballmotorischer Ebene bewusst werden. Zum Beispiel: Lautes Bouncen bedarf größerer oder schnellerer Prellbewegungen und erzeugt, wenn es klappt, ein Gefühl von Euphorie, Intensität und Bewegungsfreude. Wenn es nicht klappt, überwiegen Frust, Zweifel und Bewegungsunlust. Zu gegebener Zeit stellen die 3er-Gruppen ihre Ergebnisse dem Plenum zur Verfügung.

Durchführung/Teil 2:

In der „zweiten Erkundungsphase" bilden sich Teams von vier bis fünf TN. Ausgehend von den emotionalen und motorisch-rhythmischen Grunderfahrungen sollen die Teams ein gemeinsames Basketballkonzert mit einer eigenen Choreografie auf der Basis eines eigenen Rhythmusmotivs entwickeln und gestalten. Im Vordergrund soll die Ausgestaltung des Musikalischen im körperlich-emotionalen Ausdruck stehen. Krafteinsätze, Spannungsmomente, vom Rhythmus ausgelöste Gefühlsbewegungen sollen deutlich auf die Bewegungsebene übertragen und um interaktive Gruppenelemente angereichert werden. Gestaltungskriterien wie Raum, Raumwege, Positionsfestlegungen, Dramaturgie (Auftakt↔Höhepunkt↔Abschluss) sowie gruppendynamische Akzente des Gefühlsausdrucks sind bewährte Mittel der inhaltlichen Ausdifferenzierung.

Die „Abschlusspräsentation" des Basketballkonzerts ist im Sinne der Ressourcen-aktivierung ein wichtiger Bestandteil zum Aufbau und zur Förderung eines positiven Selbstwertgefühls und eines positiven Gemeinschaftsgefühls.

Für die Abschlussbilanzierung im Plenum bieten sich folgende drei Impulsfragen an: 1) Wie haben Sie sich auf dem Weg vom Sportsound mit Basketbällen zum Basket-ballkonzert gefühlt? 2) Wie ist es Ihnen gelungen, das Basketballkonzert mit Ihrer emotionalen Stimmungslage in Einklang zu bringen? 3) Fühlen Sie sich in Ihrem emo-tionalen Beziehungsverhältnis zum Objekt Basketball/zur Sportart Basketball bestätigt oder hat sich emotional etwas bei Ihnen verändert?

Kommentar:
Die Sportkulisse ist voll von Geräuschen. Schließen die Zuschauer ihre Augen nach dem Anpfiff eines Basketballspiels und öffnen die Ohren, dann entfaltet sich in deren Kopf eine Welt von Geräuschen und Klängen. Auf der einen Seite entstehen Bilder und Bewegungen, auf der anderen Seite verzahnen sich Geräusche zu Rhythmen, es erklingt eine Art Musik. Bewegungsakteure können sich diese Zuschauer-Perspektive in zweier-lei Hinsicht zu Nutze machen: Zum einen, um das auditive Wahrnehmungssystem zu schulen und zu nutzen. Zum anderen, um die Gefühls- und Bewegungsbeziehung zum Sportgerät Basketball respektive zur Sportart Basketball zu festigen oder zu ändern.

Variationen: keine

Ideenquelle:
- Grawunder und Wirth (2014, S. 27–31) Abb. 7.3.

Handlungsschritte	Gefühls-/Erfahrungsspeicher
• **Durchführung/Teil 1**	
• Lernumgebung vorbereiten	
• Anmoderation/Infotainment	
• Ballgewöhnungsphase	
• erste Feedbackrunde	
• erste Erkundungsphase	
• zweite Feedbackrunde	
• **Durchführung/Teil 2**	
• zweite Erkundungsphase	
• Abschlusspräsentation	
• Abschlussbilanzierung	

Abb. 7.3 „Basketballsounds entdecken" – Handlungsschritte/emotionaler Erfahrungsspeicher

▪▪ 3d/Titel: Blindenführung in der Klein- und Großgerätelandschaft
Grundanliegen:
- Klein- und Großgeräte gründlich inspizieren/Wahrgenommenes möglichst unvoreingenommen und mit einfachen Worten benennen/beschreiben

Lerngruppe: ab Klasse 3 (je nach Anzahl der Großgeräte)
Sozialform: Einzelperson, Paare, Plenum
Zeitbedarf/Vorbereitungsgrad: 1 × 90 min/sehr umfangreich
Material/Geräte:
- Fundus an Klein-, Großgeräten
- Augenbinden/Augenklappen, Handy
- Hinweisbogen „Regeln zum Geräteaufbau/-abbau" (s. Anhang A.11)
- Hinweisbogen „Blindenführung in der Klein- und Großgerätelandschaft" (s. Anhang A.19)
- Instruktionsbogen „Klein- und Großgeräte-Report" (s. Anhang A.20)

Sicherheitshinweise:
Es empfiehlt sich, vor Nutzung der Geräte die TN mit allgemeinen und gegebenenfalls speziellen Aufbauregeln und Sicherheitsaspekten vertraut zu machen. Insbesondere für den Einsatz der Großgeräte gilt es, sicherheitstechnische Besonderheiten zu bedenken, um einen kontrollierten wie funktionellen Auf- und Abbau zu gewährleisten.

Durchführung:
Die Lernumgebung ist vorbereitet. Benötigte Materialien, Klein- und Großgeräte sind einsatzbereit zugänglich. Mittels Anmoderation seitens der KL sind die TN über das Grundanliegen, die Anforderungen, die drei Arbeitsbögen, den Sicherheitsrahmen und den Ablauf der Übung (soweit notwendig) informiert.

Dann bauen die TN, gemeinsam mit der KL, in der Sporthalle eine Gerätelandschaft mit Kleingeräten (zum Beispiel: Würfelkasten, Bodenmatten, Kastenteile, Langbank, Mattenwagen) und Großgeräten (zum Beispiel: Reck, Barren, Kasten, Sprungtisch, Ringe, Bock, Schwebebalken) auf.

Nun bilden die TN Paare. Ein Partner bekommt die Augen verbunden. Der blinde Partner wird vom sehenden Partner (Tourguide) durch die Gerätelandschaft navigiert und erkundet dabei tastend vier bis fünf Geräte aus dem Fundus verfügbarer Klein- respektive Großgeräte.

Immer, wenn der direkte Kontakt zu einem Klein- oder Großgerät erfolgt, wird mit Hilfe des Instruktionsbogens „Klein- und Großgeräte-Report" folgendes Kennzeichnungs-Ritual durchgeführt. Der blinde Partner tastet und beschreibt, der sehende Tourguide protokolliert stichwortartig mit. Das jeweilige Gerät wird benannt (a) und mit seinen gerätetypischen Anreizen beschrieben. Das betrifft Aspekte wie: die Oberflächeneigenschaft (b), die Materialeigenschaft (c), die Form (d), das Gewicht (e), die Geräusche (f), die Duftnote (g) und die Bewegungsimpulse (h). Den Farbaspekt ergänzt der Tourguide (i). Den „Geräte-Report" abschließend, verkörpert der blinde Partner pro Gerät seine persönliche Gefühlsbeziehung zu dem jeweils beschriebenen Gerät mit Hilfe einer Gefühlsskulptur (j). Der Tourguide macht davon mit seinem Handy ein Foto (ohne Gerät), ahmt die Gefühlsskulptur selbst möglich getreu nach und notiert sich dazu passende Gefühlswörter (Gefühlsvokabular nutzen).

Im Anschluss an die Tour schauen sich der jetzt nicht mehr blinde Partner und der sehende Partner an, welchen emotionalen Weg sie, bedingt durch die Geräteanreize, gemeinsam gegangen sind. Unter Einbezug des „Geräte-Reports" und der Handy-Fotos von den Gefühlsskulpturen werden Eindrücke und Besonderheiten der Gerätelandschaft rekonstruiert und emotionale Erfahrungen ausgetauscht. Danach kann ein Rollentausch vorgenommen werden. Die Inspektion der Klein- und Großgerätelandschaft mit fast allen Sinnen erfolgt erneut und nach demselben Ablaufprocedere.

Für die Abschlussbilanzierung im Plenum bieten sich folgende drei Impulsfragen an: 1) Wie ist es Ihnen in der „Blinden-Rolle" respektive in der „Tourguide-Rolle" gefühlsmäßig ergangen? 2) Hilft die wechselseitige Einnahme der gerätebezogenen Gefühlsskulpturen eigene wie fremde emotionale Befindlichkeiten besser zu erkennen und zu verstehen – Ihre Einschätzung? 3) Inwieweit hat sich Ihr emotionales Beziehungsverhältnis zu einigen Klein- oder Großgeräten geändert?

Variationen: keine

Kommentar:

Um Zeit zu sparen, aber um auch eine gewisse kontrollierte Vorgehensweise sicher zu stellen, empfiehlt es sich, die Auswahl der Geräte sowie den Auf- und Abbau der Geräte im Vorfeld mit den TN zu besprechen. Eine Planskizze sowie die Einteilung in Bautrupps stellen eine zeitsparende Unterstützungsmaßnahme dar.

Ideenquelle:

▬ Lange (2013, S. 31, 115–119) Abb. 7.4.

Handlungsschritte	Gefühls-/Erfahrungsspeicher
• Lernumgebung vorbereiten	
• Anmoderation/Infotainment	
• Gerätelandschaft aufbauen	
• Gerätelandschaft erkunden (Paare)	
• Instruktionsbogen »Klein-und Großgeräte-Report«	
• Weg-Rekonstruktion (Rollentausch)	
• Abschlussbilanzierung	

Abb. 7.4   „Blindenführung" – Handlungsschritte/emotionaler Erfahrungsspeicher

■■ 3e/Titel: Matten-Erlebnisse körpernah protokollieren

Grundanliegen:

━ körperzentriertes Erleben mit Matten gründlich beobachten/Wahrgenommenes möglichst unvoreingenommen und mit einfachen Worten benennen/beschreiben

Lerngruppe: ab Klasse 4 (bei reduziertem/modifiziertem Protokollanspruch)

Sozialform: Einzelperson, Teams, Plenum

Zeitbedarf/Vorbereitungsgrad: 1 × 90 min/umfangreich

Material/Geräte:

━ Fundus an Bodenmatten, Mattenwagen, Würfelkästen, Basketbälle
━ Hinweisbogen „Regeln zum Geräteaufbau/-abbau" (s. Anhang A.11)
━ Instruktionsbogen „Körpernahes Mattenprotokoll" (s. Anhang A.21)
━ Impulsbogen „Liste Gefühlsvokabular" (s. Anhang A.04)
━ Markierungshütchen, Stifte/Holzfarbstifte, Stoppuhr

Sicherheitshinweise:

Vor Übungsbeginn kann es empfehlenswert sein, die TN mit einigen grundlegenden Hinweisen zum sicheren und funktionellen Umgang mit Geräten (Bodenmatten) vertraut zu machen. Es ist aber auch denkbar, diese Hinweise erst bei passender Gelegenheit situativ in den Übungskontext einzubinden.

Durchführung:

Die Lernumgebung ist vorbereitet. Benötigte Materialien sowie der Mattenwagen inklusive Bodenmatten sind einsatzbereit zugänglich. Mittels Anmoderation seitens der KL sind die TN über das Grundanliegen, die Anforderungen, die drei Arbeitsbögen, den Sicherheitsrahmen und den Ablauf der Übung (soweit notwendig) informiert.

Für das „Matten-Launo-Meter" stellen sich alle TN in einem Halbkreis vor dem Mattenwagen auf. Sie schauen sich die Matten für eine Minute konzentriert an, schließen die Augen und zeigen schließlich mit dem Daumen an (Daumen aufwärts = positive Grundstimmung/Daumen abwärts = negative Grundstimmung/Daumen seitwärts = neutrale Grundstimmung), welche Stimmungslage durch den Anblick der Matten ausgelöst wird (Daumen-Kino).

Um die Matten mit ausreichendem Abstand in der Sporthalle zu verteilen, findet ein „Mattentransport" statt. Vier TN (bei sechs TN sind die Stirnseiten der Matten besetzt) tragen an jeder Ecke/Schlaufe eine Bodenmatte, auf welcher Bälle, Hütchen etc. liegen können. Die 4er-Teams sollen versuchen, die Matten mit den jeweiligen Gegenständen so zu transportieren und in die markierten Garagen (von der KL vorbereitete Hütchen-Zonen) einzuparken, dass diese nicht herunterfallen. Welches Team schafft es, erfolgreich einzuparken, wobei beim Herunterfallen eines Gegenstandes erneut vom Mattenwagen aus gestartet werden muss.

Bei den nachfolgenden Lauf-, Sprung- und Rollübungen werden die TN, einzeln oder im Team, mit unterschiedlichen Aufgaben konfrontiert. Unmittelbar im Anschluss kommt der Instruktionsbogen „Körpernahes Mattenprotokoll" zum ersten Mal zum Einsatz, den alle TN jeweils für sich ausfüllen sollen.

- Die TN hüpfen und springen über alle Matten. Auf Zuruf der KL nehmen sie paarweise eine vorbestimmte Position auf den Matten ein (stehen, liegen, sitzen etc.).
- Ein TN ist im Knieliegestütz vor jeder Matte, ein TN in Brückenstellung auf jeder Matte. Die anderen TN überspringen, übersteigen und unterkriechen diese TN. Nach gegebener Zeit erfolgt ein Wechsel der Positionen.
- Je vier TN heben die Hälfte der Matten an den Ecken/Schlaufen hoch, die anderen kriechen unten durch. Danach werden die Matten abgelegt und von diesen übersprungen usw. Nach einigen Wiederholungen erfolgt der Aufgabenwechsel.
- Je vier TN legen sich ausgestreckt auf die Matte und rollen um die Körperlängsachse mehrmals hintereinander weg.
- Ein TN legt sich im oberen Drittel der Matte auf den Bauch, die anderen drei TN heben die Matte leicht an, so dass der TN wie ein Baumstamm die Matte hinabrollt.
- Ein TN kniet auf dem Würfelkasten und gleitet vorsichtig (Stützkraft der Arme aktiv einsetzen, Kinn auf die Brust) auf der Matte in die Rolle vorwärts hinein. Die anderen drei TN folgen und rollen nacheinander weg.

7

Nun hält jeder TN mit Hilfe des Instruktionsbogens „Körpernahes Mattenprotokoll" die eigenen Wahrnehmungen fest: Was spüre ich körperlich, wenn ich die Bodenmatte benutze? (a) An welchen Stellen des Körpers spüre ich den Kontakt zur Bodenmatte ganz besonders? (b) Was genau spüre ich in meinem Körper – Kraft, Schwäche, Anspannung etc.? (c) Wie fühlt sich der Kontakt mit der Bodenmatte an – weich/hart, bewegt/starr, angespannt/entspannt, angenehm/unangenehm etc.? (d) Welche Gefühlswörter (siehe Gefühlsvokabular) kommen meinen körperlichen Empfindungen sehr nahe? (e) Gefühle sind wie Farben – welche Farben bilden meine Gefühlslage im Umgang mit den Bodenmatten treffend ab? (f)

Bei den nachfolgenden Spielformen werden die 4er-Teams mit unterschiedlichen Spielideen konfrontiert. Im Anschluss daran kommt der Instruktionsbogen „Körpernahes Mattenprotokoll" ein zweites Mal zum Einsatz.

- „Mattenfangen": 4er-Teams tragen eine Matte. Ein Team ist in der Fängerrolle und versucht, ein anderes Team abzuschlagen. Variation: Auf der Matte liegt ein Medizinball, der beim Fangen nicht hinunterfallen darf.
- „Fliesenleger": Zwei Bodenmatten liegen an der Startlinie hintereinander auf dem Hallenboden. Auf der ersten Matte befindet sich ein 4er-Team. Ohne den Boden zu betreten soll die freie Matte (Fliese) aufgenommen, über die Gruppe hinweg „vorverlegt" werden. Dann wechselt/springt das Team auf diese Matte, um die andere Matte dann wieder nach vorne zu verlegen. Welches Team verlegt seine „Fliesen" am schnellsten?
- „Schiebekampf": Zwei 4er-Teams halten ihre quergestellte Bodenmatte senkrecht gegeneinander. Auf ein Signal versucht jedes Team das andere über eine bestimmte Linie zu schieben.
- „Kettenwalze": Die TN bilden 6er-Teams. Je vier TN legen sich nebeneinander unter ihre Matte, die beiden anderen davor. Nun rollen (wälzen) alle in gleicher Richtung seitwärts. Sobald der hinterste Wälzer nicht mehr unter der Matte ist, läuft er vor und schließt dort wieder an. Das Rolltempo muss in den Teams gut aufeinander abgestimmt werden.

- „Rodeoreiten": Auf den Bodenmatten sind in der Mitte mehrere Basketbälle platziert. Darauf wird eine Matte gelegt, an deren vier Seiten sich TN aufstellen. Ein TN setzt sich auf die Bodenmatte. Wenn sich der TN auf der Matte wohlfühlt, weil er sich den richtigen Halt und Sitz verschafft hat, fangen die anderen TN an, die Matte auf den Bällen hin und her zu rollen – zuerst sanft, dann etwas dynamischer (aber nicht wild).
- „Mattenschaukel": Drei TN im Knieliegestütz tragen eine Matte auf dem Rücken. Ein TN liegt auf der Matte und lässt sich sanft „in den Schlaf" schaukeln.

Unmittelbar danach halten die einzelnen TN wieder ihre körperlich-sinnlichen Wahrnehmungen und Eindrücke von (a) bis (f) mit Hilfe des Instruktionsbogens „Körpernahes Mattenprotokoll" fest. Abschließend soll mit Hilfe des „Matten-Launo-Meters" ein spontaner Austausch der Stimmungslage angeregt werden.

Für die Abschlussbilanzierung im Plenum bieten sich folgende drei Impulsfragen an: 1) Wenn Sie das „Matten-Launo-Meter" zu Beginn und am Ende miteinander vergleichen, was bleibt Ihnen emotional am meisten haften? 2) Konnten Sie über die Beobachtung und Beschreibung der körperlich-sinnlichen Empfindungen Ihre spezifischen Mattengefühle besser erkennen und nachvollziehen – Ihre Einschätzung? (3) Was hat sich mit Bezug auf Bodenmatten bei Ihnen in emotionaler und motorischer Hinsicht verändert?

Variationen:

In zeitlicher Hinsicht könnten zwei Doppelstunden, je nach Lerngruppe und Rahmenbedingungen, vorteilhafter sein. Die erste Doppelstunde thematisiert den Aspekt der körpernahen Wahrnehmung (Körpergefühle) im Kontext mit den Lauf-, Sprung- und Rollübungen, die zweite Doppelstunde im Kontext der Spielformen. Somit bleibt mehr Raum und Zeit, die körperlich-sinnlichen (Gefühls-)Wahrnehmungen beim Kontakt mit Bodenmatten differenziert zu beachten und entsprechend wertzuschätzen.

Eine weitere Möglichkeit ist es, zu Beginn und am Ende der jeweiligen Doppelstunde den Mattenwagen als emotionales Spiel- und Übungsgerät mit einzubeziehen. Als Transportmittel macht er Spaß, wenn es darum geht, zu Beginn der Stunde die Matten in der Sporthalle zu verteilen. Am Ende der Stunde kann er auf spielerische Weise helfen, die Matten mit Geschicklichkeit und Spaß wieder einzusammeln.

Kommentar:

Matten werden in der Regel im Sportunterricht als Unterlage beim Bodenturnen oder beim Sich-Bewegen/Turnen an Geräten aus Sicherheitsgründen verwendet. Matten können aber auch als eigenständige Spiel- und Sportgeräte im Mittelpunkt stehen.

An der Thematisierung der Bodenmatten lässt sich exemplarisch verdeutlichen, wie ein klassischer Zugang über Übungs- und Spielformen körpernahe Wahrnehmungsleistungen aktivieren und anbahnen kann. Eine gerätebezogene Körpersensibilität ist die Basis für motivationsförderliche Bewegungslernprozesse im Umgang mit Spiel- und Sportgeräten.

Ideenquelle:
- Lange (2013, S. 115 ff.); Turnerbund (1986, S. 157–163) Abb. 7.5.

Handlungsschritte	Gefühls-/Erfahrungsspeicher
• Lernumgebung vorbereiten	
• Anmoderation/Infotainment	
• Matten-Launo-Meter	
• Mattentransport	
• Lauf-, Sprung-, Rollübungen mit Matten	
• Instruktionsbogen »Körpernahes Matten-protokoll«	
• Spielformen mit Bodenmatten	
• Instruktionsbogen »Körpernahes Matten-protokoll«	
• Matten-Launo-Meter	
• Abschlussbilanzierung	

Abb. 7.5   „Matten-Erlebnisse" – Handlungsschritte/emotionaler Erfahrungsspeicher

■ ■ **3f/Titel: Sprungbrett-Erlebnisse körpernah protokollieren**
Grundanliegen:
- körperzentriertes Erleben mit Sprungbrettern gründlich beobachten/Wahrgenommenes möglichst unvoreingenommen und mit einfachen Worten benennen/beschreiben

Lerngruppe: ab Klasse 5/6
Sozialform: Einzelperson, 3er-Gruppe, Plenum
Zeitbedarf/Vorbereitungsgrad: 1 × 90 min/sehr umfangreich
Material/Geräte:
- Bierdeckel, Sandsäckchen, Bodenmatten
- Sprungkasten, Reck, Barren
- Hinweisbogen „Regeln zum Geräteaufbau/-abbau" (s. Anhang A.11)
- Instruktionsbogen „Körpernahes Sprungbrettprotokoll" (s. Anhang A.22)
- Hinweisbogen „Sprungbrettarrangement – Anspruchsebenen" (s. Anhang A.23)
- Stifte (Edding-/Farb-/Wachsmalstifte)

Sicherheitshinweise:

Bei dieser Übung ist der Geräteeinsatz unter sicherheitsorganisatorischen und funktionellen Aspekten umsichtig vorzubereiten. Regelplakate zum Auf- und Abbau, Skizzen zu den Gerätearrangements tragen zur Unfallprophylaxe bei. Auch das Ausgeben und Einsammeln der Sandsäckchen und Bierdeckel gilt es gut zu bedenken.

Durchführung:

Die Lernumgebung ist vorbereitet. Benötigte Materialien sowie Hand-, Klein- und Großgeräte sind einsatzbereit zugänglich. Mittels Anmoderation seitens der KL sind die TN über das Grundanliegen, die Anforderungen, die drei Arbeitsbögen, den Sicherheitsrahmen und den Ablauf der Übung (soweit notwendig) informiert.

Für das „Einstiegsritual" finden sich die TN in 3er-Gruppen zusammen. Zur Orientierung am eigenen Körper legen sich die 3er-Gruppen im Wechsel gegenseitig Bierdeckel und/oder Sandsäckchen auf eine beliebige Körperregion. ACHTUNG – Tabuzonen beachten! Jeder kommt mal dran! Dazu wird der Körper eines TN, der seine Augen geschlossen hält, mit den beiden Materialien „bestückt". Der zweite TN sucht sich hierfür diverse Körperregionen aus. Der dritte TN beobachtet und registriert die Reaktionen der beiden TN. Für den TN mit den geschlossenen Augen geht es darum, die mittels der Gegenstände erspürten Körperregionen zu lokalisieren, zu betasten und zu beschreiben. Bei Bedarf kann ein kurzer Erfahrungsaustausch erfolgen.

Nach dem Einstiegsritual wenden sich die 3er-Gruppen dem Sprungbrett zu. Auf einer „ersten Anspruchsebene" gilt es für jeden TN in der 3er-Gruppe, die Bewegungen des Sprungbretts (Einfachbrett oder Doppelbrett, das sind zwei aufeinanderliegende Bretter) auf sich einwirken zu lassen. Dazu bauen sich die 3er-Gruppen eine kleine Bahn mit drei Bodenmatten, die durch zwei Sprungbretter unterbrochen sind, auf (Bodenmatte → Sprungbrett → Bodenmatte → Sprungbrett → Bodenmatte). Sind nur zwei Sprungarrangements vorhanden, verteilen sich die 3er-Gruppen entsprechend gleichmäßig. Unter Beachtung des Sicherheitsabstandes gehen, laufen, federn, hüpfen, springen die TN im Strom über die beiden Sprungbretter und Bodenmatten: mit und ohne Zwischenlandung, einbeinig und beidbeinig.

Unmittelbar danach hält jeder einzelne TN mit Hilfe des „Körpernahen Sprungbrettprotokolls" seine körperlich-sinnlichen Wahrnehmungen fest: Wo spüre ich den Kontakt zwischen Körper und Sprungbrett? (a) An welchen Stellen spüre ich meinen Körper insbesondere, wenn ich das Sprungbrett benutze? (b) Wie fühlen sich diese körperlichen Empfindungen im direkten Kontakt mit dem Sprungbrett an? (c) Welche Gefühlswörter (s. Gefühlsvokabular) kommen meinen körperlichen Empfindungen sehr nahe? (d) Welche Farben bilden meine Gefühlslage im Umgang mit dem Sprungbrett treffend ab? (e)

Auf der „zweiten Anspruchsebene" folgt für jeden einzelnen TN in der 3er-Gruppe das Einspringen in das Sprungbrett sowie das Abspringen vom Sprungbrett. Wenn möglich sollten hierfür zwei Bahnen mit jeweils zwei oder besser drei Sprungbrettern aufgebaut sein. Im Zentrum steht der Aspekt, die Bewegungen des Sprungbrettes zu beeinflussen, zu kontrollieren und zu variieren. Hierfür sollen die TN beim

Wanderspringen im Strom (Sicherheitsabstand beachten) die Absprungstärke, die Anlauflänge, die Anlaufgeschwindigkeit und den Anlaufrhythmus spielerisch-experimentierend verändern. Ebenso können Absprunggeräusche (lauter – leiser), Absprungpunkte vom Brett (mittig, vorne, hinten) und Absprunghöhe (Einfach- oder Doppelbrett) flexibel gewählt werden. Mit und ohne Turnschuhe, ohne und mit Drehungen in der Längsachse können die TN aus dem Sprungbrett herausspringen. Das Einspringen in das Sprungbrett kann vom Boden oder von einem quer-/längsgestellten Kastenoberteil erfolgen – kräftig und dynamisch oder schwach und energielos.

Nach einem kurzen Erfahrungsaustausch in der 3er-Gruppe halten die TN mit Hilfe des „Körpernahen Sprungbrettprotokolls" erneut ihre körperlich-sinnlichen Wahrnehmungen fest.

Mit der „dritten Anspruchsebene" soll das Sprungbrett auf zweifache Weise thematisiert werden. Zum einen als Absprunghilfe zur Unterstützung neuer Bewegungsabsichten. Zum anderen als Unterstützungshilfe, um Bewegungsabsichten zu variieren. Das kann beispielsweise an drei Stationen wie folgt umgesetzt und erprobt werden: An der „Reck-/Barren-Station" können die TN sprunghohe Haltepunkte mit Hilfe des Sprungbrettes aus einer gewissen Distanz anspringen. An der „Kasten-Station" können Überwindungsmöglichkeiten beim Überqueren stützhoher Hindernisse so verändert werden, dass mit Hilfe des Sprungbrettes zum Beispiel die Hüfte sportiv-dynamisch immer höher angehoben wird. Andererseits können die TN testen, wie sie nach Absprung vom Sprungbrett zum Beispiel sicher und elegant auf dem stützhohen Kasten abrollen können. Welche Bewegungsabsichten und welche Bewegungsvarianten gewählt und letztlich ausgekostet und optimiert werden, soll in Bezug zu den im „Sprungbrett-Gefühlsreport" notierten körperlichen Empfindungen und zur vorhandenen Bewegungskompetenz stehen. Die TN sollen auf eine gewisse Stimmigkeit zwischen gerätespezifischen Anreizfaktoren, körperlichen Empfindungen, aktualisierten Gefühlsbewegungen und persönlichen Bewegungsabsichten achten.

Nach einem kurzen Erfahrungsaustausch in der 3er-Gruppe ergänzen die TN auf dem „Körpernahen Sprungbrettprotokoll" ihre körperlich-sinnlichen Empfindungen.

Für die Abschlussbilanzierung im Plenum bieten sich folgende drei Impulsfragen an: 1) Ist es Ihnen leicht/schwer gefallen, Ihre Sprungbretterlebnisse körperlich-sinnlich zu erfassen – woran konnten Sie das spüren? 2) Konnten Sie mit Hilfe des „Körpernahen Sprungbrettprotokolls" zu Ihrer zentralen Gefühls- und Bedürfnislage vordringen? 3) Der Körper sagt Ihnen im Umgang mit Spiel- und Sportgeräten, was Ihnen gut/nicht gut tut, was Sie brauchen/nicht brauchen – Ihre Empfindungen?

Variationen: keine

Kommentar:

Am Sprungbrett kann exemplarisch verdeutlicht werden, dass das körperliche Erleben im Rahmen diverser Thematisierungen ein Weg ist, um: gerätespezifische Gefühlsbewegungen aufzuspüren, die Attraktivität und Funktionalität eines Gerätes sowie die eigene Lebendigkeit als Bewegungsakteur zu erleben. Ein Weg eben, der hilft, in einen guten emotionalen Kontakt zu sich selbst und zum Gerät zu kommen.

Ideenquelle:
- Funke-Wieneke (1999, S. 45) Abb. 7.6.

Handlungsschritte	Gefühls-/Erfahrungsspeicher
• Lernumgebung vorbereiten	
• Anmoderation/Infotainment	
• Einstiegsritual	
• Erste Anspruchsebene	
• Instruktionsbogen »Körpernahes Sprungbrettprotokoll«	
• Zweite Anspruchsebene	
• Instruktionsbogen »Körpernahes Sprungbrettprotokoll«	
• Dritte Anspruchsebene	
• Instruktionsbogen »Körpernahes Sprungbrettprotokoll«	
• Abschlussbilanzierung	

Abb. 7.6 „Sprungbrett-Erlebnisse" – Handlungsschritte/emotionaler Erfahrungsspeicher

■■ 3g/Titel: Ball-Erlebnisse körpererweitert protokollieren
Grundanliegen:
- körperumfassendes Erleben mit Bällen gründlich beobachten/Wahrgenommenes möglichst unvoreingenommen und mit einfachen Worten benennen/beschreiben

Lerngruppe: ab Klasse 7/8
Sozialform: Einzelperson, Paare, Plenum
Zeitbedarf/Vorbereitungsgrad: 2 × 90 min/sehr umfangreich
Material/Geräte:
- Fundus an verschiedenen Bällen, Musikanlage
- Instruktionsbogen „Körpererweitertes Ballprotokoll" (s. Anhang A.24)

Sicherheitshinweise:
Ballausgabe und Ballrückgabe sind so zu organisieren, dass an den Ballwägen oder an den Ballnetzen kein Gedrängel entsteht. Unkontrolliertes Hantieren mit dem Ball ist zu vermeiden, um andere bei ihren Ball-Kunststücken nicht zu stören oder sie gar zu verletzen. Auf die Einhaltung dieser Grundregeln haben alle TN zu achten.

Durchführung/Teil 1:

Die Lernumgebung ist vorbereitet. Benötigte Materialien, verschiedene Bälle und eine Musikanlage sind einsatzbereit zugänglich. Mittels Anmoderation seitens der KL sind die TN über das Grundanliegen, die Anforderungen, den Sicherheitsrahmen und den Ablauf der Übung (soweit notwendig) informiert. In diesem Zusammenhang werden die TN explizit in den Instruktionsbogen "Körpererweitertes Ballprotokoll" eingeführt. Im Sinne einer Gefühlskartografie ist das Protokoll wie folgt aufgebaut:

1. Das **Gefühlsspektrum** – es listet ähnliche oder benachbarte Gefühle auf, die mit den Ballerlebnissen in Verbindung gebracht werden.
2. Die **auslösenden Ballsituationen** zeichnen sich für die äußeren Gefühlsauslöser verantwortlich.
3. Die **auslösenden Urteile,** welche die Ballsituationen bewerten, sind für die inneren Gefühlsauslöser verantwortlich.
4. Weil (Ball-)Gefühle sich stets körperlich äußern, folgen dann die **körperlichen Signale.** Das umfasst Körperempfindungen und körpersprachliche Elemente.
5. Zu welchen Ballaktionen die Gefühle den Bewegungsakteur mobilisieren wollen, wird unter **Handlungsimpulse** (mit dem Ball) beschrieben.
6. Nach Bearbeitung der Beobachtungskategorien sollte es leichter fallen, das **Hauptgefühl** im Umgang mit Bällen herauszufiltern.

Nach dieser Einweisung wählt sich jeder TN zur „Einstimmung" einen Ball. Ballwagen oder Ballnetze sind vorbereitet und stehen den TN zur Verfügung. Aufgabe ist es, sich mit dem Ball zur eingespielten Musik frei in der Halle zu bewegen. Dabei sollen die TN mit verschiedenen Bällen experimentieren, wobei der jeweilige Ball nur mit den Händen gespielt werden darf, ohne andere TN dabei zu stören.

In der „ersten Erkundungsphase" geht es darum, in Einzelarbeit kleine Ball-Kunststücke – auch unter Einbeziehung der Wand – zu erfinden. Die zweigeteilte Aufgabe lautet: Erfinden und probieren Sie mit unterschiedlichen Bällen verschiedene Kunststücke aus, die zum Thema Werfen und Fangen, Prellen und Dribbeln passen (a). Achten Sie dabei darauf, welcher Ball Ihnen am besten/am schlechtesten liegt (b). Nach dieser Phase soll jeder TN für sich den Instruktionsbogen „Körpererweitertes Ballprotokoll" zum ersten Mal ausfüllen.

Die „zweite Erkundungsphase" steht unter dem Aufgabenmotto: Ball-Kunststücke mit dem Partner zum Werfen und Fangen, zum Prellen und Dribbeln und mit einem gemeinsamen Rhythmus – ohne und mit Wand – erfinden und erproben. Hierbei sollen die Partner darauf achten, welche Bälle sie mögen (Freund-Gefühl) und welche Bälle sind nicht mögen (Feind-Gefühl). Der Schwerpunkt liegt hier auf dem partnerschaftlichen Erleben von Ballgefühlen im Kontext von rhythmisierten Bewegungsdialogen mit dem Ball und sich ständig wiederholender Wurf-, Fang-, Prell- und Dribbeldynamiken. Tempo- und Abstandsvarianten sowie rhythmische Wiederholungen spielen eine wichtige (Gefühls-)Rolle. Nach einem kurzen

Erfahrungsaustausch mit dem Partner soll jeder TN sein „Körpererweitertes Ballprotokoll" zum zweiten Mal ausfüllen beziehungsweise ergänzen.

Durchführung/Teil 2:

In der „dritten Erkundungsphase" versuchen die TN, ihre individuellen und partnerschaftlichen Ball-Erfahrungen und die damit einhergehenden Ball-Sympathien respektive Ball-Antipathien in Form einer „Paar-Ballkür" kreativ zu verarbeiten. Der Schwerpunkt: Das emotionale Beziehungsverhältnis zum „Lieblingsball" sowie zum „Hassball" soll kompositorisch, über die Abfolge einzeln aufeinander abgestimmter Bewegungselemente, nachvollziehbar zum Ausdruck gebracht werden.

Folgende Gestaltungskriterien sind für die „Paar-Ballkür" zu berücksichtigen: Die Ball-Kür beginnt und endet mit einer Gefühlsskulptur. Verschiedene Lauf- und Raumwege sowie Wurf-, Fang-, Prell- und Dribbelkombinationen sollen in Verbindung mit einem gemeinsamen Rhythmus so dargestellt werden, dass man von außen erkennen kann, ob gerade angenehme Gefühle (Freude, Lust) unangenehme Gefühle (Scham, Beklemmung) oder zwiespältige Gefühle (Skepsis, Zweifel) die Bewegungsausführungen beeinflussen. Bei Bedarf können die TN abschließend noch einmal ihren Instruktionsbogen „Körpererweitertes Ballprotokoll" ergänzen und verfeinern.

Für die Abschlussbilanzierung im Plenum bieten sich folgende drei Impulsfragen an: 1) Inwiefern ist es Ihnen leicht/schwer gefallen, das Bewegungserleben mit verschiedenen Bällen körpererweitert zu erfassen? 2) Konnten Sie mit Hilfe des körpererweiterten Ballprotokolls Ihrem Hauptgefühl/Hauptbedürfnis besser auf die Spur kommen – Ihre Einschätzung? 3) Hat sich Ihre Gefühls- und Bewegungsbeziehung zu Bällen verändert – welche emotionalen Hinweise sprechen dafür/dagegen?

Variationen:

Ballgefühle mit Hilfe des „Körpernahen Protokolls" körperzentriert beobachten, kennzeichnen, auskosten, verändern, nutzen.

Kommentar:

Mit den Beobachtungkategorien können Sportlehrkräfte wie Bewegungsakteure ihre innere Suchtätigkeit aktivieren und besser im Umgang mit Bällen (Spiel- und Sportgeräten) herausfinden, welche Auslöser und Körperreaktionen welche Gefühle bewirken.

Es kann durchaus sein, dass sich einige TN durch die offene Aufgabenstellungen im Kontext der Ball-Experimente mit der Hand überfordert fühlen. Sollte selbst durch das erlaubte Abschauen es nicht möglich sein, eigene Ball-Kunststücke zustande zu bringen, ist es von Vorteil, wenn die KL Vermittlungsanregungen parat hat. Dies gilt ebenso für die Gestaltungsideen im Aufgabenkontext der Paar-Ballkür. Die musikalische Begleitunterstützung erzeugt bei den meisten TN eine hohe Motivation. Allerdings verhindert sie zuweilen die Konzentration auf die ballrelevanten Wahrnehmungsvorgänge.

Ideenquelle:

- Praktische Seminararbeit mit Studierenden der Pädagogischen Hochschule Heidelberg im Semesterzeitraum von 2016–2018 Abb. 7.7.

Handlungsschritte	Gefühls-/Erfahrungsspeicher
• Lernumgebung vorbereiten	
• Anmoderation/Infotainment	
• **Durchführung/Teil 1**	
• Einstimmung/Erkundungsphase 1 und 2	
• Instruktionsbogen »Körpererweitertes Ballprotokoll« (1 und 2)	
• **Durchführung/Teil 2**	
• Erkundungsphase 3 (Ball-Kür)	
• Instruktionsbogen »Körpererweitertes Ballprotokoll« (3)	
• Abschlussbilanzierung	

Abb. 7.7   „Ball-Erlebnisse" – Handlungsschritte/emotionaler Erfahrungsspeicher

▪▪ 3h/Titel: Waveboard-Erlebnisse körpererweitert protokollieren

Grundanliegen:

- körperumfassendes Erleben mit Waveboards gründlich beobachten/ Wahrgenommenes möglichst unvoreingenommen und mit einfachen Worten benennen/beschreiben

Lerngruppe: ab Klasse 4/5
Sozialform: Tandems, Teams, Plenum
Zeitbedarf/Vorbereitungsgrad: 1 × 90 min/umfangreich
Material/Geräte:

- ein Waveboard pro Paar
- Helme (verpflichtend für alle)
- Impulsbogen „Waveboard-Stimmungsbarometer" (s. Anhang A.25)
- Instruktionsbogen „Körpererweitertes Waveboardprotokoll" (s. Anhang A.26)

Sicherheitshinweise:
Dem Aspekt der Sicherheit kann mit Hilfe von Video-Clips sowie im Zusammenhang mit dem einführenden Theorie-Input entsprechend Rechnung getragen werden.

Durchführung:

Die Lernumgebung ist vorbereitet. Benötigte Materialien, Waveboards und Helme sind einsatzbereit zugänglich. Mittels Anmoderation seitens der KL sind die TN über das Grundanliegen, die Anforderungen, die zwei Arbeitsbögen, den Sicherheitsrahmen und den Ablauf der Übung (soweit notwendig) informiert.

Als Einstieg bietet es sich an, den TN ein Video (download von „youtube") zu zeigen, in dem beispielsweise zwei Mädels in kurzer Zeit enormen Fahrspaß auf dem Waveboard entwickeln. Mit dem Impulsbogen „Waveboard-Stimmungsbarometer" zeigen die TN an, welche emotionale Grundstimmung (Sonne = gefällt mir sehr,'Sonne und Wolken = gefällt mir ansatzweise/Wolken und Regen = gefällt mir gar nicht) das Demo-Video bei ihnen ausgelöst hat.

Zur Überleitung wird den TN ein kurzer „Theorie-Input" über das Waveboard, in Verbindung mit Hinweisen zur Schutzausrüstung und zur Basisfahrtechnik, gegeben. Zu den Basiselementen gehören: Den richtigen Fuß nach vorne setzen, die situativ-funktionelle Körperhaltung, die rhythmische Hüftschwungbewegung, das Aufsteigen, das Geradeaus- und Kurvenfahren und das Absteigen. Über den „Waveboard-Stimmungsbarometer" wird die emotionale Grundstimmung erneut „überprüft" und gegebenenfalls nachjustiert.

In der „ersten Erkundungsphase" geht es nun darum, die Basiselemente zu erproben und erste Erfahrungen damit zu sammeln. Dazu gehen die TN paarweise zusammen und bilden ein Tandem. Jeder TN hat einen Helm, jedes Paar ein Waveboard. Die Aufgabe ist es, zusammen mit der Hilfe des Partners, erste praktische Erfahrungen in der Anwendung der Basiselemente zu sammeln. Am Ende dieser Phase und nach einem kurzen Erfahrungsaustausch mit dem Partner halten die TN auf dem Instruktionsbogen „Körpererweitertes Waveboardprotokoll" ihre individuellen (Gefühls-) Eindrücke fest.

In der „zweiten Erkundungsphase" finden sich die TN zu Teams zusammen. Sie präsentieren sich gegenseitig die Basiselemente, auf die es beim Waveboardfahren ankommt. Gute, weil emotional förderliche Lösungsansätze werden hervorgehoben, Tipps zur Lösung von diversen Bewegungsproblemen werden diskutiert und durch erneute Probehandlungen sofort evaluiert. Am Ende dieser Phase und nach einem kurzen teaminternen Erfahrungsaustausch ergänzen, modifizieren oder korrigieren die TN auf dem Instruktionsbogen „Körpererweitertes Waveboardprotokoll" ihre ersten individuellen (Gefühls-)Eindrücke.

In der „dritten Erkundungsphase" bekommen die Teams weitere Anreize zur Auslotung emotionaler Befindlichkeiten. Beispielsweise soll ein Team verschiedene Slalomvarianten (Slalomgefühle) ausprobieren, ein anderes Team soll sich Ideen zum Synchronfahren (Synchronfahrgefühle) überlegen, und wieder an anderes Team erfindet Spielformen auf dem Waveboard (Spielgefühle). Auf ein Signal der KL stellt jedes Team seine Ergebnisse vor. Im Anschluss kann jeder TN bei Bedarf sein „Körpererweitertes Waveboardprotokoll" erneut nachjustieren.

Zum Schluss kommt der „Waveboard-Stimmungsbarometer" ein weiteres Mal zum Einsatz. Die TN erhalten so die Möglichkeit zu prüfen, ob sich an ihrer emotionalen Grundstimmung im Hinblick auf das Waveboard etwas geändert hat oder nicht.

Für die Abschlussbilanzierung im Plenum bieten sich folgende drei Impulsfragen an: 1) Inwiefern ist es Ihnen leicht/schwer gefallen, das Bewegungserleben mit dem Waveboard körpererweitert zu erfassen und zu beschreiben? 2) In welcher Hinsicht sind Sie Ihren zentralen Waveboard-Gefühlen/Waveboard-Bedürfnissen auf die Spur kommen? 3) Welche Gefühlswörter drücken Ihr emotionales Beziehungsverhältnis zum Waveboard am besten aus – haben Sie eine Vermutung dafür?

Variationen:
Waveboardgefühle mit Hilfe des „Körpernahen Protokolls" körperzentriert beobachten, kennzeichnen, auskosten, verändern, nutzen.

Kommentar:
Der Trend, neue Sportarten auszuprobieren, hat auch viel mit Anreizen und Gefühlsbewegungen zu tun. Trendsportgeräte, wie beispielsweise das Waveboard, sehen nicht nur „cool" aus, sondern es ist auch „verdammt cool", wenn man ein neues Sportgerät beherrscht und einige Tricks zum Besten geben kann.

Wichtig ist, viel Raum für individuelle Hilfen zur Verfügung zu stellen. Kreative Fortbewegungsmöglichkeiten und Spielformen mit dem Waveboard sind unter anderem auch davon abhängig, mit welcher emotionalen Grundstimmung, mit welcher Gefühls- und Bedürfnislage der Bewegungsakteur den Kontakt herstellt und aufrecht erhält. Struktur und Vorgehensweise dieser Doppelstunden-Sequenz sind grundsätzlich auch auf andere Roll- und Gleitgeräte (Xlider, Freeline Skates) übertragbar.

Ideenquelle:
- Schindler (2010, S. 9–11), ▶ www.clipfish.de/www.youtube.com/www.5min.com Abb. 7.8.

Handlungsschritte	Gefühls-/Erfahrungsspeicher
• Lernumgebung vorbereiten	
• Anmoderation/Infotainment	
• **Durchführung/Teil 1**	
• Einstimmung/Erkundungsphase 1 und 2	
• Instruktionsbogen »Körpererweitertes Ballprotokoll« (1 und 2)	
• **Durchführung/Teil 2**	
• Erkundungsphase 3 (Ball-Kür)	
• Instruktionsbogen »Körpererweitertes Ballprotokoll« (3)	
• Abschlussbilanzierung	

Abb. 7.8 „Waveboard-Erlebnisse" – Handlungsschritte/emotionaler Erfahrungsspeicher

▪▪ 3i/Titel: Körper mit Leben füllen

Grundanliegen:

— körperzentriertes und körperumfassendes Erleben mit Großgeräten gründlich beobachten/Wahrgenommenes möglichst unvoreingenommen und mit einfachen Worten benennen/beschreiben

Lerngruppe: ab Klasse 4/5
Sozialform: Einzelperson, 4er-Teams, Plenum
Zeitbedarf/Vorbereitungsgrad: 1 × 90 min/sehr umfangreich
Material/Geräte:

— Fundus an Großgeräten, Bodenmatten zur Absicherung
— Hinweisbogen „Regeln zum Geräteaufbau/-abbau" (s. Anhang A.11)
— Instruktionsbogen „Körpernahes Großgeräteprotokoll" (s. Anhang A.27)
— Instruktionsbogen „Körpererweitertes Großgeräteprotokoll" (s. Anhang A.28)
— Tapetenrollen, Eddingstifte, Tesaband

Sicherheitshinweise:

Es empfiehlt sich, mit Blick auf die stationsförmig angelegten Gerätearrangements, die TN mit Sicherheitsaspekten sowie Auf- und Abbauregeln vertraut zu machen. Insbesondere beim Einsatz von Großgeräten (Barren/Reck/Sprungkasten/Schwebebalken) ist auf einen sicheren und funktionellen Auf- und Abbau zu achten.

Durchführung:

Die Lernumgebung ist vorbereitet. Benötigte Materialien, Großgeräte und die Bodenmatten zur Absicherung sind einsatzbereit zugänglich. Mittels Anmoderation seitens der KL sind die TN über das Grundanliegen, die Anforderungen, die drei Arbeitsbögen, den Sicherheitsrahmen und den Ablauf der Übung (soweit notwendig) informiert.

Die TN finden sich zu 4er-Teams zusammen. Die Teams helfen sich gegenseitig, ihre Körperumrisse jeweils auf einem Tapetenstreifen aufzuzeichnen, um während oder am Ende der Übung ihre persönlichen Körperassoziationen auf dem eigenen Körperumriss lokalisieren und auf die eigene Art und Weise visualisieren zu können.

Danach werden die Teams vier Großgeräten zugelost. Im Angebot sind: Der Barren, das Reck, der Sprungkasten (Sprungtisch) und der Schwebebalken. Dabei kann es teamintern so sein, dass für die einen das zugeloste Gerät eher ein „Freund", für die anderen eher ein „Feind" und wieder für andere das Gerät nahezu unbekannt ist. Um mit dieser Situation besser klar zu kommen, sollen die TN sich vorstellen, dass sie ein „Forschungs-Team" sind. Forscher sind geprägt von Neugier und von dem Drang, Erkenntnisse zu gewinnen, egal, ob das Großgerät einem zusagt oder nicht.

In der „ersten Erkundungsphase" testen die Teams auf spielerische Art und Weise aus, mit welchen konventionellen und unkonventionellen Bewegungsformen (alleine/mit einem Partner) man die typischen Anreize des jeweiligen Großgerätes „ausreizen" kann. Im Zentrum steht die Aufgabe, sich konzentriert auf die eigenen Wahrnehmungen/Empfindungen einzulassen und auf das zu hören, was dem Körper im Kontext einfacher Bewegungsideen gut tut beziehungsweise nicht gut tut. Die Bewegungsideen sollten (möglichst) ohne Hilfestellung umsetzbar sein.

In der „ersten Reflexionsphase" überführt jeder TN seine gerätespezifischen Bewegungserlebnisse auf den Instruktionsbogen „Körpernahes Großgeräteprotokoll". Der körpernahen Wahrnehmung entsprechend sind, mit Bezug auf das jeweils zugeloste Großgerät, folgende Fragen zu beantworten: Spüren Sie Ihren Körper eher stark/schwach? (a) Wo genau spüren Sie Ihren Körper? (b) Wie spüren sie Ihren Körper, wie fühlt er sich an? (c) Welche Stellen des Körpers spüren Sie besonders intensiv? (d) Welche körperlichen Empfindungen sind für Sie sehr angenehm/sehr unangenehm – weshalb? (e). Im Anschluss findet ein kurzer Austausch über die im direkten Gerätekontakt aktualisierten körperzentrierten Empfindungen, Gefühlslagen und Bewegungserfahrungen statt – im Team oder im Plenum.

In einer „zweiten Erkundungsphase" testen die Teams aus, welche Spielformen mit dem Großgerät sich besonders gut für die Gruppe eignen. Auf der Grundlage der vorangegangenen Bewegungserlebnisse/Körpererfahrungen entwickeln die jeweiligen Teams Spielformen (Spielname/Spielidee/Grundregeln), die sowohl die typischen Geräteanreize berücksichtigen als auch auf die unterschiedlichen Interessen der Bewegungsakteure eingehen. Im Zentrum steht die Aufgabe, sich bei den Spielaktivitäten davon inspirieren zu lassen, den eigenen Auslösern und Körperreaktionen genauer auf die Spur zu kommen, um sie besser den eigenen Gefühls- und Bedürfnislagen zuordnen und diese im Spiel optimaler zur Geltung bringen zu können.

In der „zweiten Reflexionsphase" überführen die TN ihre gerätespezifischen Spielerlebnisse auf den Instruktionsbogen „Körpererweitertes Großgeräteprotokoll". Im Mittelpunkt der Aufmerksamkeit stehen folgende Kategorien:

1. Das **Gefühlsspektrum** – es listet ähnliche oder benachbarte Gefühle auf, die mit den Erlebnissen am jeweiligen Großgerät in Verbindung gebracht werden.
2. Die **auslösenden Gerätesituationen** zeichnen sich für die äußeren Gefühlsauslöser verantwortlich.
3. Die **auslösenden Urteile,** welche die Gerätesituationen bewerten, sind für die inneren Gefühlsauslöser verantwortlich.
4. Weil großgerätespezifische Gefühle sich stets körperlich äußern, folgen dann die **körperlichen Signale.** Hierbei handelt es sich um Körperempfindungen und körpersprachliche Elemente im direkten Kontakt mit dem jeweiligen Großgerät.
5. Zu welchen großgeräteaffinen Aktionen die Gefühle den Bewegungsakteur mobilisieren wollen, wird unter **Handlungsimpulse** beschrieben.
6. Nach Bearbeitung der Beobachtungskategorien sollte es leichter fallen, das zentrale **Hauptgefühl** beziehungsweise das sich dahinter verbergende maßgebliche **Grundbedürfnis** im Umgang mit diversen Großgeräten herauszufiltern und zu kennzeichnen.

Die körperzentrierten Assoziationen erfahren, unter Bezugnahme auf das zugeloste Großgerät, hierbei eine Anreicherung und Ergänzung, gegebenenfalls auch eine Relativierung und Modifizierung. Im Anschluss kann ein kurzer Austausch über die im direkten Gerätekontakt aktualisierten körperumfassenden Empfindungen, Gefühls- und Bedürfnislagen sowie Bewegungserfahrungen stattfinden – im Team oder im Plenum.

Auf der Basis körpernaher und körpererweiterter Assoziationen füllen die TN jetzt in Einzelarbeit ihren Körperumriss mit „Leben" aus. Mit Hilfe von Begriffen,

Symbolen, Skizzen visualisiert jeder TN seine körperbezogenen Wahrnehmungen im Umgang mit dem zugelosten Großgerät. Das Gefühls- und Bedürfnisvokabular kann hierfür übrigens auch genutzt werden. Ob die Zeichnungen mehr symbolisch, abstrakt oder realistisch gestaltet werden, bleibt jedem Künstler selbst überlassen, ebenso, wie persönlich der Künstler sein „Inneres nach außen" tragen möchte.

Sind die Zeichnungen „mit Leben gefüllt", werden die Körperumrisse aufgehängt und dadurch anderen zugänglich gemacht. Wie auf einer „Vernissage", betrachten die TN die ausgestellten Körperumrisse. Der Austausch der Ansichten und Eindrücke zwischen den TN und den Künstlern selbst kann zu sehr reizvollen und ertragreichen „Nebengesprächen" führen.

Für die Abschlussbilanzierung im Plenum bieten sich folgende drei Impulsfragen an: 1) Was hat es emotional erleichtert/erschwert, die körpernahen und körpererweiterten Wahrnehmungsvorgänge in der Begegnung mit Großgeräten selbstständig anzuwenden? 2) Welche emotionale Erkenntnis haben Sie aus den unterschiedlichen Körperumrissen für sich – mit Bezug zu Großgeräten – mitnehmen können? 3) Körperwahrnehmung ist die Grundlage für emotional stimmige Verstehens- und Verarbeitungsprozesse im Umgang mit Spiel- und Sportgeräten – Ihre Einschätzung?

Variationen:
Statt einer Doppelstunde ist es möglicherweise für die TN lernförderlicher und ertragreicher, sich mehr Zeit zu gönnen und die körperorientierten Wahrnehmungsprozesse im Rahmen von zwei Doppelstunden „auszukosten". Die erste Doppelstunde thematisiert körpernahe und die zweite Doppelstunde körpererweiterte Wahrnehmungsvorgänge im Kontakt mit diversen Großgeräten.

Der Körperumriss kann auch mit Hilfe von (Gymnastik-)Seilen erfolgen. Die körperbezogenen Wahrnehmungen mittels Begriffen, Symbolen oder skizzenartigen Visualisierungen werden auf Blätter notiert und in den ausgelegten Körperumriss an entsprechender Stelle auf dem Boden platziert.

Kommentar:
Im Zuge engagierter Bewegungs- und Spielexperimente kann es durchaus sein, dass die TN ihre körperzentrierte Innensicht sowie ihre körperumfassende Außen-/Innensicht immer wieder vernachlässigen. Deshalb ist es notwendig, dass sowohl die KL als auch die Teams selbst darauf achten, die körperorientierte Wahrnehmungsperspektive einzunehmen und einigermaßen stetig aufrecht zu erhalten.

Auf körperorientierte Wahrnehmungsprozesse in der Begegnung mit Spiel- und Sportgeräten zu achten ist ungewohnt, bedarf einer gewissen Eingewöhnungs- und Einübungszeit. Doch es ist in der Auseinandersetzung mit gerätespezifischen Anforderungen hilfreich, ein Bewusstsein zu entwickeln von den körperlichen Empfindungen und Gefühlen, die den Bewegungslernprozess ständig beeinflussen und steuern.

Wer sich und seinen Körper, seine Gefühle und Bedürfnisse in der Begegnung mit Spiel- und Sportgeräten spürt, ist auf einem guten Weg, sich auf dieser Basis ein Selbstbewusstsein für verstehens- und verständigungsförderliche sowie selbst- und lösungswirksame Bewegungsalternativen zu entwickeln.

Ideenquelle:

- Praktische Seminararbeit mit Studierenden der Pädagogischen Hochschule Heidelberg im Semesterzeitraum von 2016–2018 Abb. 7.9.

Handlungsschritte	Gefühls-/Erfahrungsspeicher
• Lernumgebung vorbereiten	
• Anmoderation/Infotainment	
• 4er-Teams	
• Körperumrisse aufzeichnen	
• Großgeräte zulosen	
• Erkundungsphase I	
• Reflexionsphase I	
• Instruktionsbogen »Körpernahes Großgeräteprotokoll«	
• Erkundungsphase II	
• Reflexionsphase II	
• Instruktionsbogen »Körpererweitertes Großgeräteprotokoll«	
• Körperumrisse mit Leben füllen (Einzelarbeit)	
• Vernissage	
• Abschlussbilanzierung	

Abb. 7.9 „Körper mit Leben füllen" – Handlungsschritte/emotionaler Erfahrungsspeicher

Literatur

Funke-Wieneke, J. (1999). Elementares Turnen in der Sekundarstufe I. Ein Bewegungsfeld zur Lösung von Entwicklungsaufgaben. *sportpädagogik, 23*(4), 43–49.
Grawunder, M., & Wirth, C. (2014). Listen to Gym. *sportpädagogik, 38*(3+4), 27–31.
Lange, H. (2013). *Grundschulsport. Erfolgreiche Praxisideen in attraktiven Stundenbildern*. Wiebelsheim: Limpert, S. 31, 115–119.
Schindler, M. (2010). Waveboard, Xlider und Freeline Skates. *sportpädagogik, 34*(6), 9–11.
Turnerbund, S. (1986). *Wir. Beiträge zum Kinderturnen* (S. 157–163). Böblingen: Central Druck.

Webliteratur
▶ www.clipfish.de/www.youtube.com/www.5min.com

Vierte Lernepisode: Experimentieren II – gerätespezifische Gefühlsbewegungen feedbackförderlich ausdrücken und spiegeln

© Springer Fachmedien Wiesbaden GmbH, ein Teil von Springer Nature 2019
R. Ullmann, *Lust auf Bälle, Barren, Bodenmatten*, https://doi.org/10.1007/978-3-658-23739-4_8

8.1 Absicht und Vorgehen

Absicht der vierten Lernepisode ist, bei den TN die Fähigkeit zur Emotionsreflexion über den Ansatzpunkt von Feedbackvorgängen zu schulen und zu steigern. Gefühlsbewegungen, ausgelöst durch den Kontakt mit Spiel- und Sportgeräten, zu verstehen und sich darüber zu verständigen erfordert, sie auf nonverbaler, paraverbaler und verbaler Ebene ansprechend ausdrücken, interpretieren und spiegeln zu können. Mit anderen Worten: Ein Verständnis über den Zusammenhang zwischen gerätespezifischen Anreizstrukturen und sinnerzeugenden Gefühlsbewegungen zu entwickeln, setzt einen Dialog im Rahmen wechselseitig fließender Feedbackprozesse voraus.

Dialogisches Feedback im Kontext zwischenmenschlicher Bezüge umfasst mehr als nur die Rückkopplung von Informationsprozessen zwischen Sender und Empfänger oder die Möglichkeit der Reflexion oder den Vergleich zwischen angestrebten Zielen. Feedback unter objektempathischer Perspektive berührt und bewegt Sportlehrkräfte und Bewegungsakteure sowie Spiel- und Sportgeräte gleichermaßen. Auf der Basis des sprechenden Berührens und berührenden Sprechens eröffnet sich die Möglichkeit, Sportlehrkräfte und Bewegungsakteure in zweifacher Hinsicht zu motivieren: Zum einen, positive Geräteanreize in ihren Wirkungen auf Gefühle, Bedürfnisse und Bewegungsabsichten nachzuvollziehen und sie für stabilisierende Reflexionsvorgänge zu nutzen. Zum anderen, negative Geräteanreize in ihren Wirkungen auf Gefühle, Bedürfnisse und Bewegungsabsichten nachzuvollziehen und sie für umorientierende Reflexionsvorgänge zu nutzen. Feedbackbasiertes Einfühlen in gerätespezifische Anreize, Gefühls- und Bewegungsbeziehungen steht und fällt mit der Qualität spiegelnder Zuhör- und Sprechakte im Rahmen einer dialogischen Gesprächsführung.

Die Einführung in die feedbackförderliche Kommunikationsarbeit geschieht auf der Basis von neun exemplarischen Praxisanregungen unter Einbezug verschiedener Hand-, Klein- und Großgeräte. Wichtige Bausteine, um dialogische Feedbackprozesse anzubahnen, sind regel- und strukturbasierte, nonverbale und (para-)verbale Spiegelungsübungen. Auf dieser Grundlage wird der Boden aufbereitet, gerätespezifische Gefühls- und Bewegungsbeziehungen lern- und motivationsförderlich moderieren zu können. Hierbei handelt es sich um entdeckende, eher spielerische Kommunikationsübungen, die daran interessiert sind, ein Gefühl für ein fließendes Gespräch, eine Haltung für einen bewusst gestalteten Dialog zu vermitteln. Kommunikative Perfektion ist nicht der Anspruch. Vielmehr geht es um einen ersten Schritt zu lernen, wie man mit sich selbst und mit anderen in ein besseres Gespräch über Gefühlsbewegungen, ausgelöst durch die Anreize von Spiel- und Sportgeräten, kommen kann.

Der experimentierende Charakter soll helfen und ermutigen, sich mit einer gewissen forschenden Fragehaltung auf den Feedbackakzent einzulassen und neugierig zu erleben, was es in der Begegnung mit Spiel- und Sportgeräten heißt, nonverbale, paraverbale und verbale Spiegelungselemente in Gesprächen gezielt einzusetzen.

8.2 Exemplarische Praxisanregungen zur feedbackförderlichen Kommunikation

▪▪ 4a/Titel: Mit dem Körper etwas darstellen, wahrnehmen, spiegeln
Grundanliegen:
▬ den Körperausdruck verbessern und gerätespezifische Gefühls- und Bewegungsbeziehungen nonverbal spiegeln

Lerngruppe: ab Klasse 4/5
Sozialform: Einzelperson, Tandems, Teams, Plenum
Zeitbedarf/Vorbereitungsgrad: 1 × 90 min/gering
Material/Geräte:
▬ Musikanlage, Handy
▬ Impulsbogen „Liste Gefühlsvokabular" (s. Anhang A.04)

Sicherheitshinweise: keine

Durchführung:
Die Lernumgebung ist vorbereitet. Benötigte Materialien und die Musikanlage sind
einsatzbereit zugänglich. Mittels Anmoderation seitens der KL sind die TN über das
Grundanliegen, die Anforderungen, den Impulsbogen und den Ablauf der Übung
(soweit notwendig) informiert.

Zur Einstimmung führen die TN alltagsnahe „Begrüßungsrituale" durch. Ausgehend vom formalen Händeschütteln über lässig-cooles Abklatschen analog zur
Streetszene kommt es zu ersten Aufgaben, die mit der Übernahme von Rollen zu tun
haben: Sich wie gute Kumpels begrüßen; sich wie Politiker bei einem Staatsempfang
begrüßen; sich wie Indianer beim Friedensgipfel begrüßen etc.

Mit joggingaffiner Musikuntermalung geht es weiter. Die TN finden sich zu Tandems zusammen und bewegen sich im Joggingrhythmus frei zur Musik. Beim Musik-
stopp animiert die KL durch Zuruf die Tandems zu „sportiven Darstellungsaufgaben",
zum Beispiel: frustrierter Tennisspieler, trickreicher Fußballer, kraftvoller Kugelstoßer
etc. Partner A ist das Original, B der Spiegel. A macht die rollentypische (Gefühls-)
Bewegung vor, Partner B ahmt die (Gefühls-)Bewegung nach. Beim nächsten Musik-
stopp präsentiert Partner B, Partner A spiegelt.

Nach dieser Einstimmung improvisieren die Tandems zwei kleine pantomimische
Szenen. Dabei legen die Tandems selbst fest, welches Hand-, Klein- oder Großgerät
sie jeweils pantomimisch thematisieren wollen. Thema von Szene 1 lautet: Das Gerät
liegt mir nicht und bereitet mir nur Ärger und Verdruss. Thema von Szene 2 lautet:
Das Gerät macht mir großen Spaß, ich könnte mich stundenlang damit beschäftigen.
Nach einer kurzen „Erprobungsphase" (es geht nicht um eine perfekte Inszenierung)
stellen die Tandems im Plenum ihre pantomimischen Kontrastszenen vor. Die ande-
ren Tandems ahmen wie Marionetten die Szenen nach, fühlen sich in das emotionale
Beziehungsverhältnis zwischen Gerät und Bewegungsakteur hinein und versuchen das
Gerät zu erraten. Das „Gefühlsvokabular" soll der Unterstützung dienen.

Zum Abschluss findet ein „Fotoshooting" (Handy-Dokumentation) statt. In 4er-
oder 5er-Teams sollen zwei Standbilder entwickelt werden zur Thematik: „Ich bin ein
typisches Loser-Gerät" versus „Ich bin ein typisches Winner-Gerät". Die Teams einigen sich auf die zwei Geräte aus dem Fundus an Hand-, Klein- oder Großgeräten, wo

bezüglich der Rollenzuweisung die größte Übereinstimmung besteht. Um sich gut in die „Geräte-Rolle" hinein fühlen zu können, werden die ausgewählten Geräte sorg-fältig inspiziert und mithilfe des „Gefühlsvokabulars" in ein emotionales Standbild überführt. Die Abstimmung im Zuge des Überführungsprozesses erfolgt nonverbal. Schließlich stellt jedes Team seine beiden Standbilder vor. Die anderen Teams ahmen die Standbilder nach, spiegeln negative/positive Gefühlslagen nonverbal zurück.

Für die Abschlussbilanzierung im Plenum bieten sich folgende drei Impulsfragen an: 1) Was haben die rollenspielartigen Aufgaben bei Ihnen an Gefühlen/Gedanken ausgelöst? 2) Was konnten die nonverbalen Spiegelungsakte mit Blick auf die emotio-nale Beziehung zu Geräte-Favoriten/Geräte-Fieslingen für Sie leisten? 3) Worin sehen Sie den entscheidenden Vorteil/Nachteil sich mittels Körpersprache über emotionale Zustände zu verständigen?

Variationen: keine

Kommentar:

Zu Beginn bietet es sich an, die TN kurz über ihre Erfahrungen mit Rollenspielen zu befragen. In diesem Zusammenhang ist der Hinweis wichtig, dass es bei Rollenspielen kein „Richtig!" oder „Falsch!" gibt. Vielmehr geht es darum, sich mit Bezug auf Spiel- und Sportgeräte auf nonverbale Anforderungen einzulassen und Erfahrungen damit im Spiegeln von emotionalen Zuständen zu sammeln.

Ideenquelle:

➥ Bocklage und Wolters (2007, S. 20–23) Abb. 8.1.

Handlungsschritte	Gefühls-/Erfahrungsspeicher
• Lernumgebung vorbereiten • Anmoderation/Infotainment • Begrüßungsrituale/Darstellungsaufgaben (Musik) • Pantomimische Szenen • Fotoshooting • Abschlussbilanzierung	

Abb. 8.1   „Mit dem Körper darstellen…" – Handlungsschritte/emotionaler Erfahrungsspeicher

▪▪ 4b/Titel: Mit Mimik und Gestik lenken

Grundanliegen:

➥ körpersprachliche Signale als Ausdrucks- und Steuerungsmittel für gerätespezifische Gefühlszustände bewusst einsetzen und nutzen

Lerngruppe: ab Klasse 4/5

Sozialform: Gruppe/Partner, Plenum

Zeitbedarf/Vorbereitungsgrad: 1 × 45 min/umfangreich
Material/Geräte:
- Fundus an Hand-, Klein-, Großgeräten
- Impulsbogen „Gefühlskarten" (s. Anhang A.29)

Sicherheitshinweise: keine

Durchführung:
Die Lernumgebung ist vorbereitet. Benötigte Materialien sind einsatzbereit zugänglich. Ausgewählte Hand-, Klein- und Großgeräte sind durch die KL in der Sporthalle auf der Mittellinie platziert. Mittels Anmoderation seitens der KL sind die TN über das Grundanliegen, die Anforderungen, den Impulsbogen und den Ablauf der Übung (soweit notwendig) informiert.

Die TN teilen sich in zwei Gruppen auf, wobei sich beide Gruppen auf der Längsseite der Sporthalle gegenüberstellen. Jeder TN hat nun einen Partner in einem möglichst großen Abstand sich gegenüber stehen. Bei einer ungeraden Zahl können auch zwei TN einem Gegenüber zugeordnet werden. Zwischen den Partnern befindet sich jeweils ein bestimmtes Hand-, Klein- oder Großgerät.

Die eine Gruppenhälfte stellt sich nun direkt hinter die in der Mitte platzierten Geräte und bekommt die Aufgabe, den Partner mittels Mimik/Gestik zu sich und zu dem Gerät zu locken. Je nachdem, welches emotionale Beziehungsverhältnis bei dem „Anlockpartner" zu dem jeweiligen Gerät vorhanden ist, sind dessen körpersprachliche Anlockversuche unterschiedlich ausgeprägt. Ist er von dem Gerät „Feuer und Flamme", dann gestaltet sich das Anlocken leidenschaftlich und enthusiastisch – der anzulockende Partner wird sich entsprechend dem Gerät annähern. Widert ihn das Gerät nur an, dann gestaltet sich das Anlocken abweisend und gereizt – der anzulockende Partner wird sich entsprechend dem Gerät annähern. Erscheint ihm das Gerät ambivalent, dann gestaltet sich das Anlocken eher unentschlossen und zweifelnd – der anzulockende Partner wird sich entsprechend dem Gerät annähern. Der Impulsbogen „Gefühlskarten" bildet verschiedene Gefühlszustände ab und soll helfen, die emotional aufgeladenen Anlockbemühungen zu orientieren und zu gestalten.

Entscheidend hierbei ist es aus Sicht des „Anlockers", nicht symbolisch verankerte Signale wie das Kopfnicken oder Kopfschütteln einzusetzen, sondern den eigenen emotionalen Zustand und die eigene innere Haltung in Verbindung zu dem jeweiligen Gerät expressiv und ausdrucksstark zu zeigen. Dem angelockten Partner sollte es „leicht" fallen, sein Annäherungsverhalten entsprechend der emotionalen Zustandslage des „Anlockpartners" auszurichten und zu spiegeln.

Ist der mimisch-gestische Anlockversuch erfolgt, findet ein Rollentausch statt. Nun stellt sich die andere Gruppenhälfte direkt hinter die in der Mitte platzierten Geräte und lockt den Partner wieder mittels körpersprachlicher Elemente zu sich und dem Gerät. Die mimisch-gestischen Anlockversuche und das gespiegelte Annäherungsverhalten sollen wieder das emotionale Beziehungsverhältnis zu dem jeweiligen Gerät anschaulich zum Ausdruck bringen; sie unterliegen demselben Anlockprozedere wie zuvor.

Für die Abschlussbilanzierung im Plenum bieten sich folgende drei Impulsfragen an: 1) Wie haben Sie für sich die beiden unterschiedlichen Rollen erlebt? 2) Was haben Sie bei den körpersprachlichen Aktivitäten empfunden, welche emotionalen

Wirkungen konnten Sie für sich ausmachen? 3) Was macht die Körpersprache im Hinblick auf emotionale Zustände im Umgang mit Spiel- und Sportgeräten so bedeutsam?
 Variationen: keine

Kommentar:
Mimik, Gestik und Körperhaltung haben Einfluss auf Gefühlsbewegungen im Allgemeinen und auf gerätespezifische Gefühlsbewegungen im Besonderen. Zugleich stellen körpersprachliche Signale ein gutes Mittel dar, um Gefühlsbewegungen im Umgang mit Spiel- und Sportgeräten auf eine ausdrucksstarke Art und Weise zur Sprache zu bringen. Körpersprachliche Elemente wie Mimik und Gestik können helfen, emotionale Zustände in der Begegnung mit gerätespezifischen Anreizstrukturen besser zu vermitteln und dadurch besser nachzuvollziehen und zu verstehen.

Ideenquelle:
— Kôsinár (2008, S. 20–24) Abb. 8.2.

8

Handlungsschritte	Gefühls-/Erfahrungsspeicher
• Lernumgebung vorbereiten	
• Anmoderation/Infotainment	
• Gruppen bilden	
• Anlockversuche I (Gefühlskarten)	
• Rollentausch	
• Anlockversuche II (Gefühlskarten)	
• Abschlussbilanzierung	

Abb. 8.2   „Mimik und Gestik" – Handlungsschritte/emotionaler Erfahrungsspeicher

■ ■ **4c/Titel: Geräte-Klischees nonverbal unterstützen und ausdrücken**
Grundanliegen:
— sich innere, stereotype Bilder von Spiel- und Sportgeräten mittels (non-)verbaler Ausdrucksmittel bewusst machen

Lerngruppe: ab Klasse 5/6
Sozialform: Gruppe, Plenum
Zeitbedarf/Vorbereitungsgrad: 1 × 45 min/gering
Material/Geräte:
— Impulsbogen „Liste Gefühlsvokabular" (s. Anhang A.04)

Sicherheitshinweise: keine

Durchführung:
Die Lernumgebung ist vorbereitet. Mittels Anmoderation seitens der KL sind die TN über das Grundanliegen, die Anforderungen, den Impulsbogen und den Ablauf der Übung (soweit notwendig) informiert.

Die TN bilden zwei Gruppen. Jede Gruppe entscheidet sich (mental) aus dem Fundus an Hand-, Klein- oder Großgeräten für ein Gerät, dessen Erscheinungs- und Gebrauchsbild sie als typisch für einen Geräte-Favoriten/Geräte-Fiesling erachtet.

Danach erhalten die Gruppen von der KL den Auftrag, sich jeweils ein „Statement" (Dauer: 1 min) zu den typischen Merkmalen eines vermeintlichen Geräte-Favoriten respektive eines vermeintlichen Geräte-Fieslings zu überlegen. Hierzu stehen 2 × 5 min Zeit und der Impulsbogen „Gefühlsvokabular" zur Verfügung. Das verbale Statement (Vortrag durch ein Gruppenmitglied) soll parallel durch ein nonverbales Statement (Figurenspiel durch die anderen Gruppenmitglieder) anschaulich verstärkt und unterstützt werden. Wichtig dabei ist, Figuren und Vortrag in emotionaler Hinsicht wechselseitig gut aufeinander abzustimmen.

Nacheinander stellen dann die Gruppen in der „Präsentationsrunde" ihr emotionsbasiertes Statement (Vortrag plus Standfiguren) vor, ohne dabei das jeweils ausgewählte Gerät explizit zu benennen respektive zu zeigen. Die jeweiligen Gruppen entscheiden, ob sie ihren Vortrag mit den darauf abgestimmten Standfiguren mit den emotional positiven Geräte-Assoziationen oder mit den emotional negativen Geräte-Assoziationen beginnen wollen. Insgesamt sind zwei „Präsentationsrunden" inklusive Durchläufe zu organisieren.

Pro Präsentationsrunde und Durchlauf beschreiben die beobachtenden TN die dargestellte Situation der Präsentationsgruppe. Sie interpretieren das gruppeninterne Statement mit seinen Standbildern, indem sie sich vor einzelne Figuren stellen und diese Figur möglichst genau nachahmen. Und sie stellen sich hinter oder neben die Figur und äußern sich dazu, was diese Figur bei ihnen an Gefühlen und Gedanken auslöst und raten, um welches Gerät es sich dabei handeln könnte. Beobachter und „Ausstellungsgruppe" kommen hierbei über geräteanreizbasierte Gefühlslagen miteinander ins Gespräch. Zu gegebener Zeit stellt die andere Gruppe ihren figurengestützten Vortrag vor.

Nachdem die beiden Gruppen ihr Statement zur Diskussion gestellt haben, finden sich die TN im Plenum zusammen. Gemeinsam werden zwei „Großstatuen" gebaut mit dem Ziel, typische Klischeevorstellungen über Geräte-Favoriten/Geräte-Fieslinge in einem Gesamtbild sichtbar und hinterfragbar zu machen. Unterschiedliche Positionen, Vorstellungen, Befindlichkeiten innerhalb der Gruppe sollen dabei nicht ausgeblendet, sondern als „emotionaler Spannungsmoment" sichtbar werden.

Für die Abschlussbilanzierung im Plenum bieten sich folgende drei Impulsfragen an: 1) Was macht die emotionale Darstellung und Interpretation innerer und äußerer Bilder zum Kontext Geräte-Favorit/Geräte-Fiesling schwierig? 2) Inwieweit konnten Sie durch den figurengestützten Vortrag neue emotionale Erfahrungen zu verschiedenen Spiel- und Sportgeräten sammeln? 3) Konnten Sie sich Ihrer eigenen emotionalen Gewohnheiten im Umgang mit Spiel- und Sportgeräten noch mehr bewusst werden – Ihre Einschätzung?

Variationen: keine

8

Kommentar:

Bilder von sich selbst, von anderen Bewegungsakteuren zu entwickeln und innerlich durchzuspielen, ist eine Bedingung für die Verarbeitung von klischeehaften Vorstellungen im Umgang mit verschiedenen Spiel- und Sportgeräten. Es ist die Voraussetzung für ein bewussteres Bewegungshandeln und fördert die Fähigkeit, sich in gerätespezifische Anreizstrukturen und dadurch ausgelöste gerätespezifische Gefühlsbewegungen – eigene wie fremde – unvoreingenommen einfühlen zu können. Ein wichtiges Element im Sinne emotionaler Aufklärung ist hierbei die (körper-)sprachliche Spiegelung respektive reflektierte Wiedergabe der im Statement zum Vorschein kommenden Klischeevorstellungen über bestimmte Spiel- und Sportgeräte.

Ideenquelle:
- Scheller (1999, S. 21) Abb. 8.3.

Handlungsschritte	Gefühls-/Erfahrungsspeicher
• Lernumgebung vorbereiten	
• Anmoderation/Infotainment	
• Statement	
• Präsentationsrunden/Nachahmung	
• Großstatuen	
• Abschlussbilanzierung	

Abb. 8.3 „Geräte-Klischees" – Handlungsschritte/emotionaler Erfahrungsspeicher

■ ■ **4d/Titel: Lautloser Roll-Dialog**

Grundanliegen:
- Rollgefühle spüren, bewirken, begreifen und Körpersprache als wesentliches Mittel von emotionaler Kommunikation einsetzen

Lerngruppe: ab Klasse 3/4
Sozialform: Einzelperson, Teams, Plenum
Zeitbedarf/Vorbereitungsgrad: 1 × 90 min/umfangreich
Material/Geräte:
- Bodenmatten, Sprungbretter
- Bälle, Schaumstoffwürfel, Wandplakat
- Hinweisbogen „Regeln zum Geräteaufbau/-abbau" (s. Anhang A.11)
- Hinweisbogen „Mattenbahn – Rollen vorwärts wie ein Ball" (s. Anhang A.30)

Sicherheitshinweise:

Ablauf und Organisation der Übung sowie der sichere und funktionsgemäße Auf- und Abbau der vier Mattenbahnen inklusive der zwei Sprungbretter ist im Vorfeld mit den TN zu besprechen.

Durchführung:

Die Lernumgebung ist vorbereitet. Benötigte Materialien und Geräte sind einsatzbereit zugänglich. Mittels Anmoderation seitens der KL sind die TN über das Grundanliegen, die Anforderungen, die zwei Hinweisbögen, den Sicherheitsrahmen und den Ablauf der Übung (soweit notwendig) informiert.

In Bezug zur Lernumgebung werden die TN durch die KL dahin gehend informiert, dass das Bewegungsproblem „Rollen vorwärts wie ein Ball" im Mittelpunkt der nonverbalen Spiegelungsübung steht. Dazu wurden in der Sporthalle vier Mattenbahnen aus jeweils drei Bodenmatten bereits vorbereitet und aufgebaut. Bei zwei Mattenbahnen wurde jeweils unter die erste Bodenmatte je ein Sprungbrett (kleine Schräge) gelegt. In Konzentration auf das Gerät „Bodenmatte" in Verbindung mit der einfachen Grundtechnik „Rolle vorwärts am Boden" geht es um zwei Schwerpunkte: a) Rollgefühle spüren und bewirken; b) Körpersprachliche Elemente zur Darstellung emotionaler (Roll-)Zustände verstehens- und verständigungsförderlich einsetzen.

Zu Beginn finden sich die TN zu zwei Teams zusammen. Jedem Team stehen zwei Mattenbahnen (eine mit, eine ohne Sprungbrett) zur Verfügung. In der „Aufwärmphase" geht es darum, sich an die Mattenbahnen (emotional) zu gewöhnen. Die Eingewöhnung wird durch die KL immer mal wieder unterbrochen. Es wird danach gefragt: wie man sich beim direkten Kontakt mit der Matte fühlt (a), wie sich die Oberfläche der Matte anfühlt (b), welche Eigenschaften der Matte besonders (un-) attraktiv sind (c), wie die Matte aufgrund ihrer Eigenschaften benutzt werden möchte (d) und wie man sich auf der Matte bewegen kann, wenn sie einem neu und unverbraucht oder alt und ausgelaugt erscheint (e).

In Überleitung auf die nachfolgenden Erkundungsphasen werden die Teams mit dem Bewegungsproblem konfrontiert. Dazu wird ein Ball auf der Mattenbahn gerollt. Die Teams werden aufgefordert herauszufinden, wie man auch so elegant und geschmeidig, glücklich und zufrieden vorwärts rollen kann, wie ein Ball. Auftretende Schwierigkeiten und situativ sich ergebende Lösungswege sollen bei der Erkundung (möglichst) nur mithilfe körpersprachlicher Mittel kommuniziert werden.

In der „ersten Erkundungsphase" sollen die TN der Teams herausfinden, an welcher Bahn (mit/ohne kleiner Schräge) das Vorwärtsrollen leichter fällt. Mit diesem Impuls wird die Reflexion über das eigene Bewegungshandeln, über die eigenen Gefühlsbewegungen beim Rollen eingeleitet. Mit der in der „ersten Auswertungsphase" ausschließlich über körpersprachliche Mittel erzeugten Erkenntnis, dass das Rollen an der kleinen Schräge oder mittels mehr schwungholen leichter fällt, geht es weiter.

Auf die „zweite Erkundungsphase" werden die Teams mit folgender Aufgabenstellung eingestimmt. Indem ein gerollter Ball und ein „gerollter" Schaumstoffwürfel in ihrem Rollverhalten verglichen werden, sollen sich die Teams die sechs wesentlichen Qualitätsmerkmale des Rollens gefühlsmäßig im Rahmen der „zweiten Erkundungsphase" bewusst machen: Kauerstellung einnehmen, sich rund machen wie ein Ball, Körperspannung aufbauen, beidbeinig kräftig abdrücken, Arme als „Stoßdämpfer" zum Abstützen aktiv einsetzen, auf angenehme Rollgefühle achten.

Mit dem Bild des Würfels und des Balles vor Augen setzen sich die Teams hierbei mit zwei Aufgaben intensiv auseinander: „Wie kann ich rund, flott und elegant vorwärts rollen?" und: „Wann fühle ich mich beim Vorwärtsrollen besonders wohl/ unwohl?" Wenn gewünscht, dürfen die Teams für ihren Erkundungsprozess weitere Bodenmatten, Sprungbretter, Würfelkästen und Langbänke verwenden, um die

Mattenbahnen entsprechend der Gefühls- und Bedürfnislage anpassen zu können. In der sich daran anschließenden „zweiten Auswertungsphase" soll der teaminterne Austauschprozess über bewegungstechnische und emotionale Erfahrungen (möglichst) wieder nur auf nonverbaler Ebene erfolgen.

Die „dritte Erkundungsphase" enthält die Aufgabe, Kunststücke zum Vorwärtsrollen auf engem Raum zu entwickeln und die erarbeitete Vorwärts-Rollqualität in Verbindung mit rollkonformen Gefühlsbewegungen im Rahmen einer kleinen Gruppenchoreografie zu präsentieren. Folgende fünf Gestaltungstipps (Wandplakat) seitens der KL gilt es mit Blick auf die „Abschluss-Präsentation" (hierzu werden mindestens sechs aneinandergereihte Bodenmatten als Präsentationsfläche benötigt) zu beachten. Damit einhergehende nonverbal vermittelte Abstimmungsnotwendigkeiten erfolgen situativ im Rahmen der „dritten Auswertungsphase".

Erster Tipp: Neben der Rolle vorwärts können auch andere, einfache oder gekonnte Rollformen genutzt werden. Zweiter Tipp: Die Rollformen sollen synchron ausgeführt werden, zum Beispiel: parallel oder gegengleich, aufeinander zu – voneinander weg oder umeinander herum. Dritter Tipp: Die Gestaltungswege der Rollbewegungen können nebeneinander, auf entgegengesetzten Bahnen, diagonal, überkreuzend und zeitlich versetzt erfolgen. Vierter Tipp: Zusatzgeräte können benutzt werden, um das Rollen zu erleichtern oder um die Rollgefühle deutlicher zum Ausdruck bringen zu können. Fünfter Tipp: Die Gruppenchoreografie profitiert im Gesamtbild, wenn es gelingt, die Mattenbahn mit ihren integrierten Geräten und den dazugehörigen Gefühlsbewegungen ausdrucksstark und mit akzentuierten nonverbalen Abstimmungssignalen im Einklang zu repräsentieren.

Für die Abschlussbilanzierung im Plenum bieten sich folgende drei Impulsfragen an: 1) Inwiefern ist es Ihnen gelungen, Rollgefühle aufzuspüren oder zu bewirken? 2) Wie haben Sie im Zusammenhang mit motorischen und emotionalen Aspekten die „Verpflichtung" zur körpersprachlich geführten Kommunikation für sich, für andere erlebt? 3) Worin sehen Sie die besondere Bedeutung nonverbaler Kommunikationsweisen für motorische und emotionale Abstimmungsprozesse im Kontakt mit Spiel- und Sportgeräten?

Variationen: keine

Kommentar:
Bewegungslernen mit Spiel- und Sportgeräten ist nicht nur eine „Wortsache", stützt sich also nicht nur auf rationale Bewegungserklärungen. Für das Erlernen einer speziellen Bewegungstechnik (hier: Rolle vorwärts) mit Unterstützung eines bestimmten Gerätes (hier: Bodenmatte) ist es oftmals hilfreicher, damit involvierte Körper-, Begleit- und/oder Könnensgefühle als Zusammenhang von Spüren und Bewirken, von Einfühlen, Nachfühlen und Mitfühlen zu thematisieren und diesen Zusammenhang in den Vordergrund zu stellen. Hierbei können körpersprachliche Signale, wie Mimik, Gestik, Blickkontakt, Körperhaltung etc. aufgrund ihres synergetischen Außen-Innen-Wirkungsverhältnisses eine orientierungsgebende Vermittlerrolle einnehmen.

Ideenquelle:
- Beckmann (2007, S. 12–15), Edler-Köller (1990, S. 26–28) Abb. 8.4.

Handlungsschritte	Gefühls-/Erfahrungsspeicher
• Lernumgebung vorbereiten	
• Anmoderation/Infotainment	
• Aufwärmphase (Teams)	
• Überleitung/Problemorientierung	
• Erkundungs-/Auswertungsphase I	
• Erkundungs-/Auswertungsphase II	
• Erkundungs-/Auswertungsphase III	
• Abschluss-Präsentation	
• Abschlussbilanzierung	

Abb. 8.4 „Lautloser Roll-Dialog" – Handlungsschritte/emotionaler Erfahrungsspeicher

▪▪ 4e/Titel: Schatten-Kommunikation

Grundanliegen:

▬ eine Bodenübung partnersynchron ausführen und (non-)verbale Elemente für objektempathische Einfühlungsprozesse feedbackförderlich einsetzen

Lerngruppe: ab Klasse 5/6
Sozialform: Einzelperson, Paare, Plenum
Zeitbedarf/Vorbereitungsgrad: 1 × 45 min/gering
Material/Geräte:

▬ Bodenmatten
▬ Instruktionsbogen „Feedbackregeln" (s. Anhang A.18)

Sicherheitshinweise: keine

Durchführung:

Die Lernumgebung ist vorbereitet. Benötigte Materialien und Bodenmatten sind einsatzbereit zugänglich. Mittels Anmoderation seitens der KL sind die TN über das Grundanliegen, die Anforderungen, den Instruktionsbogen und den Ablauf der Übung (soweit notwendig) informiert.

Die TN stellen sich im Rahmen des „Standogramms" mit zwei Meter Abstand kreisförmig um eine Bodenmatte. Auf Signal der KL positionieren sich die TN so, dass klar wird, ob für sie die Anreize der Bodenmatte emotional positiv oder emotional negativ „besetzt" sind. Je nach Zuneigungs- oder Abneigungsgrad nähern sich die TN der Matte an oder distanzieren sich von ihr.

8

Nun gehen die TN partnerweise zusammen. Sie erhalten die Aufgabe, sich einem Partner anzupassen beziehungsweise dem Partner die Möglichkeit zu geben, sich in die eigene Bewegungsausführung hineinzufinden. Zur „Einstimmung" eignet sich hierzu das Schattenlaufen zu zweit, bei dem jeweils der Vordermann Tempo, Bewegungsrichtung, Laufform und innere Gefühlslage bestimmt. Die KL achtet in dieser Phase auf rechtzeitige Führungswechsel, auf emotionale Abwechslung und hinreichende Dauer der einzelnen Laufformen und sorgt dafür, dass der vorhandene Raum von den „Schattenläufern" gut genutzt wird. Die Paare unterbrechen ihren Schattenlauf, sobald es nonverbale Abstimmungsprobleme gibt.

In der sich anschließenden „Gestaltungsphase" erhalten die Paare die Aufgabe, eine einfache Bodenübung zusammenzustellen, die synchron auf parallele Matten geturnt werden kann. Gekonnte Übungsteile (zum Beispiel: Rollen, Rad, Radwende, Handstand-schwingen) und Verbindungen (zum Beispiel: Streck- und Drehsprünge) sollen – je nach Könnens- und Gefühlslage – in gleichmäßigem Bewegungsfluss und Bewegungs-rhythmus aufeinander abgestimmt werden. Gestaltungskriterien sind: Stimmigkeit, Gleichklang, Einfallsreichtum, Beharrlichkeit sowie Anpassungsfähigkeit an das eigene Können/Wohlbefinden und an die Voraussetzungen des Partners. Abstimmungs-schwierigkeiten sollen mithilfe der „Feedbackregeln" im Rahmen von Kurzfeedbacks verbal überwunden werden.

Weil auch eine einfache Turnübung eine gelungene kommunikative Lösung im Sinne einer synchronen Bewegungsausführung sein kann, erhalten alle Paare die Gelegenheit, ihre Erarbeitung (freiwillig) in einer „Präsentationsphase" vorzustellen. Die nicht beteiligten TN fungieren als Zuschauer und spenden wertschätzenden Beifall.

Zum Abschluss führen die TN noch einmal die „Nähe-Distanz-Übung" durch, um zu prüfen, ob sich am emotionalen Beziehungsverhältnis zur Bodenmatte im Besonderen oder zum Gerätturnen im Allgemeinen etwas verändert hat.

Für die Abschlussbilanzierung im Plenum bieten sich folgende drei Impulsfragen an: 1) Wie ist es Ihnen in emotionaler Hinsicht bei der Entwicklung und Gestaltung der Bodenübung ergangen? 2) Worauf ist zu achten, dass die (non-)verbale Kommunika-tion auch in emotionaler Hinsicht zu erfolgreichen Abstimmungsergebnissen führt? 3) Kommunikative Wirkung hängt zu 55 % von der Körpersprache, zu 38 % von der Stimme und zu 7 % von dem Inhalt ab – überrascht Sie dieses Untersuchungsergebnis?

Variationen: keine

Kommentar:

Der Einsatz (non-)verbaler Spiegelungs-/Feedbackaktivitäten kann dazu beitragen, motorische wie sozio-emotionale Aufgabenstellungen lern- und motivationsförderlich zu analysieren und zu bewältigen, in dem das eigene Können realistisch eingeschätzt und das Potenzial der anderen und der Bodenmatte genutzt wird. Da diese Übung in keinem Fall unter Zeitdruck geraten sollte, könnte das Zeitfenster von einer Doppel-stunde optimaler für die Umsetzung sein.

Ideenquelle:

⬛ Köster (1991, S. 165–166) Abb. 8.5.

Handlungsschritte	Gefühls-/Erfahrungsspeicher
• Lernumgebung vorbereiten • Anmoderation/Infotainment • Nähe-Distanz-Übung I (Standogramm) • Schattenlaufen (Einstimmung) • Gestaltungsphase • Präsentationsphase • Nähe-Distanz-Übung II (Standogramm) • Abschlussbilanzierung	

Abb. 8.5 „Schatten-Kommunikation" – Handlungsschritte/emotionaler Erfahrungsspeicher

▪ ▪ 4f/Titel: Fragen über Fragen

Grundanliegen:
— den Zweck von offenen und geschlossenen Fragen zum Erkennen von Spiel- und Sportgeräten erleben und nachvollziehen
— die Bedeutung von Fragetechniken und Fragehaltungen zur Erzeugung für einen emotional guten Gesprächsverlauf verstehen

Lerngruppe: ab Klasse 6/7
Sozialform: Einzelperson, Plenum
Zeitbedarf/Vorbereitungsgrad: 1 × 45 min/gering
Material/Geräte:
— Blätter mit Gerätenamen, Tesaband

Sicherheitshinweise: keine

Durchführung:
Die Lernumgebung ist vorbereitet. Benötigte Materialien sind einsatzbereit zugänglich. Mittels Anmoderation seitens der KL sind die TN über das Grundanliegen, die Anforderungen und den Ablauf der Übung (soweit notwendig) informiert.

Im Rahmen eines „Theorie-Inputs" geht die KL kurz auf die Bedeutung von Fragen für einen förderlichen Gesprächsverlauf ein (hier insbesondere auf die Unterscheidung von offenen und geschlossenen Fragen). Offene Was-/Wo-/Wie-Fragen haben einen erkunden Charakter und helfen, mit dem Gegenüber in einen dialogischen Kontakt zu kommen. Die Haltung des Zuhörers ist geprägt von dem Bedürfnis, den anderen wirklich verstehen zu wollen. Sie eignen sich gut am Anfang und in der Mitte des Gesprächs. Geschlossene Entscheidungsfragen haben einen prüfenden Charakter und legen dem Gegenüber nahe, sich zu einem „Ja" oder „Nein" durchzuringen. Die Haltung des Zuhörers ist geprägt von dem Bedürfnis, vom anderen eine verbindliche Aussage zu bekommen. Sie eignen sich gut für eine Ergebnissicherung oder dann, wenn die Gesprächszeit knapp bemessen ist. Im Feedbackkontext dienen beide Fragearten der Vergewisserung. Das heißt: sie zielen darauf ab, den Gesprächspartner weiter voran bringen, ihn zu orientieren, ihm Sicherheit zu geben.

Danach heftet die KL den TN mit Tesaband ein Blatt auf den Rücken. Darauf steht ein Gerät aus dem Fundus an Hand-, Klein- und Großgeräten. Wenn vom Gerätebestand möglich, kann auch eine Auswahl an Trendsportgeräten, psychomotorischen Übungsgeräten und Hilfsgeräten in Betracht gezogen werden.

Die TN laufen umher und versuchen mit Hilfe von fünf Fragen herauszufinden, welches Gerät sie vertreten. Die ersten vier Fragen sollen offen, also erkundend, die letzte Frage soll eine geschlossene, also eine entscheidungsbezogene Frage sein. Natürlich ist es nicht möglich, direkt zu fragen, wie das gesuchte Gerät heißt.

Für die Abschlussbilanzierung im Plenum bieten sich folgende drei Impulsfragen an: 1) Ist es Ihnen leicht/schwer gefallen, das Gerät zu erraten – inwiefern? 2) Welche Fragen haben sich bewährt, um dem gesuchten Gerät auf die Spur zu kommen? 3) Wie haben offene/geschlossene Fragen auf Sie in emotionaler Hinsicht gewirkt – als Fragender und als Befragter?

Variationen:
Nicht nur das Gerät erraten, sondern mittels Fragen auch zu Vermutungen kommen, ob der TN zu diesem Gerät eine positive oder negative Gefühls- und Bewegungsbeziehung hat.

Kommentar:
Im Rahmen dieser Übung werden nur die beiden Fragearten „offene Fragen" und „geschlossene Fragen" behandelt. Bei Bedarf kann es sinnvoll sein, weitere Fragearten, wie beispielsweise Alternativfragen, rhetorische Fragen oder Suggestivfragen zu thematisieren. Wenn es um die Verarbeitung eines Problems oder um die Erreichung eines Zielanliegens geht, sind lösungsorientierte Fragestellungen in emotionaler Hinsicht sehr hilfreich, beispielsweise im Sinne von: „Was muss passieren, dass es Ihnen mit dem Gerät besser geht?" Oder: Welchen Lösungsweg ziehen Sie für sich in Betracht, damit Sie das Gerät doch noch in den Griff bekommen?" Oder: „Wie könnten Sie aktiv werden, um mit einer optimistischeren Befindlichkeit/Einstellung an das Bewegungsproblem heran zu gehen?"

Wichtig ist zu erkennen, dass man mit Hilfe von offenen und geschlossenen Fragen, das Gespräch und den Gesprächsverlauf zielorientiert und motivationsförderlich steuern kann. Nicht die Gesprächsanteile sind Indikator für eine gute Gesprächssteuerung, sondern der Einsatz von passenden Fragen zum richtigen Zeitpunkt.

Die wesentliche Botschaft liegt in der emotional-motivationalen Haltung des Zuhörers. Sie ist geprägt von Neugierde, Achtsamkeit, Bescheidenheit und dem Bedürfnis, das Gegenüber mittels „aufrichtiger" Fragen orientieren und stärken zu wollen.

Ideenquelle:

▬ Hartkemeyer und Hartkemeyer (2005, S. 52–53), Schmidt (2011, S. 123) Abb. 8.6.

Handlungsschritte	Gefühls-/Erfahrungsspeicher
• Lernumgebung vorbereiten	
• Anmoderation/Infotainment	
• Theorie-Input	
• Gerätenamen auf Rücken (Blätter)	
• Herumlaufen und Fragen stellen	
• Abschlussbilanzierung	

Abb. 8.6 „Fragen über Fragen" – Handlungsschritte/emotionaler Erfahrungsspeicher

▪▪ 4g/Titel: Aktives Zuhören

Grundanliegen:

▬ verschiedene Elemente/Stufen des Aktiven Zuhörens kennenlernen, erproben und Stimmigkeit im Kontext sachlicher Aspekte (Gerätebezug) und emotionaler Aspekte (Akteursbezug) erleben und reflektieren

Lerngruppe: ab Klasse 7/8
Sozialform: Einzelperson, 3er-Gruppen, Plenum
Zeitbedarf/Vorbereitungsgrad: 1 × 90 min/gering
Material/Geräte:

▬ Fundus aus Hand-, Klein-, Großgeräten
▬ Hinweisbogen „Regeln zum Geräteaufbau/-abbau" (s. Anhang A.11)

Sicherheitshinweise:

Ablauf und Organisation der Übung sowie der sichere und funktionsgemäße Umgang mit den benötigten Geräte ist mithilfe des Hinweisbogens „Regeln zum Geräteaufbau/-abbau" im Vorfeld mit den TN zu besprechen.

Durchführung:

Die Lernumgebung ist vorbereitet. Benötigte Materialien, Hand-, Klein- und Großgeräte sind einsatzbereit zugänglich. Mittels Anmoderation seitens der KL sind die TN über das Grundanliegen, die Anforderungen, den Hinweisbogen, den Sicherheitsrahmen und den Ablauf der Übung (soweit notwendig) informiert.

Jeder TN wählt sich aus dem Fundus an Hand-, Klein- oder Großgeräten ein Gerät aus, das er unbedingt weiter ausreizen oder besser kennen lernen und geschickter handhaben möchte (Anliegenaspekt).

In der „Erkundungsphase" testen die TN aus, was sich alles mit dem Gerät alleine machen lässt. Die Suche nach anliegenkonformen Bewegungsideen sollen die TN mit folgenden fünf Fragen verbinden: Was macht das Gerät für mich reizvoll? Welche Bewegungsaktionen lassen mich den Charakter des Gerätes gut in Erfahrung bringen?

Welche Bewegungserlebnisse mit dem Gerät lösen bei mir angenehme/unangenehme Gefühle aus? Was macht mir am meisten Probleme? Was würde ich gerne mit dem Gerät können und anderen gerne zeigen?

Nun bilden die TN 3er-Gruppen. Drei Rollen mit spezifischen Aufgaben sind zu besetzen: Sprecher (A) fungiert als Erzähler/Sender, Zuhörer (B) als Aufnehmender/ Empfänger und Beobachter (C) als Analysierender/(Meta-)Feedbackgeber.

Partner A beginnt das Gespräch und erzählt Partner B vor dem Hintergrund seines Anliegens seine gerätespezifischen Test-Erfahrungen im Rahmen der Erkundungsphase. Partner B hört Erzähler A aufmerksam und interessiert zu. Partner C achtet während des Gesprächsverlaufs auf die mit der Empfängerrolle implizierten feedbackförderlichen Kommunikationsweisen. Zugleich blendet er die Anforderungen an die Senderrolle (Anliegen oder Probleme inhaltlich und emotional möglichst klar als Ich-Aussage zum Ausdruck bringen) aber nicht ganz aus.

Zuhörer B unterbricht Erzähler A durch einen „Stopp-Befehl", wenn er den Zeitpunkt für nötig hält, um die Äußerungen sinngemäß zusammenfassen zu können. Dabei kann der zuhörende respektive spiegelnde Partner B zum einen auf der Sachebene bleiben und wichtige inhaltliche Aspekte zusammenfassen. Zum anderen kann (und soll) er aber auch auf geäußerte Gefühle und Bedürfnisse eingehen und spiegeln, ob er deren emotional-motivationale Botschaft verstanden hat.

Ist Partner A als Erzähler mit der Zusammenfassung nicht oder nur teilweise einverstanden, signalisiert er dem Zuhörer (Partner B), ihm erkundend-offene W-Fragen (Was?/Wo?/Wie? – aber nicht: Warum?) oder prüfend-geschlossene Entscheidungsfragen (Ja- oder Nein- Tendenz) zu stellen, um die Zusammenfassung zu optimieren. Ist Erzähler A immer noch nicht mit der Zusammenfassung von Zuhörer B einverstanden, fügt er selbst konkrete Korrekturen und Ergänzungen an, um die Zusammenfassung von Zuhörer B zu optimieren.

Ist Erzähler A mit der Zusammenfassung von Zuhörer B einverstanden, wird das Gespräch fortgesetzt. Neben sinngemäß wiederholenden Zusammenfassungen und erkundenden oder prüfenden Fragen werden von Zuhörer B an den Erzähler A zusehends auch ergebnisorientiert-bilanzierende Zusammenfassungen gespiegelt mit dem Ziel, lösungsorientierte Fragen in das Gespräch einzustreuen. Zum Beispiel: „Was muss passieren, damit Sie das Gerät noch weiter ausreizen oder besser kennen lernen können?" Oder: „Wie können Sie vorgehen, um Ihre Bewegungsprobleme oder Bewegungsabsichten mit dem Gerät besser in den Griff zu bekommen?" Oder: „Welche Möglichkeiten sehen Sie, Ihre Bewegungserwartungen an das Gerät in kleinen Schritten in die Praxis umzusetzen?"

Das gleiche Prozedere von Wiederholen, Fragen stellen, Zusammenfassen und gegebenenfalls von Korrekturen und Ergänzungen, Umorientierungen und Verhaltensänderungen etc. beginnt von Neuem, bis für das persönliche Anliegen von Erzähler A (mit Hilfe von Zuhörer B) ein machbarer Lösungsweg konkret in Aussicht steht.

Danach wechseln die Sprecher und Zuhörer ihre Rollen. Die Beobachterrolle bleibt konstant besetzt. Die Gesprächsrunde beginnt von neuem.

Abgeschlossen wird die Übung mit der (Meta-)Analyse und mit dem (Meta-) Feedback durch Partner C. Der Beobachter spiegelt seine Eindrücke den Gesprächspartnern A und B wider. Die Erfahrungen mit der Sprecherrolle und mit der Zuhörerrolle werden auf der Grundlage unmittelbarer Selbstwahrnehmungen (A und B) und distanzierter Fremdwahrnehmungen (C) thematisiert und reflektiert.

Für die Abschlussbilanzierung im Plenum bieten sich folgende drei Impulsfragen an: 1) In welcher Rolle haben Sie sich wohler gefühlt – inwiefern? 2) Was erleichtert das Aktive Zuhören, wenn es um das Verstehen von sachlichen Inhalten und emotionalen Botschaften geht? 3) Konnten Sie mit Bezug zu Ihrem gerätespezifischen (Ziel-)Anliegen, sich emotionale Klarheit verschaffen und aussichtsreiche Bewegungslösungen entwickeln?

Variationen: keine

Kommentar:

Aktives, besser reflektierendes Zuhören zählt zu den kommunikativen Basisfähigkeiten. Es beginnt mit der bewussten, aufmerksamen und anteilnehmenden Zuwendung zum Gesprächspartner und endet mit der prüfenden Vergewisserung, eine Äußerung inhaltlich und emotional richtig verstanden zu haben. Zu den „Methoden" des Sichvergewisserns gehören wiederholende und bilanzierende Zusammenfassungen, offene und geschlossene Nachfragen. Der Vergewisserungsprozess leitet über zu lösungsorientierten Suchbewegungen und Entscheidungsfindungen.

Doch auch der Sprechende trägt kommunikative Verantwortung. Für den Zuhörer ist es sehr hilfreich, wenn der Erzähler sein Anliegen, seine Probleme klar formuliert, dazugehörige Gefühlslagen beschreibt, damit involvierte eigene Wünsche, Vorstellungen und Perspektiven darlegt und deutlich benennt, was andere für einen tun können.

Die Erhöhung der eigenen aktiven Zuhörkompetenz bedingt ein stetiges und intensives Erproben/Einüben im Rahmen einer schützenden Sondersituation. Das ist den TN zu vermitteln, wenn sich Widerstand gegenüber der „künstlichen" Gesprächssituation aufbauen sollte.

Ideenquelle:

— Schmidt (2011, S. 176–177) Abb. 8.7.

Handlungsschritte	Gefühls-/Erfahrungsspeicher
• Lernumgebung vorbereiten	
• Anmoderation/Infotainment	
• Erkundungsphase	
• 3er-Gruppen bilden	
• Gesprächsrunde 1 (Rollenspiel)	
• Rollentausch	
• Gesprächsrunde 2 (Rollenspiel)	
• Meta-Feedback durch Beobachter	
• Abschlussbilanzierung	

Abb. 8.7 „Aktives Zuhören" – Handlungsschritte/emotionaler Erfahrungsspeicher

▪▪ 4h/Titel: (Un-)Kontrollierter Gesprächsdialog

Grundanliegen:

▬ spiegelndes Zuhören und Sprechen im objektempathischen Kontext motivationsförderlich erproben und einüben

▬ (non-/para-)verbale Elemente als basale Kommunikationsmittel für das Herausfinden objektempathischer Anteile begreifen

Lerngruppe: ab Klasse 7/8
Sozialform: Einzelperson, 3er-Gruppen, Plenum
Zeitbedarf/Vorbereitungsgrad: 1 × 45 min/gering
Material/Geräte:

▬ Minitrampolin
▬ Instruktionsbogen „Feedbackregeln" (s. Anhang A.18)
▬ Instruktionsbogen „Motivierende Gesprächsführung/Teil I" (s. Anhang A.31)
▬ Instruktionsbogen „Motivierende Gesprächsführung/Teil II" (s. Anhang A.32)

Sicherheitshinweise: keine

Durchführung:

Die Lernumgebung ist vorbereitet. Benötigte Materialien und Geräte sind einsatzbereit
zugänglich. Mittels Anmoderation seitens der KL sind die TN über das Grundanliegen,
die Anforderungen, die drei Instruktionsbögen und den Ablauf der Übung (soweit notwendig) informiert.

Die KL konfrontiert die TN mit einem „Fallbeispiel" aus der Sportunterrichtspraxis. Hierzu stehen die TN im Kreis, in dessen Mitte ein Minitrampolin steht. In
den nächsten Stunden ist Springen auf dem Minitrampolin angesagt. Einige Schüler
freuen sich riesig darauf, sind richtig aufgedreht, denn das Minitrampolin verspricht
Spaß und gute Laune. Andere Schüler dagegen fühlen sich angespannt, unbehaglich,
ja gestresst, denn mit dem Minitrampolin verbinden sie unkontrollierte Sprünge und
große Unsicherheit, darauf könnten sie gerne verzichten.

Daraufhin bilden die TN für ein „Rollenspiel" die bekannten 3er-Gruppen. A
und B sitzen sich gegenüber und sind Diskussionspartner. A und B führen 2 min
lang ein Streitgespräch über die Chancen respektive Risiken des Minitrampolins im
Sportunterricht. A vertritt einen erwartungsfreudigen, mutigen Schüler, B vertritt
einen ängstlichen, unsicheren Schüler. C ist Beobachter. Auf ein Signal der KL fangen die Diskussionspartner gleichzeitig an zu sprechen – jeder im leidenschaftlichen
Bemühen, den Partner zum Zuhören und Umschwenken auf die eigene emotionale
Position zu bewegen. C beobachtet den „Gesprächsverlauf" und schaut darauf, welcher
Partner beinahe oder tatsächlich zu einem Umschwenken auf die emotionale Position
des anderen bereit ist. Zu gegebener Zeit rotieren die Rollen in der Dreiergruppe.

Nach den drei Durchgängen reflektieren die 3er-Gruppen ihre Gesprächs-
erfahrungen. A, B und C tauschen sich kurz über ihre Eindrücke, insbesondere über
minitrampspezifische Anreize und Gefühlslagen sowie über den Gesprächsverlauf aus.

Im Anschluss daran werden die TN im Rahmen eines „Theorie-Inputs" mit einer
feedbackförderlichen Gesprächsstruktur und mit feedbackförderlichen Spiegelungs-
elementen (erneut) vertraut gemacht. Mithilfe der beiden Instruktionsbögen „Motivierende Gesprächsführung" (Teil I und Teil II) erfahren die TN die hierzu notwendigen

Voraussetzungen, Strukturen und Tipps zur Umsetzung. Der Instruktionsbogen „Feedbackregeln" ist bekannt und kann ebenfalls zur Unterstützung herangezogen werden.

Nun gehen die TN wieder in ihre 3er-Gruppen. A und B führen das 2-minütige Streitgespräch erneut durch – dieses Mal unter (punktueller) Beachtung feedbackförderlicher Gesprächselemente. C achtet darauf, dass einzelne solcher Elemente auch gezielt zur Erhellung emotionaler respektive objektempathisch relevanter Anteile ihre Anwendung finden, zum Beispiel:

Jeder darf – immer in Bezug zu minitrampspezifischen Besonderheiten – auf die Äußerung des Gegenübers erst dann antworten, wenn er dessen Aussagen mit eigenen Worten zutreffend wiederholt hat. Oder: Wenn der Gegenüber sich nicht verstanden fühlt, darf das Gespräch erst dann weitergeführt werden, wenn zuvor mithilfe erkundender Fragen (offene Fragehaltung lässt Spielräume zu) oder prüfender Fragen (geschlossene Fragehaltung zwingt zu Ja-Nein-Entscheidungen) eine gemeinsame Verständigungsbasis hergestellt werden konnte. Parallel dazu achtet C auch darauf, dass A und B nonverbale (Mimik, Gestik, Blickkontakt) und paraverbale Signale (ermunternde Zwischenlaute) gesprächsförderlich und gezielt einsetzen. Zu gegebener Zeit erfolgt wieder ein Rollentausch.

Für die Abschlussbilanzierung im Plenum bieten sich folgende drei Impulsfragen an: 1) Welche Wirkung hat das reflektierende Zuhören und Sprechen auf die Diskussionspartner mit Bezug zu deren emotionalen Trampolinassoziationen – Ihre Erfahrungen? 2) Inwiefern konnten „Theorie-Input" und „Rollenspiel" zu einer verbesserten Gesprächsführung und damit zu einem verbesserten Verständnis der emotionalen Trampolinassoziationen beitragen? 3) Wie haben Sie für sich in der A-B-C-Rolle die kontrollierte Einhaltung der feedbackrelevanten Vorgaben zur Erhellung emotionaler Aspekte im Umgang mit dem Minitrampolin empfunden?

Variationen:

Im Rahmen einer „Erkundungsphase" kann man es den TN auch ermöglichen, auf spielerisch-experimentierende Art und Weise selbst direkten Kontakt zum Minitrampolin aufzunehmen, um sich mit seinen Eigenheiten und den damit einhergehenden Gefühlslagen authentisch vertraut zu machen. Dann jedoch sind eine Doppelstunde und entsprechende Sicherheitsmaßnahmen einzuplanen.

Kommentar:

Die Übung „(Un-)Kontrollierter Dialog" mit ihrer kontrastiven Struktur ist wirksam, wenn das Zielanliegen verfolgt wird, verstehens- und verständigungsförderliche Gesprächsführungstechniken und -haltungen strukturiert und mit einer gewissen Nachhaltigkeit einzuführen beziehungsweise weiter auszubauen. Darauf gilt es aufmerksam zu machen, gerade dann, wenn diese Übung von manchen TN als befremdlich und „gekünstelt" wahrgenommen wird.

Je nach Situation, Lernverlauf und Interessenslage kann es sich ergeben oder sinnvoll sein, bestimmte dialog- und feedbackförderliche Zuhör- und Sprechakte intensiver zu thematisieren und einzuüben.

Ideenquelle:

▬ Gudjons (1998, S. 11) Abb. 8.8.

Handlungsschritte	Gefühls-/Erfahrungsspeicher
• Lernumgebung vorbereiten	
• Anmoderation/Infotainment	
• Fallbeispiel	
• ABC-Rollenspiel	
• Theorie-Input	
• Kontrolliertes Streitgespräch	
• Abschlussbilanzierung	

Abb. 8.8 „(Un-)Kontrollierter Dialog" – Handlungsschritte/emotionaler Erfahrungsspeicher

▪▪ 4i/Titel: Unterstützendes Beratergespräch

Grundanliegen:
- spiegelndes Zuhören und Sprechen im objektempathischen Sinne zur Anwendung bringen
- (non-/para-)verbale Grundelemente als emotional-motivationales Beratungs-mittel begreifen

Lerngruppe: ab Klasse 7/8
Sozialform: Einzelperson, 3er-Gruppe (Beratung), Kleingruppe, Plenum
Zeitbedarf/Vorbereitungsgrad: 2 × 90 min/sehr umfangreich
Material/Geräte:
- Minitrampoline, Niedersprungmatten, Bodenmatten, Sprungkästen
- Zusatzgeräte wie Langbänke, Würfelkästen, Seile, Softbälle, Teppichfliesen
- Hinweisbogen „Regeln zum Geräteaufbau/-abbau" (s. Anhang A.11)
- Hinweisbogen „Stationsaufbau A/B/C – Springen mit dem Minitramp" (s. Anhang A.33)
- Instruktionsbogen „Feedbackregeln" (s. Anhang A.18)
- Instruktionsbogen „Motivierende Gesprächsführung/Teil I" (s. Anhang A.31)
- Instruktionsbogen „Motivierende Gesprächsführung/Teil II" (s. Anhang A.32)

Sicherheitshinweise:
Zu Beginn dieser Übung sind den TN entsprechende Auf- und Abbauregeln, insbesondere im Umgang mit dem Minitrampolin, zu vermitteln. Trampolinrelevante Sicherheitshinweise und Möglichkeiten der Sicherheits-/Hilfestellung sind bei Bedarf zu wiederholen oder im Vorfeld beispielhaft einzuführen.

Durchführung/Teil 1:
Die Lernumgebung ist vorbereitet. Benötigte Materialien und Geräte sind einsatzbereit zugänglich. Drei Stationen bilden den Grundaufbau. Station A: ein Minitrampolin und eine Niedersprungmatte. Station B: eine Langbank, ein Minitrampolin, eine

Niedersprungmatte. Station C: ein Sprungkasten, ein Minitrampolin, eine Nieder-sprungmatte. Zwischen den Niedersprungmatten und im Außenbereich liegen Boden-matten, um einen Sicherheitsabstand und eine gewisse Stabilität zu gewährleisten.

Mittels Anmoderation seitens der KL sind die TN über das Grundanliegen, die Anforderungen, die fünf Arbeitsbögen, den Sicherheitsrahmen und den Ablauf der Übung (soweit notwendig) informiert.

Zur „Einstimmung" auf das bevorstehende Vorhaben „Was traue ich mir auf dem Minitrampolin zu?" lässt die KL die TN zunächst Vermutungen darüber anstellen, was wohl ein „Unterstützendes Beratergespräch" insbesondere auszeichnet. Im Anschluss daran werden die Äußerungen der TN im Kontext der Instruktionsbögen „Feedback-regeln" und „Motivierende Gesprächsführung" (vertiefend) reflektiert.

In der „Überleitung" werden die TN dahin gehend sensibilisiert, dass in Ver-bindung mit den trampolinbezogenen Aufgabenstellungen immer ca. 5-min Beratungs-sequenzen in der ABC-Rollenspielvariante zur Anwendung kommen. Dazu sind 3er-Gruppen zu organisieren, die im Beratungsprozess auf folgendes achten sollen:

Die Gesprächspartner (A und B) dürfen auf die Äußerung des Gegenübers erst dann antworten, wenn jeweils aktiv und Anteil nehmend zugehört wird, die Äuße-rungen treffend wiederholt, diffuse Aussagen mittels offen-erkundender „Was-/Wo-/ Wie-Fragen" oder geschlossen-prüfender „Entscheidungsfragen" (Ja-/Nein-Antworten) geklärt und dialogförderliche Lautäußerungen respektive körpersprachliche Signale in den Beratungsverlauf emotional förderlich eingestreut werden. An passender Stelle regen bilanzierende und lösungsaktivierende Zusammenfassungen die Gesprächs-partner zu neuen oder modifizierten Gefühls- und Bewegungsalternativen an.

Der Beobachter (C) soll dies überwachen und kontrollieren, ob die feedback-förderlichen Techniken, Haltungen und Regelungen zum emotionalen Wohle der Trampolinakteure in einigen Punkten weitgehend (Gesamteindruck) eingehalten und eingesetzt wurden. Die Rollen können in der 3er-Gruppe situativ getauscht werden. Je nach Anzahl der TN können die Rollen auch doppelt besetzt werden.

„Erste Erprobungsphase": Zur Gewöhnung an das Minitrampolin bilden die TN drei Kleingruppen. Die TN sollen (gegebenenfalls mit Hilfe-/Sicherheitsstellung) im Durchlauf
- an Station 1: mehrmals im Trampolin federn, die Flughöhe mit jedem Sprung dosiert steigern, dann beidbeinig auf der Niedersprungmatte landen.
- an Station 2: auf der Langbank anlaufen, kräftig aus dem Trampolin abspringen, beidbeinig auf der Niedersprungmatte landen.
- an Station 3: von einem hohen Kasten ins Trampolin springen und beidbeinig auf der Niedersprungmatte landen.

Im Rahmen der „Unterstützenden Beratergespräche" werden in den 3er-Gruppen beispielsweise folgende Inhalte mittels feedbackförderlicher Zuhör- und Sprechakte lern- und motivationsbegünstigend reflektiert: Sprunggefühle, Sprungerfahrungen, Sprungtechniken, Landekontext, Anreizpotenzial der Stationen, (de-)motivierende Sprungerlebnisse, (un-) sicherheitsspendende Begleitmaßnahmen.

Durchführung/Teil 2:
„Zweite Erprobungsphase": Zur Intensivierung der Flugphase und Sprunghöhe (Sprung-gefühle) sollen die TN versuchen, ihre Sprunghöhe – mit Unterstützung der anderen – individuell zu steigern, aber so, dass dennoch jederzeit eine sichere beidbeinige (Wohl-fühl-)Landung möglich ist. Dazu dürfen die drei Kleingruppen ihre ursprüngliche

Basisstation mit Hilfe von Zusatzgeräten verändern, sodass sie die Leitfrage „Was macht das Fliegen (un-)cool?" ergiebig austesten und genießen können.

Zur Anregung hat die KL folgende Impulse parat, beispielsweise:

- während der Flugphase 5×/7× in die Hände klatschen;
- während der Flugphase einen Satz laut ausrufen, um mittels Satzlänge eine längere Flugphase zu provozieren;
- auf einer Teppichfliese landen;
- einen frontal zugeworfenen Ball während der Flugphase fangen;
- über ein locker gehaltenes Seil springen, die Höhe des Seiles bestimmt der Sprung-akteur;
- mit den anderen Gruppen ein kleines Synchronsprung-Event veranstalten.

Im Rahmen der „Unterstützenden Beratergespräche" kann in den 3er-Gruppen dahin gehend lern- und motivationsförderlich reflektiert (gespiegelt) werden, was für die individuelle Steigerung der Flugphase respektive der Sprunghöhe, und was für den Genuss des „freien" Fliegens, aber auch des sicheren Landens am meisten/am wenigsten gebracht hat. Ebenso ist die Einstellung des Sprungakteurs zu reflektieren.

„Dritte Erprobungsphase": Zur Thematisierung „Was traue ich mir (jetzt) zu?" überlegen die TN in ihren Kleingruppen schließlich, wie sie das Sprungarrangement so zusammen-stellen und die Sprunghandlung so gestalten wollen, um anderen zeigen zu können:

a) das hat mich im Umgang mit dem Minitrampolin am meisten beeindruckt,
b) dieses Flug- und Landegefühl möchte ich gerne erleben und letztlich
c) das traue ich mir (jederzeit) mit einem Minitrampolin zu.

Es bleibt den TN in den Kleingruppen überlassen, für welche Gerätekombinationen und Sprungideen sie sich entscheiden. Die Grundregel: Sicherheit (Kontrollgefühl) geht vor! haben alle Gruppen zu respektieren und einzuhalten. Ein „Sicherheits-Wächter" achtet in jeder Gruppe darauf, dass bei der Vorbereitung und Erprobung der Sprung-inszenierungen die nötigen Sicherheitsmaßnahmen ergriffen werden. Die KL ist von den Gruppen regelmäßig in den experimentierenden Gestaltungsprozess mit einzubinden.

Im Rahmen der „Unterstützenden Beratergespräche" bietet es sich an, das Zustande-kommen des Präsentationsprodukts in den jeweiligen Gruppen lösungsaktivierend zu thematisieren. Beratungsinhalte können neben Sicherheit, Ablauf und Organisation ins-besondere diverse Spannungsmomente sein, zum Beispiel die konstruktive Balance zwischen: Mut versus Angst, Selbstverantwortung versus Fremdverantwortung, Risiko versus Kontrolle, Sicherheit versus Unsicherheit, Kreativsprüngen versus Standard-sprüngen, Gelassenheit versus Perfektionismus, Selbstempathie versus Objektempathie.

Auf der Basis der 3er-Beratungsgespräche kann dann die „Präsentation" stattfinden, können die Kleingruppen ihre entwickelten Sprungideen, kann jeder einzelne TN sein emotional-motivationales Beziehungsverhältnis zum Minitrampolin demonstrieren.

Für die Abschlussbilanzierung im Plenum bieten sich folgende drei Impuls-fragen an: 1) Wie haben Sie für sich das „Unterstützende Beratergespräch" emotional erlebt? 2) Woran hat es gelegen, dass Sie feedbackförderliche Spiegelungsaktivitäten umsetzen/nicht umsetzen konnten, wie hat sich das angefühlt? 3) Von welchen kom-munikativen Spiegelungserfahrungen haben Sie im Umgang mit dem Minitrampolin in emotionaler Hinsicht am meisten profitiert – weshalb?

Variationen: keine

Kommentar:

„Unterstützende Beratergespräche" gehören zum pädagogischen Kerngeschäft der Sport-lehrertätigkeit. Als dialogische und feedbackförderliche Interaktion zwischen Fachkraft und Bewegungsakteur, zwischen den Bewegungsakteuren selbst und im Kontext der Klasse allgemein, sind diese Gespräche eine Möglichkeit, einen emotionalen Zugang zu gerätespezifischen Anforderungen zu erhalten und diese mit anderen auszutauschen. Grundlage einer lern- und motivationsförderlichen Gesprächsführung sind – analog zum Ping-Pong-Spiel im Tischtennis – zwischenmenschliche Pendelbewegungen.

Nonverbale, paraverbale und verbale Spiegelungsakte in Anbindung an Feedback-regeln und dialogförderlichen Gesprächsstrukturen eröffnen den Gesprächspartnern im Hinblick auf gerätespezifische Anreize und Gefühlsbewegungen Empfindungen und Eindrücke der Verständigung, des Verstehens und des Verstandenwerdens.

Ideenquelle:

- Funke (1986, S. 10–17), Lachmund (2015, S. 17–21), Sommer und Eckstein (2008, S. 42–46) Abb. 8.9.

Handlungsschritte	Gefühls-/Erfahrungsspeicher
• Lernumgebung vorbereiten	
• Anmoderation/Infotainment	
• **Durchführung/Teil 1**	
• Einstimmung	
• Überleitung	
• Erste Erprobungsphase	
• Unterstützendes Beratergespräch I	
• **Durchführung/Teil 2**	
• Zweite Erprobungsphase	
• Unterstützendes Beratergespräch II	
• Dritte Erprobungsphase	
• Unterstützendes Beratergespräch III	
• Präsentation	
• Abschlussbilanzierung	

Abb. 8.9 „Unterstützende Beratung" – Handlungsschritte/emotionaler Erfahrungsspeicher

Literatur

Beckmann, H. (2007). Rollen wie ein Ball. *Sportpädagogik, 31*(5), 12–15.

Bocklage, N., & Wolters, P. (2007). Rollenspiele – Geschlechterrollen spielen. *Sportpädagogik, 31*(2), 20–23.

Edler-Köller, M. (1990). Ein Gefühl fürs "Rollen" entwickeln. *Sportpädagogik, 14*(4), 26–28.

Funke, J. (1986). Gespräche. *Sportpädagogik, 10*(2), 10–17.

Gudjons, H. (1998). Ernste Spiele. Über Möglichkeiten und Grenzen von Interaktionsspielen. *Pädagogik, 50*(1), 6–11.

Hartkemeyer, J., & Hartkemeyer, M. (2005). *Die Kunst des Dialogs. Kreative Kommunikation entdecken* (S. 52–53). Stuttgart: Klett-Cotta.

Kôsinár, J. (2008). Körperkompetenzen verbessern. *Pädagogik, 60*(11), 20–24.

Köster, R. (1991). Sich gemeinsam bewegen – eine besondere sportliche Handlungssituation. *Lehrhilfen für den Sportunterricht, 40*(11), 165–168.

Lachmund, M. (2015). Was traue ich mir zu auf dem Minitrampolin? *Sportpädagogik, 39*(5), 17–21.

Scheller, I. (1999). Innere Bilder mit Standbildern darstellen. *Pädagogik, 51*(7–8), 20–23.

Schmidt, T. (2011). *Kommunikationstrainings erfolgreich leiten* (S. 123). Bonn: managerSeminare.

Sommer, M., & Eckstein, G. (2008). Gespräche führen: Ein pädagogisches Kerngeschäft. *Pädagogik, 60*(9), 42–46.

8

Fünfte Lernepisode: Experimentieren III – gerätespezifische Gefühlsbewegungen ressourcenaktivierend bestärken und nutzen

© Springer Fachmedien Wiesbaden GmbH, ein Teil von Springer Nature 2019
R. Ullmann, *Lust auf Bälle, Barren, Bodenmatten*, https://doi.org/10.1007/978-3-658-23739-4_9

9.1   Absicht und Vorgehen

Absicht der fünften Lernepisode ist, bei den TN die Fähigkeit zur Emotionsverarbeitung über den Ansatzpunkt der Ressourcenaktivierung zu schulen und zu steigern. Gefühls-bewegungen, ausgelöst durch den Kontakt mit Spiel- und Sportgeräten, ressourcen-aktivierend zu verarbeiten erfordert, eigene Stärken in den Blick zu nehmen und Defizite in Stärken umzuformulieren. Mit anderen Worten: Für den Aufbau eines selbstwirk-samen, lösungsorientierten Umgangs mit Spiel- und Sportgeräten ist es förderlich, bei positiver emotionaler Ausgangslage bestätigende und bei negativer emotionaler Aus-gangslage umorientierende Bestärkungsformen einzusetzen.

Ressourcenaktivierung geht davon aus, dass im Grunde jeder Bewegungsakteur die Res-sourcen in sich trägt, die er zur Bewältigung von gerätespezifischen Anforderungen braucht (personaler Ressourcenfokus). Wenn nötig, können andere ihn dabei unterstützen, diese personalen Ressourcen zu entdecken, zu aktivieren, zu entwickeln (sozialer Ressourcen-fokus). Übergeordnet geht es bei der Ressourcenaktivierung unter objektempathischer Per-spektive um den Aufbau einer stabilen Lern- und Bewegungsmotivation, die dafür steht, die Begegnung mit Spiel- und Sportgeräten grundbedürfniserfüllend gestalten zu können. Das heißt, ein Bewegungsakteur sollte über einen solchen Ressourcenpool verfügen, der ihm im Umgang mit Spiel- und Sportgeräten wohlbefindlichkeits-, kontroll-, beziehungs- und selbstwertförderliche Erfahrungen ermöglicht. Ressourcenaktivierung im Kontext von Spiel- und Sportgeräten zeichnet sich aus, einerseits die vorhandenen Interessens-anliegen des Bewegungsakteurs ermutigend zu bestärken oder ihm alternative Interessens-perspektiven aufzuzeigen (motivationaler Ressourcenfokus). Andererseits geht es darum, das vorhandene Fähigkeitsspektrum des Bewegungsakteurs ermutigend zu bestärken oder ihm alternative Fähigkeiten zu vermitteln (potentialer Ressourcenfokus).

Die Einführung in die ressourcenaktivierende Stärkearbeit geschieht auf der Basis von sieben exemplarischen Praxisanregungen unter Einbezug verschiedener Hand-, Klein- und Großgeräte. Im Mittelpunkt stehen zum einen Übungen, die Wege aufzeigen, den Einfluss vorhandener positiver Gefühlslagen, Bewegungsqualitäten, Geräteaspekte auszubauen und anzureichern, damit der Bewegungsakteur seine günstige Ausgangslage noch flexibler und kreativer nutzen kann. Im Mittelpunkt stehen zum anderen Übungen, die Wege aufzeigen, den Einfluss vorhandener negativer Gefühlslagen, Bewegungsqualitäten, Geräteaspekte zu vermindern oder umzuorientieren, damit der Bewegungsakteur seine ungünstige Aus-gangslage situativ besser ertragen, aushalten oder gegebenenfalls auch neu ausrichten kann.

Der experimentierende Charakter soll helfen und ermutigen, sich mit einer gewissen forschenden Fragehaltung auf den Ressourcenakzent einzulassen und neugierig zu erleben, was es in der Begegnung mit Spiel- und Sportgeräten heißt, Bestärkungsformen differenziert anzuwenden.

9.2   Exemplarische Praxisanregungen zur ressourcenaktivierenden Verarbeitung

■■ 5a/Titel: Ich entdecke meine Kraft – ich bin stark!
Grundanliegen:
– eigene Stärken mit Bezug auf Spiel- und Sportgeräte sichtbar machen, aktivieren und eigenes Stärkepotenzial erproben, nutzen

Lerngruppe: ab Klasse 4
Sozialform: Einzelperson, 3er-Teams, Plenum
Zeitbedarf/Vorbereitungsgrad: 1 × 90 min/umfangreich
Material/Geräte:

- Fundus an Hand-, Klein-, Großgeräten (Medizinbälle explizit)
- Hinweisbogen „Regeln zum Geräteaufbau/-abbau" (s. Anhang A.11)
- Impulsbogen „Partnerübungen und Partnerpyramiden" (s. Anhang A.34)
- Wandplakate, Stifte, Tesaband

Sicherheitshinweise:

Neben allgemeinen organisatorischen Hinweisen zu den Kräftigungsübungen sind aus
Sicherheitsgründen und im Sinne der Verletzungsprophylaxe insbesondere folgende
„Akrobatik-Regeln" (Plakat) mit den TN zu besprechen: Schuhe ausziehen! Langsam
auf- und absteigen! Wirbelsäule betreten verboten! Auf richtige Bankstellung achten!
Schulterblätter oder Beckenknochen geben sicheren Stand auf der Bank! Aufeinander
Rücksicht nehmen!

Durchführung:

Die Lernumgebung ist vorbereitet. Benötigte Materialien und Geräte sind einsatzbereit zugänglich. Mittels Anmoderation seitens der KL sind die TN über das Grundanliegen, die Anforderungen, die zwei Arbeitsbögen, den Sicherheitsrahmen, die
Akrobatik-Regeln und den Ablauf der Übung (soweit notwendig) informiert.

Die TN sitzen im Kreis zusammen. Von der KL wird ein „Brainstorming" zum
Thema: „Ich – Kraft/Stärkegefühle – Spiel-/Sportgeräte: Was fällt mir dazu ein"? initiiert.
Die Einfälle (Wörter oder kurze Sätze) werden auf einem Wandplakat notiert, damit jeder
TN seinen Einstieg in das Thema finden kann. Reihum stellen die TN ihre Ideen vor.
Gemeinsame und unterschiedliche Einstellungen, Vorerfahrungen, emotionale Assozia-
tionen werden im Plenum herausgearbeitet und feedbackförderlich reflektiert.

Nach Bildung von 3er-Teams erhalten die TN einige Aufgaben, die verschiedene
Arten von Kraft erforderlich machen, zum Beispiel: Medizinballstoßen, Hocksprung
aus dem Stand, Liegestützvarianten, Huckepackstaffel, Wegziehen und Entgegen-
stemmen. Bei diesen „Kraftübungen" sollen die TN im Sinne der körperorientierten
Wahrnehmung untereinander darauf achten, wo sie die Kraftentfaltung körperlich
spüren und wie sich die Körperempfindungen anfühlen. Im Anschluss an die Übungen tauschen die 3er-Teams im Plenum ihre körperbezogenen Gefühlserfahrungen
feedbackförderlich aus. Erfahrungsgemäß reicht das Spektrum von Unbehagen,
Ermattung über Stolz, Intensität bis hin zu Verblüffung über das eigene Kraftpotenzial.

Über die „Partnerakrobatik" sollen die TN in den 3er-Teams dem eigenen Kraftpotenzial nachspüren und erfahren, dass ihre Kraft tragfähig ist und sie, wenn sie ihrer
Kraft vertrauen und diese mutig einsetzen, auch Ziele erreichen können. Ein Mitglied
des 3er-Teams fungiert dabei immer als Helfer. Zur Unterstützung wird den 3er-Teams
ein Impulsbogen mit „Partnerübungen und Partnerpyramiden" zur Verfügung gestellt.
Er enthält in der linken Spalte leichtere Übungen und in der rechten Spalte anspruchs-
vollere Übungen (Differenzierung). Auch hier sollen die 3er-Teams untereinander darauf achten, welche positiven Gefühle und Gedanken durch den Krafteinsatz bei Ihnen
ausgelöst werden. Ein kurzes Zwischenfeedback im Plenum soll die wesentlichen Eindrücke und Erfahrungen „öffentlich" machen.

Mit Hilfe einer „Power Pose" sollen die 3er-Teams nun überlegen, wie sie zum Ausdruck bringen können, welche Stärke(n) besonders hilfreich wäre(n), um a) herausfordernde Situationen mit Geräte-Favoriten noch besser ausreizen oder b) belastende Situationen mit Geräte-Fieslingen noch besser bewältigen zu können. Dazu soll jedes Teammitglied zunächst für sich alleine eine selbststärkende, positive Körperhaltung finden und einnehmen. Zwei Minuten Zeit stehen hierfür zur Verfügung. Dann stellen sich die 3er-Teams gegenseitig ihre Power Pose vor und tauschen sich darüber aus, welchen konstruktiven Beitrag das „Power Posing" für einen ressourcenaktivierenden Umgang mit Spiel- und Sportgeräten leisten kann. Schließlich soll eine gemeinsame Power Pose entwickelt werden, von der das 3er-Team glaubt, dass sie das positive Erleben von Stärkegefühlen im Umgang mit Spiel- und Sportgeräten bündelt und „auf den Punkt" bringt. Beim öffentlichen „Power Posing" stellen die 3er-Teams sich gegenseitig ihre Power Pose vor und tauschen sich feedbackförderlich über die Bedeutsamkeit kraftspendender Stärkegefühle/-assoziationen im Umgang mit Geräte-Favoriten/Geräte-Fieslingen aus.

Sobald jeder TN, mit Hilfe des Power Posings, eine klare(re) Vorstellung von seinem Stärkepotenzial gefunden hat, wählt jedes 3er-Team sich aus dem Fundus an Hand-, Klein- oder Großgeräten jeweils einen Geräte-Favoriten/einen Geräte-Fiesling aus. Aufgabe ist es, ganz gezielt mit der Power Pose spielerisch zu „experimentieren". Das heißt, diese einmal vor, während oder nach einer herausfordernden Bewegungssituation mit einem Geräte-Favoriten (emotional positive Ausgangslage) respektive vor, während oder nach einer belastenden Bewegungssituation mit einem Geräte-Fiesling (emotional negative Ausgangslage) bewusst „anzuwenden" – in Balance zwischen Spaß und Ernsthaftigkeit. Es geht darum, die Power Pose/das Power Posing im Umgang mit Geräte-Favoriten/Geräte-Fieslingen so einzusetzen, um die Tür zum Spüren des eigenen Stärkepotenzials zu öffnen. Hierbei kann sich die individuelle Power Pose durch teaminterne Erprobungsprozesse jederzeit verändern beziehungsweise optimieren.

Für die Abschlussbilanzierung im Plenum bieten sich folgende drei Impulsfragen an: 1) Was hat das Power Posing bei Ihnen an Stärkegefühlen und an Stärkegedanken ausgelöst? 2) Welches persönliche Kräfte-/Stärkepotenzial konnten Sie gefühlsmäßig für sich im Umgang mit Spiel- und Sportgeräten ausfindig machen? 3) Was hat es damit auf sich, dass das Entwickeln von starkmachenden Selbstwertgefühlen im Umgang mit Spiel- und Sportgeräten nicht nur eine Frage der Muskeln, sondern auch eine Einstellungssache ist?

Variationen: keine

Kommentar:

Das Thema „Ich entdecke meine Kraft – ich bin stark" wird hier in vier Schritten erarbeitet: „Ich spüre meine Kraft/Stärke" (Schritt 1), „Meine Kraft/Stärke ist tragfähig" (Schritt 2), „Ich gebe meiner Kraft/Stärke Ausdruck (Schritt 3)", „Ich nutze meine Kraft/Stärke in Bezug zur emotionalen Wirkung eines Gerätes auf mich (Schritt 4)". Die einzelnen Themenschwerpunkte sind so angelegt, dass körperlich aktive Phasen und feedbackförderliche Reflexionsphasen einander abwechseln.

Kraft/Stärke beim Bewegungslernen mit Spiel- und Sportgeräten zu zeigen, ist nicht nur eine Sache des Muskelquerschnitts, sondern steht in engem Zusammenhang mit Gefühlen und persönlichen Bewertungen: mit Mut, Engagement,

Selbstbewusstsein und dem eigenen Willen. Es ist lohnenswert darüber nachzudenken, wie „Kraft/Stärke haben" und „Kraft/Stärke zeigen" mit dem Selbstbild der Bewegungsakteure zusammenhängen und damit, sich nicht von vorne herein emotional von Spiel- und Sportgeräten negativ beeinflussen zu lassen. Kraft-/Stärkeentfaltung kann mit Zutrauen, Stolz, Durchhaltevermögen, Widerstandsfähigkeit und Lust einhergehen – das gilt es in der Begegnung mit Spiel- und Sportgeräten zu erleben und zu erfahren.

Ideenquelle:

 Barnow et al. (2016, S. 49); Andres und Neumann (2013, S. 13); Tussing-Bendel (1993, S. 39–43) Abb. 9.1.

Handlungsschritte	Gefühls-/Erfahrungsspeicher
• Lernumgebung vorbereiten	
• Anmoderation/Infotainment	
• Brainstorming	
• Kraftübungen (3er-Teams)	
• Partnerakrobatik (3er-Teams)	
• Power Pose/Power Posing entwickeln	
• Power Pose/Power Posing anwenden	
• Abschlussbilanzierung	

Abb. 9.1 „Ich entdecke meine Kraft" – Handlungsschritte/emotionaler Erfahrungsspeicher

■ ■ **5b/Titel: Worauf ich stolz sein kann!**

Grundanliegen:

 positive Selbstbekräftigung als Bewältigungsstrategie im Umgang mit der Frisbeescheibe thematisieren
 positive Selbstbekräftigung zur Stabilisierung oder zum Aufbau von Ressourcen im Umgang mit der Frisbee erproben

Lerngruppe: ab Klasse 4
Sozialform: Einzelperson, Paare, Kleingruppe, Plenum
Zeitbedarf/Vorbereitungsgrad: 3 × 90 min/umfangreich
Material/Geräte:

 Fundus an Frisbeescheiben aus Plastik
 Fundus an weiteren Hand-, Klein-, Großgeräten (je nach Bedarf)
 Impulsbogen „Miesmacherformeln – Mutmacherformeln" (s. Anhang A.35)

Sicherheitshinweise:

Aus Sicherheitsgründen und im Sinne der Verletzungsprophylaxe ist darauf zu achten, dass die Plastikfrisbees nicht völlig unkontrolliert „durch die Gegend" fliegen. Der elegante Flug der Plastikscheibe regt die Bewegungsakteure (ob Anfänger oder Könner) zu immer neuen und kreativen Wurf-, Fang- und Spielideen an. Doch die Eleganz des (kontrollierten) Schwebens gelingt nicht immer und vor allen nicht sofort. Deshalb sind Organisationsrahmen, räumliche Voraussetzungen und Verhaltensregeln deutlich anzusprechen, um beim Experimentieren ein sozialverträgliches Miteinander im Umgang mit der Frisbeescheibe zu gewährleisten.

Durchführung/Teil 1:

Die Lernumgebung ist vorbereitet. Benötigte Materialien und Geräte sind einsatzbereit zugänglich. Mittels Anmoderation seitens der KL sind die TN über das Grundanliegen, die Anforderungen, den Impulsbogen, den Sicherheitsrahmen und den Ablauf der Übung (soweit notwendig) informiert.

Die TN gehen partnerweise zusammen. Sie tauschen sich mit dem Partner zum Thema: „Worauf ich stolz bin" feedbackförderlich aus. Im Mittelpunkt des „Murmelgesprächs" (pro Partner eine Minute) stehen eigene Erlebnisse aus dem privaten (Sport-)Alltag, die trotz einiger Schwierigkeiten letztlich erfolgreich bewältigt wurden. Jeder Partner sollte also erzählen können, was es heißt, sich im spielerisch-sportlichen Bewegungskontext stolz, glücklich und zufrieden zu fühlen. Nach gegebener Zeit stellen die Paare die Ergebnisse ihres „Murmelgesprächs" im Plenum vor. Sie äußern sich dazu, wie es ist und woran es liegt, sich stolz, glücklich und zufrieden zu fühlen. Das ist auch der Moment, auf negative Gefühlszustände einzugehen.

In Folge konfrontiert die KL die TN mit einer Anzahl farbig unterschiedlicher Frisbeescheiben aus Plastik. Die TN stellen Vermutungen darüber an, was es wohl heißen könnte, sich im Umgang mit der Frisbeescheibe stolz, glücklich, zufrieden oder enttäuscht, unglücklich, unzufrieden zu fühlen.

Vor diesem Hintergrund finden sich die TN wieder zu den „alten" Paaren zusammen. In der „ersten Erkundungsphase" geht es darum, sich mit dem Frisbee vertraut zu machen und mit Hilfe des Partners herauszufinden, a) was man alles mit der Scheibe zu zweit machen kann und b) welche Bewegungsaktionen insbesondere positive Gefühlszustände vermitteln. Die KL hält sich hierbei mit Erklärungen zurück und gibt bei Bedarf lediglich einige Impulse, um die räumlichen Gegebenheiten oder Spontanideen organisiert und kontrolliert für den Erkundungsprozess zu nutzen.

In der ersten „Präsentations- und Reflexionsphase" stellen die Paare ihre spontanen Bewegungsideen mit der Plastik-Frisbee vor. Erfahrungsgemäß vermitteln vier Bewegungssituationen „gute" Gefühle: Das genaue Zuwerfen zum Partner 1). Das sichere Auffangen der Scheibe 2). Das Schweben und Überwinden weiter Strecken 3). Das genaue Werfen auf vorgegebene Ziele 4). Obwohl die Paare im Rahmen dieser vier Bewegungssituationen durchaus stolz auf bisher Geleistetes sein könnten, treten auch Frust und Unzufriedenheit zum Vorschein. Dieser Umstand wird von der KL genutzt, so genannte Mutmachersätze oder Aufbauformeln einzuführen.

Durchführung/Teil 2:

Über einen „Theorie-Input" macht die KL die TN auf die Funktion von Mutmacher-sätzen oder Aufbauformeln aufmerksam. Sie können, bis zu einem gewissen Grad, Kräfte mobilisieren und diese grundbedürfnisförderlich aktivieren, stabilisieren oder weiter ausschöpfen. Was Spitzensportlern in Wettkampfsituationen starke Gefühle ver-mittelt, können sich auch Bewegungsakteure im Umgang mit Spiel- und Sportgeräten zu Nutze machen. Zur Verdeutlichung teilt die KL den Impulsbogen „Miesmacher-formeln – Mutmacherformeln" aus. Die TN sollen zuerst die Sätze der linken Spalte auf sich einwirken lassen. Auf ein Signal der KL, sollen die TN die Sätze für sich über-nehmen, zunächst mental mehrmals in sich „hineinhämmern" und anschließend im Chor drei Mal laut-rhythmisch und mit voller Überzeugung aufsagen:

- „Die Frisbeescheibe liegt mir nicht!"
- „Für die Frisbee habe ich kein Talent!"
- „Für was anstrengen, die Frisbee macht eh, was sie will!"

Nach kurzem Auskosten der Miesmacherformeln vergegenwärtigen sich die TN in einer feedbackförderlichen Gesprächsrunde ihrer momentanen Stimmungslage. Sie äußern sich mit Bezug zu den eigenen Frisbeeerfahrungen dazu, was diese Mies-macherformeln im Innern bei ihnen an körperlichen Empfindungen, Gefühlen und Gedanken auslösen beziehungsweise ausgelöst haben.

Danach sollen die TN die Sätze der rechten Spalte auf sich einwirken lassen. Auf ein Signal der KL, sollen die TN die Sätze für sich übernehmen, diese zunächst mental mehrmals in sich „hineinhämmern" und anschließend im Chor drei Mal laut-rhyth-misch und mit voller Überzeugung aufsagen:

- „Ich kann schon was mit der Frisbee, darauf kann ich aufbauen!"
- „Die Frisbee bekomm` ich in den Griff, ich muss nur üben, üben, üben!"
- „Ich bringe die Frisbee zum Schweben, was für ein tolles Gefühl!"

Nach kurzem Auskosten der Mutmacherformeln vergegenwärtigen sich die TN in einer feedbackförderlichen Gesprächsrunde ihrer momentanen Stimmungslage. Sie äußern sich mit Bezug zu den eigenen Frisbeeerfahrungen dazu, was diese Mutma-cherformeln im Innern bei ihnen an körperlichen Empfindungen, Gefühlen und Gedanken auslösen beziehungsweise ausgelöst haben.

Darauf aufbauend finden sich die TN zu Kleingruppen zusammen. In der „zweiten Erkundungsphase" werden die Gruppen von der KL ermuntert, alle Formen des Wer-fens und Fangens im Sinne von „Frisbeetricks, die Lust auf mehr machen" zu inter-pretieren und im Rahmen einer kleinen Showeinlage zu demonstrieren. Dazu sollen im Stationsbetrieb Trickwürfe und Auffangtricks für eine Person, für Paare oder für eine Gruppe entwickelt, erprobt und optimiert werden – unter Einbezug vorhandener oder weiterer, eigener Mutmachersätze und gegebenenfalls zusätzlicher Geräte. In Form einer Gruppenaufführung stellt jede Gruppe ihr Ergebnis als Frisbee-Showein-lage vor. Hierbei ist nicht Perfektion, sondern einfach nur Spaß an kreativen Frisbee-tricks und Mutmachersätzen gefragt.

Im Plenum lassen sich in der „zweiten Präsentations- und Reflexionsphase" erneut die Bedeutung von Aufbauformeln zur Erzeugung oder zur Aufrechterhaltung von Stärkegefühlen, positiven Körperempfindungen und gewinnbringenden Bewegungsbeziehungen feedbackförderlich reflektieren.

Durchführung/Teil 3:
In der „dritten Erkundungsphase" erhalten die Gruppen die Gelegenheit, ihr Lieblingsspiel mit der Frisbeescheibe zu entwickeln und vorzustellen. In einem steten und kreislaufförmigen Wechsel von Ausprobieren, Spielprobleme beschreiben, Spielprobleme mittels Regeländerungen lösen, von Reflektieren, Optimieren, Ausprobieren kreieren die Gruppen ihr Lieblingsspiel (Spielname, Spielidee, Grundregeln, Spielvarianten). Im Zuge dieses spielgenetischen Kreislaufprozesses sollen die Mutmachersätze in passenden Situationen emotional begünstigend zur Anwendung kommen.

In der dritten „Präsentations- und Reflexionsrunde" stellen die Gruppen ihr Lieblings-Frisbeespiel den anderen vor. Unter Bezugnahme auf die frisbeespezifischen Gefühls-, Spiel- und Gestaltungserfahrungen werden die Chancen und Grenzen von Aufbauformeln zur Aktivierung von Stärkegefühlen feedbackförderlich reflektiert.

Für die Abschlussbilanzierung im Plenum bieten sich folgende drei Impulsfragen an: 1) Was haben die Mutmacherformeln bei Ihnen im emotionalen Umgang mit der Frisbeescheibe ausgelöst? 2) Positive Selbstbekräftigung kann helfen, pessimistische Assoziationen zurückzudrängen beziehungsweise optimistische Assoziationen zu stabilisieren oder entstehen zu lassen – Ihre Einschätzung? 3) Welche emotionale Erfahrung hat Sie im Zuge positiver Selbstbekräftigungen im Umgang mit der Frisbeescheibe am meisten beeindruckt?

Variationen: keine

Kommentar:
Die emotionale Faszination der Frisbeescheibe liegt primär in den Rückmeldungen, die von gelungenen „Flügen" ausgehen. Aus Werfer-Sicht kennzeichnet neben der Weite, insbesondere das elegante Schweben in der Luft das Gelingen eines Wurfes. Die Folge davon sind „gute" Gefühle. Fänger wiederum fühlen sich „kompetent und gut", wenn es ihnen gelingt, die Scheibe sicher und teils auch spektakulär zu fangen.

Mutmachersätze oder Aufbauformeln, wie „Ich kann!"/„Ich will!"/„Es geht!", die täglich geübt und dann situationsspezifisch im Umgang mit Spiel- und Sportgeräten angewendet werden, können störende Gedankenketten, können den Zweifel an sich selbst gezielt durchbrechen. Symbolhafte Tier-/Natur-Metaphern, wie beispielsweise der flugelegante, greifstarke Adler oder das vierblättrige Stärkekleeblatt können sehr hilfreich sein, um Gefühle/Bedürfnisse anzusprechen und konstruktiv zu beeinflussen. Ermutigende Aufbauformeln und anschauliche Symbolisierungen sind wirkungsvolle kognitive und emotionale Steuerungsmittel, um selbstwirksames, lösungsorientiertes Handeln im Umgang mit durch Geräteanreize ausgelösten Gefühlsbewegungen zu initiieren.

Ideenquelle:
- Lange (2002, 12–15); Weisbach und Dachs (1997, S. 51) Abb. 9.2.

Handlungsschritte	Gefühls-/Erfahrungsspeicher
• Lernumgebung vorbereiten	
• Anmoderation/Infotainment	
• **Durchführung/Teil 1**	
• Murmelgespräche (Paare)	
• Impuls Frisbeescheibe (Vermutungen)	
• erste Erkundungsphase (Gewöhnung)	
• erste Präsentations-/Reflexionsphase	
• **Durchführung/Teil 2**	
• zweite Erkundungsphase (Trickshow)	
• zweite Präsentations-/Reflexionsphase	
• **Durchführung/Teil 3**	
• dritte Erkundungsphase (Lieblingsspiel)	
• dritte Präsentations-/Reflexionsphase	
• Abschlussbilanzierung	

Abb. 9.2 „Worauf ich stolz sein kann" – Handlungsschritte/emotionaler Erfahrungsspei

▪▪ 5c/Titel: Genussübung – (Sprung-)Gefühle auskosten

Grundanliegen:
— Schleuderwirkung des Minitrampolins emotional in Erfahrung bringen und positive (Sprung-)Gefühle entwickeln und ausreizen

Lerngruppe: ab Klasse 5/6
Sozialform: Einzelperson, Gruppe/3er-Teams, Plenum
Zeitbedarf/Vorbereitungsgrad: 2 × 90 min/sehr umfangreich
Material/Geräte:
— Hinweisbogen „Sprunglandschaft – Sprunggefühle auskosten" (s. Anhang A.36)
— zwei Minitrampoline; zwei, (besser) vier Weichböden
— zwei große Kästen; zwei, (besser) vier Langbänke
— Turnmatten zur Absicherung und Fixierung
— kleine Kästen zur Erhöhung der Landefläche
— Hinweisbogen „Regeln zum Geräteaufbau/-abbau" (s. Anhang A.11)
— Impulsbogen „Genussregeln – für das Minitrampolin" (s. Anhang A.37)
— Poster, Eddingstifte, Tesaband

Sicherheitshinweise:

Vor der Übung bauen KL und TN gemeinsam mit Hilfe der Hinweisbögen zwei gut abgesicherte Sprunglandschaften (Parallelangebot für zwei Gruppen) auf. In Längs-richtung werden jeweils folgende Elemente bahnartig hintereinander platziert: ein drei-/vierteiliger Kasten, ein Minitramp (abfallender Neigungswinkel in Richtung Weichboden), zwei Weichböden, zwei Turnmatten hintereinander (längs). Weitere Turnmatten umschließen die Landezone und dienen der Absicherung respektive der Fixierung des Sprungarrangements. Jeweils eine Langbank (vorteilhafter wären pro Arrangement zwei Langbänke, die mit Turnmatten längs bedeckt sind) für das Anlaufen und Einspringen in das Minitramp steht in unmittelbarer Nähe bereit und kann bei Bedarf schnell in das Sprungarrangement integriert werden. Ebenso mehrere kleine Kästen, um eine erhöhte Landezone schnell zur Verfügung stellen zu können.

Durchführung/Teil 1:

Die Lernumgebung ist vorbereitet. Benötigte Materialien und Geräte sind einsatz-bereit zugänglich. Mittels Anmoderation seitens der KL sind die TN über das Grund-anliegen, die Anforderungen, die drei Arbeitsbögen, den Sicherheitsrahmen und den Ablauf der Übung (soweit notwendig) informiert.

In diesem Zusammenhang werden die TN auf den Sinn und Zweck der Geräte-konstruktion und auf die Bedeutung der 3er-Teams im Kontext der Sicherheits- und Hilfestellung hingewiesen. Bei Bedarf werden immer zwei TN, im stetigen Wechsel, als aufmerksame und zuverlässige Helfer für den agierenden Bewegungsakteur benötigt. Es erfolgt noch ein kurzer Hinweis darauf, dass beim Tragen von Schuhen die sensorische Rückmeldung über die Fußsohlen eingeschränkt ist, deshalb wird das Barfuß-Springen bei dieser Übung bevorzugt.

Zum Einstieg zeigt die KL auf das Minitrampolin und stellt an die TN (sitzen im Halbkreis) folgende Frage: „Welche Gefühle/Bilder löst das Minitrampolin bei Ihnen aus?" Auf einem Poster (Wandplakat) werden positive und negative Assoziationen stichwortartig aufgelistet. Im Anschluss gehen die TN auf folgende Frage ein: „Wel-che Bewegungsideen bieten sich an, um gezielt die positiven Gefühlsassoziationen erreichen, aufrechterhalten oder intensivieren zu können?" Auf dem zweiten Poster (Wandplakat) listen die TN ihre Bewegungsideen ebenfalls stichwortartig auf.

Danach finden sich die TN zu zwei Gruppen zusammen. Innerhalb jeder Gruppe bilden sich 3er-Teams. Zur ersten Erprobungsphase „Tuchgewöhnung und Aktivierung positiver trampolinspezifischer Gefühlsbewegungen" setzen die Gruppen im Zuge von Bewegungs-experimenten dazu emotional passende Bewegungsideen um. Es erfolgen Sprünge unter Beachtung von verschiedenen Aspekten vom Kasten ins Tuch, direkt auf die Matte: Sprünge mit/ohne Körperspannung; mit/ohne Armschwung; mit stabiler/instabiler Körperhaltung; mit vorteilhafter/unvorteilhafter Beinarbeit bei der Landung etc. Handlungsleitend ist die Frage: „Was muss ich tun, um mit angenehmen Körperempfindungen/Gefühlen auf dem Tuch aufzukommen, vom Tuch rausgetragen zu werden und auf der Matte zu landen?" Nach fünfzehn Minuten werden in einer kurzen „Zwischenreflexion" von den Teilnehmern das Einspring-/Absprung-, Gleichgewichts- und Landeerleben und die damit involvierten positiven Gefühlsbewegungen geschildert und beschrieben (positive Sprunggefühle in Abhängigkeit von Körperspannung, Arm-, Bein-, Fuß- und Kopfhaltung etc. herausfiltern).

Trampolinspezifische negative Körperempfindungen, Gefühls- und Bewegungs-erlebnisse sollen hierbei nicht ausgeblendet werden. Im Gegenteil: Sie tragen dazu bei herauszufinden, was genau motorisch und hinsichtlich der Einstellung zu tun ist, um in den Genuss positiver Sprunggefühle im Kontakt mit dem Minitramp zu kommen.

Im Rahmen einer „Nach-Testung" sollen die positiven trampolinspezifischen Gefühlslagen und die damit involvierten positiven trampolinspezifischen Bewegungsaktionen
noch einmal gezielt „ausgekostet" und „ausgereizt" werden.

In der zweiten Erprobungsphase „Auf und über den Kasten springen" geht es
darum, dass die TN eine bestimmte Sicherheits- und Hilfestellung dazu nutzen, um
weitere positive emotionale Sprungerlebnisse in Erfahrung bringen zu können. Insbesondere sollen die TN mittels selbstständig organisierter Bewegungsexperimente
sich auf die mit der Schleuderwirkung des Minitrampolins einhergehenden emotionalen Begleiterscheinungen konzentrieren. Zu gegebener Zeit sind die Kästen bei Seite
zu schieben, um mit Hilfe von Langbänken das dosierte rhythmische Anlaufen und
beidbeinige dynamische Einspringen auf das Tuch zu erleichtern.

Dazu stehen zwei TN als Hilfestellung rechts und links auf dem Kasten und rei-
chen dem Sprungakteur ihre Matten-nahe Hand. Die andere, Tuch-nahe Hand, fasst
unter den Ellbogen des Springenden. Der Sprungakteur initiiert nun den Countdown
„3 – 2 – 1 – los!" und springt entsprechend bei „los" zunächst auf und bei weiteren
Versuchen über den Kasten. Die Hilfestellung löst ihren Griff, sobald der Springende
vom Kasten herunter springt beziehungsweise den Kasten überwunden hat. In fort-
schreitendem Maße sind die Sprungakteure mit dem Bewegungsablauf vertraut,
der zupackende Einsatz der aktiven Hilfestellung kann reduziert und in eine aktiv
beobachtende Sicherheitsstellung umfunktioniert werden.

Als Nächstes erfolgt der auf Genuss ausgerichtete Sprung – unter Einbezug der Langbänke – mit Einspringen aus dem Anlauf, zunächst auf den Kasten und dann über den
Kasten. Wahlweise kann sich noch eine Sicherheitsstellung auf dem Kasten befinden. Die
Landung sollte jetzt auf einer erhöhten Landefläche stattfinden. Dazu können beispielsweise mehrere kleine Kästen unter die beiden Weichböden gleichmäßig platziert werden.

Durchführung/Teil 2:
Fühlen sich die TN im Umgang mit den minitrampolinspezifischen Anreizstrukturen
in Verbindung mit den minitrampolinspezifischen Bewegungsmodalitäten (Anlauf,
Einsprung, Armschwung, Absprung, Flugphase, Landung und Körperhaltung) überwiegend wohl, sicher und gut ist es an der Zeit, die dritte Erprobungsphase „Sprungideen entwickeln und positive Sprunggefühle intensivieren" einzuleiten.

Aufgabe soll es sein, eigene Sprungkunststücke mit dem Minitrampolin so zu entwickeln und auszureizen, dass positive Sprunggefühle erlebt und intensiviert werden
können. Zur Orientierung, und um sich nicht zu überfordern, sollen zunächst einfache Grundsprünge (Hocke, Grätsche) und Sprungideen mit Schraubdrehungen um
die Längsachse ausprobiert werden. Viel Spaß macht es auch, diese einfachen Sprung-
varianten mit ihren positiven Gefühlsfacetten als Synchronspringen zu inszenieren.

Im Anschluss erfolgt auf der Grundlage der Einstiegs-Poster und der Erprobungs-
phasen eine gruppeninterne Exploration der (Genuss-)Erfahrungen im Umgang mit dem
Minitrampolin. Danach sollen wesentliche Regeln des Genießens und wichtige Grundlagen der Umsetzung herausgearbeitet werden, zum Beispiel: Genuss – braucht Zeit, geht
nicht nebenbei, muss erlaubt sein, ist Geschmacksache, ist ein normales Anliegen. Hierzu
wird der Impulsbogen „Genussregeln – für das Minitrampolin" verteilt und mit Hilfe der
gemeinsam erarbeiteten Erfahrungen ergänzt. Die Gruppen stellen sich gegenseitig ihre
Ergebnisse vor und tauschen sich im Plenum feedbackförderlich aus.

Für die Abschlussbilanzierung im Plenum bieten sich folgende drei Impulsfragen an: 1) Wie ist es Ihnen gelungen, Ihre Genussgefühle im Umgang mit dem
Minitrampolin zu steigern? 2) Was hat Sie in emotionaler Hinsicht besonders beim

Minitrampolin beeindruckt – positiv wie negativ? 3) Worauf kommt es im Wesentlichen an, wenn man im Kontakt mit Spiel- und Sportgeräten Gefühle wie Freude, Euphorie und Genuss entwickeln, erleben und ausbauen möchte?

Variationen: keine

Kommentar:

Dieses Lernarrangement eignet sich für TN mit geringer oder mit vermehrter Trampolinerfahrung. Schritt für Schritt bekommen die TN die Möglichkeit, elementare Erlebnisse und Erfahrungen im Springen zu machen. In der Regel kann davon ausgegangen werden, dass das Minitrampolinspringen bei den meisten TN sehr beliebt, also emotional positiv besetzt ist. Es macht einfach Spaß: Elementare Grundsprünge können schnell erlernt und positive trampolinspezifische Gefühlsbewegungen damit unmittelbar erreicht oder vertieft ausgekostet werden. Warum dann nicht die minitrampolinspezifischen Anreizstrukturen und die damit einhergehenden positiven Sprunggefühle nutzen, um auf eine andere und motivierende Art und Weise zu „turnen" beziehungsweise in das Handlungsfeld „Turnen" einzuführen?

Erfahrungsgemäß wollen einige TN bei dieser Übung den Salto vorwärts springen. Dazu sollte die KL aber über entsprechendes Know-how verfügen. Die Empfehlung: Salto-Ansätze zunächst unterlassen beziehungsweise den emotionalen Anreiz von Überschlagbewegungen nur thematisieren, wenn die entsprechende Expertise bei der KL oder unter den TN vorhanden ist.

Ideenquelle:

- Barg (1992, S. 51–53); Mayer (2007, S. 22–27); Vauth und Stieglitz (2007, S. 109–110) Abb. 9.3.

Handlungsschritte	Gefühls-/Erfahrungsspeicher
• Lernumgebung vorbereiten	
• Anmoderation/Infotainment	
• **Durchführung/Teil 1**	
• Einstieg »Poster/Wandplakate«	
• Erste Erprobungsphase	
• Zwischenreflexion/Nach-Testung	
• Zweite Erprobungsphase	
• **Durchführung/Teil 2**	
• Dritte Erprobungsphase	
• gruppeninterne Exploration	
• Abschlussbilanzierung	

Abb. 9.3 „Genussübung" – Handlungsschritte/emotionaler Erfahrungsspeicher

▪▪ 5d/Titel: Kopfstandmethode

Grundanliegen:

– durch einen bewusst herbeigeführten Tausch der Sichtweisen die gerätespezifische Problemlage ins Gegenteil verkehren
– Um-Deuten als Grundlage für emotional-motivational stimmige Lösungsoptionen im Umgang mit Spiel- und Sportgeräten anwenden

Lerngruppe: ab Klasse 5/6
Sozialform: Kleingruppe/Plenum
Zeitbedarf/Vorbereitungsgrad: 1×90 min/gering
Material/Geräte:

– Fundus an Hand-, Klein-, Großgeräten
– Hinweisbogen „Regeln zum Geräteaufbau/-abbau" (s. Anhang A.11)
– Papierstreifen mit Leitfragen
– Wandplakate, Stifte, Tesaband

Sicherheitshinweise:

Der sichere und funktionsfähige Auf- und Abbau der benötigten Geräte ist mit Hilfe des Hinweisbogens „Regeln zum Geräteaufbau/-abbau" im Vorfeld mit den TN zu thematisieren.

Durchführung:

Die Lernumgebung ist vorbereitet. Benötigte Materialien und Geräte sind einsatzbereit zugänglich. Mittels Anmoderation seitens der KL sind die TN über das Grundanliegen, die Anforderungen, den Hinweisbogen, den Sicherheitsrahmen und den Ablauf der Übung (soweit notwendig) informiert.

Die TN finden sich zu Kleingruppen zusammen. Jede Gruppe einigt sich aus dem Fundus an Hand-, Klein-, Großgeräten auf ein Gerät, das als Problem wahrgenommen wird. Zur Leitfrage: „Was müssen wir tun, was muss erfüllt sein, damit wir zu dem Problem-Gerät eine gute Gefühls- und Bewegungsbeziehung aufbauen können?" sollen die Gruppen in mehreren Schritten Lösungsvorschläge entwickeln.

Dazu wird im „ersten Schritt" die Zielsetzung zunächst auf den Kopf gestellt und damit ins Gegenteil verkehrt. Also: „Was müssen wir tun, was muss erfüllt sein, um zu dem Problem-Gerät eine schlechte Gefühls- und Bewegungsbeziehung beizubehalten, zu verstärken?" Im Brainstorming sammelt und beschreibt jede Gruppe zu dieser Leitfrage möglichst viele Assoziationen und visualisiert sie stichwortartig. In der sich anschließenden Erprobungsphase werden alle Assoziationen (neugierig und kreativ) ausprobiert, ergänzt, optimiert und die fünf besten destruktiven Einfälle herausgearbeitet und in eine Rangfolge gebracht. Zur Anfertigung der Prioritätenliste „Big Five/Negativ-Szenario" (Wandplakat) liegen Stifte und Papier bereit.

Im „zweiten Schritt" suchen die Gruppen danach brainstormmäßig zu jeder destruktiven Assoziation eine Gegenstrategie, die zur Lösung des ursprünglichen Problems führen soll. Zur Leitfrage: „Was muss im Idealfall passieren, um zu dem Problem-Gerät eine richtig gute Gefühls- und Bewegungsbeziehung aufzubauen?" entwickeln die Gruppen zu jeder destruktiven Assoziation eine konstruktive Gegen-Assoziation. Hierbei darf gerne übertrieben werden. Zur Anfertigung des Wandplakates „Big Five/Positiv-Szenario" liegen Stifte und Papier bereit.

Im „dritten Schritt" erarbeitet jede Gruppe für sich abschließend ein emotional gangbares Lösungsszenario für den Umgang mit einem Problem-Gerät. Dazu werden in einer erneuten Erprobungsphase unter der Überschrift „Praktikable Lösungswege" alle konstruktiven Gegen- respektive Bewegungsvorschläge sorgfältig getestet und geprüft, gegebenenfalls auch verändert, so dass mindestens drei emotional vertretbare und umsetzbare Lösungsoptionen übrig bleiben. Auch diese werden auf einem Wandplakat unter dem Motto „Big Three/Umsetzbares Szenario" notiert und festgehalten.

Im „vierten Schritt" stellen die Gruppen ihre drei Szenarien (negativ/positiv/umsetzbar) im Plenum vor. Dazu hängen die Plakate an der Wand und können wie auf einer Vernissage von den Besuchern genau angeschaut und im „Small-Talk" mit anderen Besuchern feedbackförderlich besprochen werden. Es besteht die Möglichkeit, die anwesenden „Künstler" direkt über emotionale und motorische Hintergründe zu befragen. Lohnenswert ist es in diesem Zusammenhang, die „Besucher" dahingehend zu aktivieren, übergeordnete Gelingensbedingungen und Prinzipien für einen emotional passenden und damit selbstwirksamen sowie lösungsorientierten Umgang mit Problem-Geräten herauszufiltern und zu formulieren.

Für die Abschlussbilanzierung im Plenum bieten sich folgende drei Impulsfragen an: 1) Welche Gefühle haben Sie bei der Entwicklung und Formulierung von destruktiven/konstruktiven Handlungsweisen an sich bemerkt? 2) Inwieweit konnten Sie durch den bewusst herbeigeführten Perspektivenwechsel in Bezug zu dem Problem-Geräte bei sich oder bei anderen einen emotionalen Umorientierungsprozess in die Wege leiten? 3) Die eigentliche Problemstellung ins Gegenteil zu verkehren ist eine Möglichkeit, um im Umgang mit Problem-Geräten einen emotional günstigen Lernzugang zu finden – Ihre Einschätzung?

Variationen:

Die Kopfstandmethode kann auch zur Wiederholung eines besonderen Förderinhalts oder einer besonderen Förderperspektive eingesetzt werden. Dabei erhalten die TN provokante Hinweise zu „So gelingt das Bewegungslernen mit Spiel- und Sportgeräten". Sie werden aufgefordert, diese „Provokationen" richtig, also „auf den Kopf" zu stellen, zum Bespiel: Material und Eigenschaften eines Gerätes spielen keine Rolle für den Lernerfolg. Achte nicht auf Deine Gefühle und Bedürfnisse. Stelle Deine Bewegungsabsichten im Umgang mit Spiel- und Sportgeräten nicht in Frage. Probiere sofort ein anderes Gerät aus, wenn es Dir auf Anhieb keinen Spaß macht. Sich an ein Gerät zu gewöhnen, kostet nur Zeit und bringt gar nichts.

Kommentar:

Erfahrungsgemäß können die TN innerhalb kurzer Zeit viele Ideen (Szenarien) zusammentragen. Besonders Spaß macht es, zunächst das „Negative Szenario" zu formulieren. Denn es ist ungewöhnlich, „Verbotenes" äußern und gar noch demonstrieren zu dürfen. Auch die kreative Suche nach übertriebenen Ideallösungen sorgt im Kontext des „Positiven Szenarios" für manchen erheiterten wie interessanten Diskussionsstoff. Das Herunterbrechen auf praktikable und emotional-motivational stimmige Lösungsoptionen im Sinne eines „Umsetzbaren Szenarios" stellt in der Begegnung mit Spiel- und Sportgeräten die eigentliche Herausforderung dieser Übung dar.

Während der Phase der Ideensammlung und in den sich ergebenden Gesprächsphasen bietet es sich an, unter Beachtung von Regeln und im Sinne des Kontrollierten Dialogs feedbackförderlich miteinander zu kommunizieren.

Ideenquelle:

▬ Thal und Vormdohre (2009, S. 162–164); Hartkemeyer und Hartkemeyer (2005, S. 50–53) Abb. 9.4.

Handlungsschritte	Gefühls-/Erfahrungsspeicher
• Lernumgebung vorbereiten	
• Anmoderation/Infotainment	
• Erster Schritt (Negativ-Szenario)	
• Zweiter Schritt (Positiv-Szenario)	
• Dritter Schritt (Umsetzbares Szenario)	
• Vierter Schritt (Vernissage)	
• Abschlussbilanzierung	

Abb. 9.4 „Kopfstandmethode" – Handlungsschritte/emotionaler Erfahrungsspeicher

▪▪ 5e/Titel: Die rosarote Zauberbrille

Grundanliegen:

▬ sich in die emotionale Wirkung eines Geräte-Favoriten/Geräte-Fieslings einfühlen
▬ mittels unterschiedlicher Blickwinkel auf Spiel- und Sportgeräte Umorientierungsprozesse anstoßen, einleiten

Lerngruppe: ab Klasse 5/6
Sozialform: Paare, Gruppe, Plenum
Zeitbedarf/Vorbereitungsgrad: 1×90 min/gering
Material/Geräte:

▬ Fundus an Hand-, Klein-, Großgeräten
▬ Zettel, Stifte
▬ zwei Brillengestelle ohne Gläser (in Brillengeschäften nach alten Brillen nachfragen; übergroße Faschingsbrillen sind auch geeignet)
▬ Hinweisbogen „Regeln zum Geräteaufbau/-abbau" (s. Anhang A.11)

Sicherheitshinweise:

Der sichere und funktionsfähige Auf- und Abbau der benötigten Geräte ist mit Hilfe des Hinweisbogens „Regeln zum Geräteaufbau/-abbau" im Vorfeld mit den TN zu thematisieren.

Durchführung:

Die Lernumgebung ist vorbereitet. Benötigte Materialien und Geräte sind einsatzbereit zugänglich. Mittels Anmoderation seitens der KL sind die TN über das Grundanliegen, die Anforderungen, den Hinweisbogen, den Sicherheitsrahmen und den Ablauf der Übung (soweit notwendig) informiert.

Die TN gehen paarweise zusammen. Sie wählen sich aus dem Fundus an Hand-, Klein-, Großgeräten ein Gerät aus, das für Partner A eher ein Geräte-Favorit und für Partner B eher ein Geräte-Fiesling ist. Partner A verbindet mit seinem Gerät positive Bewegungserlebnisse oder ahnt aus dem Bauchgefühl heraus, dass er mit diesem attraktiven Gerät besonders viel Spaß haben wird. Partner B weiß bei seinem Gerät um die negativen Bewegungserlebnisse oder ahnt aus dem Bauchgefühl heraus, dass er mit diesem unattraktiven Gerät vor allem eine Menge Frust haben wird.

Danach erhalten die Paare von der KL zwei Zettel. Auf dem Zettel mit der Überschrift „Ich-bin-total-beliebt, weil…" soll Partner A stichwortartig das attraktive Potenzial, die beglückenden Körperempfindungen und Bewegungserlebnisse im Kontext des Geräte-Favoriten in rosaroten Farben anschaulich ausmalen. Auf dem Zettel mit der Überschrift „Ich-bin-total-unbeliebt, weil…" soll Partner B stichwortartig das unattraktive Potenzial, die beklemmenden Körperempfindungen und Bewegungserlebnisse im Kontext des Geräte-Fieslings in rabenschwarzen Farben anschaulich ausmalen.

Im Anschluss bilden die Paare mit ihren Geräten zwei Halbkreise und stellen sich so gegenüber, dass sowohl Partner A und Partner B als auch die anderen TN sich jeweils gut sehen können. Dann verweist die KL, mit Blick auf die B-Gruppe, zuerst auf die „Ich-bin-total-unbeliebt-Brille":

Wenn ich durch diese Brille auf meinen Geräte-Fiesling schaue, und mich in ihn hineinversetze, dann gehe ich davon aus, dass ihn niemand mag, dass jeder ihn abstoßend empfindet und keiner sich mit ihm bewegen oder mit ihm spielen will. Wer würde einmal diese „Ich-bin-total-unbeliebt-Brille" aufsetzen und schildern, wie die Gefühlswelt aus Sicht eines Geräte-Fieslings für jemanden aussieht. Der erste (zweite, dritte…) TN meldet sich, setzt die rabenschwarze Brille auf, positioniert seinen Geräte-Fiesling so, dass ihn auch alle wirklich sehen können und beschreibt mit Hilfe der notierten Stichworte in abfälliger Tonlage und mit voller emotionaler Überzeugung das „Gefühl-des-Unbeliebtseins" aus Sicht des Geräte-Fieslings.

Eine kurze Fragerunde schließt die „Abneigungserklärung" ab. Zum Beispiel: Wann tragen Sie bei welchem Gerät selbst diese Brille, wie fühlen Sie sich dann? Was macht das mit Ihnen, was macht das mit dem Gerät?

Zu gegebener Zeit nimmt die KL, mit Blick auf die A-Gruppe, einen Brillenwechsel vor. Jetzt kann ich noch eine andere Brille vorstellen, die „Ich-bin-total-beliebt-Brille". Wenn ich durch diese Brille auf meinen Geräte-Favoriten schaue, und mich in ihn hineinversetze, dann gehe ich davon aus, dass ihn jeder mag, dass ihn jeder anziehend empfindet, und jeder sich mit ihm bewegen oder mit ihm spielen möchte. Wer würde einmal diese „Ich-bin-total-beliebt-Brille" aufsetzen und schildern, wie die Gefühlswelt aus Sicht eines Geräte-Favoriten für jemanden aussieht. Der erste (zweite, dritte…) TN meldet sich, setzt die rosarote Brille auf, positioniert seinen Geräte-Favoriten so, dass ihn auch alle wirklich sehen können und beschreibt mit Hilfe der notierten Stichworte in euphorischer Tonlage und mit voller emotionaler Überzeugung das „Gefühl-des-Beliebtseins" aus Sicht des Geräte-Favoriten.

Eine kurze Fragerunde schließt die „Liebeserklärung" ab. Zum Beispiel: Wann tragen Sie bei welchem Gerät selbst diese Brille, wie fühlen Sie sich dann? Was macht das mit Ihnen, was macht das mit dem Gerät?

Auf dieser Grundlage finden sich die TN zu Gruppen zusammen. Jede Gruppe einigt sich auf einen Geräte-Fiesling, von dem sie glaubt, dass es sich lohnt, ihn emotional mal anders wahrzunehmen und anders zu nutzen. Mit Hilfe der rosaroten Zauberbrille und daraus resultierenden alternativen Bewegungsexperimenten soll jede Gruppe versuchen, eine angenehme oder wenigstens ertragbare Gefühls- und Bewegungsbeziehung zu dem Geräte-Fiesling aufzubauen. Eine Bewegungschoreografie soll den Umorientierungsprozess darstellen und über diverse Bewegungsaktionen spielerisch zeigen, wie es Schritt für Schritt möglich ist, das pessimistische Bild von einem Geräte-Fiesling in einem neuen, optimistischeren „Licht" darzustellen, zu erzählen.

Für die Abschlussbilanzierung im Plenum bieten sich folgende drei Impulsfragen an: 1) Welche Brille erleben Sie gefühlsmäßig in Ihrem Alltag mit Spiel- und Sportgeräten? 2) Wie haben Sie sich dabei gefühlt, in die Rolle eines Gerätes zu schlüpfen? 3) Inwieweit konnten Sie mit Hilfe der rosaroten Brille den ausgewählten Geräte-Fiesling emotional anders oder emotional neu wahrnehmen, verstehen und nutzen?

Variationen: keine

Kommentar:

Alle Erlebnisse und Eindrücke, auch im Hinblick auf Spiel- und Sportgeräte, sind mehrdeutig. Jede Gefühls- und Bewegungsbeziehung, Interpretation und Positionierung hängt stark mit dem eigenen Blickwinkel zusammen. Das eigene emotionale Beziehungsverhältnis, ob Spiel- und Sportgeräte zu den Geräte-Favoriten oder zu den Geräte-Fieslingen zählen, resultiert daraus, dass einem Bewegungsakteur persönliche Bewegungserlebnisse und -gewohnheiten vertrauter sind. Somit gibt es auch für den Gerätekontext nicht nur eine emotional-motivationale Wirklichkeit, sondern vielfältige emotional-motivationale Wirklichkeiten. Diese Einsicht lässt sich für die Einleitung von Um-Deutungen oder Um-Orientierungen in der Begegnung mit Geräte-Fieslingen nutzen.

Es geht nicht darum, die beiden Brillen für einen Wettstreit zu instrumentalisieren im Sinne von: Welche Brille ist besser? Vielmehr geht es um die Einsicht, welche Folgen mit welcher Brille auftreten können. Relevant ist zu lernen, dass es sich im Kontext emotional negativer Bewegungserlebnisse mit Spiel- und Sportgeräten durchaus lohnt, die rosarote Brille aufzusetzen und zu versuchen, danach zu handeln.

Ideenquelle:

- Bieg und Behr (2005, S. 83–85) Abb. 9.5.

Handlungsschritte	Gefühls-/Erfahrungsspeicher
• Lernumgebung vorbereiten	
• Anmoderation/Infotainment	
• Geräte auswählen (Paarbildung)	
• Geräte-Favorit/Geräte-Fiesling beschreiben (Zettel)	
• Halbkreis-Organisation (A-B-Gruppe)	
• rabenschwarze Brille (Partner B)	
• Fragerunde (Abneigungserklärung)	
• rosarote Brille (Partner A)	
• Fragerunde (Liebeserklärung)	
• Bewegungschoreografie (Um-Deuten)	
• Abschlussbilanzierung	

Abb. 9.5 „Zauberbrille" – Handlungsschritte/emotionaler Erfahrungsspeicher

■ ■ **5f/Titel: Dem Schleuderball zeig ich's …**
Grundanliegen:

- Umorientierung als Hilfe, um sich an ein Gerät (Schleuderball) „neu" zu gewöhnen
- Umorientierung als Möglichkeit, schleuderballspezifischen Bewegungstechniken gefühlsmäßig „neu" nachzuspüren

Lerngruppe: ab Klasse 6/7
Sozialform: Gruppe, Plenum
Zeitbedarf/Vorbereitungsgrad: 2 × 90 min/gering
Material/Geräte:

- Anzahl an Schleuderbällen
- Markierungshütchen, Pfeife (Hupe)

Sicherheitshinweise:
Bei Wurfübungen (in der Halle wie im Freien) darf sich grundsätzlich niemand in der Wurfbahn/Wurfzone aufhalten oder diese kreuzen. Ausreichende Sicherheitsabstände sind zu beachten, wenn die Gruppen nebeneinander, aber in der Höhe unterschiedlich versetzt, den Schleuderball abwerfen. Gefahrreduzierend ist insbesondere, wenn die Gruppen sich auf die vier Ecken des (Sport-)Platzes verteilen und von dort aus ihre Wurfexperimente in Richtung der freien Platzmitte initiieren. Die Schleuderbälle dürfen erst eingesammelt werden, wenn alle Wurfgruppen geworfen haben. Auf ein Signal werden sie von den Gruppen gleichzeitig geholt oder durch Helfer zurückgerollt.

Durchführung/Teil 1:

Die Lernumgebung ist vorbereitet. Benötigte Materialien und Schleuderbälle sind einsatzbereit zugänglich. Mittels Anmoderation seitens der KL sind die TN über das Grundanliegen, die Anforderungen, den Sicherheitsrahmen und den Ablauf der Übung (soweit notwendig) informiert.

Um in das Grundanliegen hineinzufinden, werden die in Gruppen organisierten TN in der „ersten Erkundungssituation" mit Mädchen- und Jungen-Schleuderbällen konfrontiert. Aufgabe ist es herauszufinden, wie es sich anfühlt, wenn es einem gelingt/nicht gelingt, den Schleuderball so „richtig" weit zum Fliegen zu bringen. Das Hauptaugenmerk liegt – unter Beachtung der sicherheitsrelevanten Organisationsaspekte – bei den Weitwurfversuchen darauf in sich hinein zu spüren, bei welchen Bewegungsaktionen und Flugmodalitäten man sich als Schleuderball-Werfer besonders wohl oder unwohl fühlt

Nach ca. 15 min findet im Plenum ein gemeinsamer „erster Erfahrungsaustausch" statt. Die Gruppen geben sich Rückmeldung über gelungene oder misslungene Wurfvarianten/Flugmodalitäten, über angenehme oder unangenehme Wurfgefühle, stellen sich gegenseitig Fragen und machen auch einzelne Weitwurfvarianten vor. Diese Unterbrechung soll es den TN ermöglichen, positive und negative Wurferlebnisse anzusprechen und zu überlegen, wie man die positiven emotionalen Bezüge stabilisieren und gleichzeitig die negativen emotionalen Bezüge (für sich) passend umwandeln kann.

In der „zweiten Erkundungssituation" besteht für die Gruppen einerseits die Möglichkeit, Anregungen und Ideen zu verfolgen, gelungene Schleuderball-Weitwurfvarianten zu optimieren und damit gute Schleuderballgefühle zu stabilisieren und weiter auszukosten. Andererseits sollen die Gruppenmitglieder selbst empfundene Mängel in der Bewegungsausführung und damit schlechte Weitwurfgefühle zu ihrer individuellen Zufriedenheit beheben. In diesem Zusammenhang können beispielsweise mittels unterstützender Beratung durch die KL folgende Lösungsimpulse praktisch erprobt werden:

Eine Gruppe verfolgt die Idee, die Anforderungen beim Schleuderball-Weitwerfen „humorvoll" zu verpacken. So soll sich der Bewegungsakteur vorstellen, dass der Schleuderball (ausnahmsweise) ein Kürbis sei, der unbedingt auf dem weit entfernten Parkplatz des oftmals unfreundlichen Nachbarn landen und so richtig heftig aufplatzen soll.

Eine andere Gruppe nutzt die Gelegenheit, den Schleuderball über die Einnahme von verschiedenen „Rollen" auf mehrperspektivische Art und Weise zum Weitfliegen zu bringen. So werden zum Beispiel möglichst lustige (Clown), elegante (Model), angeberische (Halbstarke) oder synchron gestaltete (Leistungssportler) Schleuderballvariationen ausgetüftelt und mit Bezug zur Sinngebung des Weitfliegens erprobt, reflektiert, kombiniert, optimiert.

Eine dritte Gruppe findet Gefallen an der „Gefühlsprovokation". So erhält der Bewegungsakteur die Aufgabe: „Werfe den Schleuderball mit voller Hingabe und Begeisterung weit weg von Dir, so dass dieser unbedingt Dein bester Freund und nur von Dir geworfen werden möchte!" Versus: „Werfe den Schleuderball voller Unmut, tiefer Abneigung und großem Widerwillen, so dass dieser froh ist, weit weg von Dir zu fliegen!"

Eine vierte Gruppe lässt sich darauf ein, die protokollarische Form auszuprobieren. Sie enthält aus Sicht des Bewegungsakteurs folgendes Ablaufprocedere:

- Schritt 1: Mache Dir zuerst beim Anfassen die bedrohlich wirkenden Anreizmerkmale des Schleuderballs bewusst (Gewicht; instabile, abgegriffene Lederschlaufe).

- Schritt 2: Liste dann Deine negativen Gefühlslagen (angewidert, missmutig) und Deine destruktiven Bewegungsimpulse (unkontrollierte Kreiselbewegungen mit Arm und Körper; falscher Abwurfzeitpunkt) auf.
- Schritt 3: Spüre, denke darüber nach, was sich hinter Deinen negativen Gefühls- bewegungen (Resignation, Scham) verbirgt und überlege, welche Grundbedürfnisse bei Dir zu wenig Beachtung finden.
- Schritt 4: Mache Dich auf den Weg und prüfe, wie eine „neue" oder „andere" Bewertung des Schleuderballs nach Offenlegung Deiner „Vorgeschichte" erfolgen und ein erfolgversprechender Lösungsweg für Dich aussehen kann (das Gewicht hilft mir, meine Kreiselbewegungen sicher zu kontrollieren und die Fliehkraft für einen weiten Wurf zu nutzen; die Schlaufe hilft mir, den Schleuderball so zu halten, dass er beim Abwurf spielerisch-leicht zum richtigen Zeitpunkt losgelassen werden kann; Gewicht, Schlaufe und der lang nachschleppende Arm helfen mir, den Schleuderball in der Drehung zu beherrschen, so wie ich es will).

Ein „zweiter Erfahrungsaustausch" hält im Plenum fest, was Spaß gemacht hat, wo es Probleme gab und ob Umorientierungen eingeleitet werden konnten. Insbesondere zwei Fragen stehen im Zentrum der feedbackförderlichen Reflexion: Inwiefern ist es gelungen, die positiven Wurferlebnisse für das Schleuderball-Weitwerfen zu nutzen und weiter auszubauen? Inwiefern kann es gelingen, die negativen Weitwurferleb- nisse mit dem Schleuderball so umzuwandeln, dass sich die Bereitschaft erhöht, den Schleuderball beziehungsweise das Schleuderballweitwerfen anders wahrzunehmen und mit mehr Zuversicht anzugehen?

Durchführung/Teil 2:
Auf dieser Basis sind die Voraussetzungen geschaffen, sich in den Gruppen erneut mit den Besonderheiten der Schleuderballtechnik (Drehwurf aus der 1¼ Körperdrehung) in Verbindung damit einhergehender Gefühlsbewegungen auseinander zu setzen. Es gilt, die Sinnperspektive „weit" mit der Sinnperspektive „genießen" zu koppeln.

Dazu wird in der „dritten Erkundungsphase" mit angenehmen oder unan- genehmen Gefühlsbewegungen im Kontext der fünf Phasen: Auftakt und Anschwung (1), Drehung (2), Wurfauslage (3), Abwurf (4) und Abfangen (5) gezielt experimen- tiert. Wohlbefinden und Unwohlbefinden des Bewegungsakteurs werden dann konkret verortet beispielsweise: mit dem Anfassen der Schlaufe des Schleuderballs, mit dem Pendelschwingen und dem Aufbau des Beschleunigungsweges beim Auftakt, mit der Gewichtsverlagerung bei der Drehung und in der Wurfauslage, mit dem Zug des Wurf- armes beim Abzug und mit dem Beinwechsel durch das Umspringen zum Abfangen der Wurfenergie. Kontrastive Aufgabenstellungen (kurze/lange Schlaufe; kurzer/langer Beschleunigungsweg; ausgeprägte/sanfte Gewichtsverlagerung; kraftvoller/kraftloser Armzug; entschlossenes/unentschlossenes Umspringen) helfen, einzelnen Technik- elementen gefühls- und genussmäßig auf die Spur zu kommen.

Im „dritten Erfahrungsaustausch" werden im Plenum phasenartige Momente des Misslingens und der Enttäuschung, aber auch phasenartige Momente des Gelingens und der Freude thematisiert. Überlegungen können angestellt werden, welche Konse- quenzen daraus zu ziehen sind und wie es das nächste Mal weiter gehen kann.

Für die Abschlussbilanzierung im Plenum bieten sich folgende drei Impulsfragen an: 1) Wie ist es Ihnen emotional bei den Umorientierungs-Experimenten ergangen? 2) Konnten Sie Ihr emotional positives Beziehungsverhältnis zum Schleuderball weiter ausbauen oder Ihr emotional negatives Beziehungsverhältnis zum Schleuderball in ein emotional positives umwandeln? 3) Ist es Ihnen gefühlsmäßig leicht/schwer gefallen, sich auf Umorientierungen einzulassen – was kann der Grund hierfür sein?

Variationen: keine

Kommentar:

Die Stufe des Ein-Gewöhnens hat nicht nur die Funktion der kurzen Einführung und des Bekanntmachens mit einem Gerät (hier exemplarisch der Schleuderball), um dann schnell zur „Techniksache" zu kommen. Gerätegewöhnung ist vielmehr ein richtungsweisender Suchprozess für den emotional stimmigen Umgang mit gerätespezifischen Anreizstrukturen und daraus resultierenden Bewegungsabsichten.

Das hier gewählte Beispiel einer mehrperspektivischen Aufbereitung beinhaltet keinen neuen Grundgedanken. Allerdings kann durch das Aufzeigen verschiedener Zugänge (ästhetisch, emotional, rational, sozial) das Anreizpotenzial des Wurfgerätes Schleuderball flexibel an die Bedürfnisse und Interessen der Werfenden angepasst werden. Die aus der Möglichkeit der Motivwahl sich ergebenden Umorientierungsperspektiven erhöhen allgemein die Chance für den Bewegungsakteur, im Umgang mit Spiel- und Sportgeräten mehr angenehme Gefühlsbewegungen auch bei technik- und leistungsorientierten Lernprozessen zu entwickeln und aufrechtzuerhalten, auch wenn es phasenweise zu Lernproblemen kommen sollte.

Ideenquelle:

- Praktische Seminararbeit mit Studierenden der Pädagogischen Hochschule Heidelberg im Semesterzeitraum von 2016–2018 Abb. 9.6.

Handlungsschritte	Gefühls-/Erfahrungsspeicher
• Lernumgebung vorbereiten	
• Anmoderation/Infotainment	
• **Durchführung/Teil 1**	
• erste Erkundungssituation (Gruppe)	
• erster Erfahrungsaustausch (Plenum)	
• zweite Erkundungssituation (Gruppe)	
• zweiter Erfahrungsaustausch (Plenum)	
• **Durchführung/Teil 2**	
• dritte Erkundungssituation (Gruppe)	
• dritter Erfahrungsaustausch (Plenum)	
• Abschlussbilanzierung	

Abb. 9.6 „Schleuderball" – Handlungsschritte/emotionaler Erfahrungsspeicher

■ ■ **5g/Titel: Turngeräte verwandeln**

Grundanliegen:

- die Vielfalt der Turngeräte für Umorientierungsprozesse nutzen
- neue turngerätespezifische Bewegungs- und Gefühlserfahrungen machen

Lerngruppe: ab Klasse 8/9

Sozialform: Einzelperson, Teams, Plenum

Zeitbedarf/Vorbereitungsgrad: 3 × 90 min/sehr umfangreich

Material/Geräte:

- Kästen, Barren, Bock/Pauschenpferd, Sprossenwand, Kletterstangen
- Niedersprungmatten, Weichböden, Turnmatten, Judomatten
- Hinweisbogen „Stationskarten Klettern/Bouldern" (s. Anhang A.38)
- Wandplakate, Stifte, Tesaband, farbige Tapes

Sicherheitshinweise:

Vor Übungsbeginn bauen TN und KL mit Hilfe von Stationskarten gemeinsam mehrere Stationen auf, die anhand von einfachen Zielanliegen bewältigt werden sollen. Stationen, wie beispielsweise: Mattenberg, Bock/Pferd, Dynamo (Sprossenwand), Schräge Bank (Sprossenwand), Eiertanz (Kasten/Niedersprungmatte), Kaminklettern (Kletterstangen/Weichboden), Judomatten-Boulder, Barren-Boulder sind so ausgewählt, dass sie zu deren Bewältigung keinerlei technisches Können voraussetzen. Vielmehr sind die Stationen so konzipiert, dass die Aufgabenstellung zwar bouldertypische Bewegungen (Ziehen, Stützen, Steigen, Spreizen, der Mantle, Hooken, dynamisches Klettern etc.) provozieren, sie aber trotzdem jederzeit mehrere Lösungswege zulassen.

Aus Gründen der Verletzungsprophylaxe sind die Boulderstationen mit Matten entsprechend abzusichern. Zudem wird immer mit Turnschuhen und zu zweit an den Stationen gebouldert, da der Kletternde immer von einem Partner „gespotet" (Absichern ohne Seil, um eine unkontrollierte Landung des Boulderers zu vermeiden) werden muss. Gegebenenfalls ist in Anlehnung an den Bundesverband der Unfallkassen (2003) ab einer Kletterhöhe von 2 m Tritthöhe eine Sicherung mit Klettergurten in Betracht zu ziehen.

Durchführung/Teil 1:

Die Lernumgebung ist vorbereitet. Benötigte Materialien und die Boulderstationen sind einsatzbereit zugänglich. Mittels Anmoderation seitens der KL sind die TN über das Grundanliegen, die Anforderungen, den Hinweisbogen, den Sicherheitsrahmen und den Ablauf der Übung (soweit notwendig) informiert.

Zum „Einstieg" wird anhand eines Brainstormings mit Hilfe von Smileys zunächst die Gefühlslage (positive/negativ) eines jeden TN im Zusammenhang mit Turngeräten allgemein eruiert (Wandplakat A). Danach wird der Begriff des Boulderns eingeführt und ebenfalls schriftlich fixiert (Wandplakat B). Eine kurze Videosequenz aus dem Internetportal kann der Veranschaulichung der Boulder-Philosophie dienen.

Zur „ersten Erkundungsphase" finden sich die TN zu Teams zusammen und starten an den Stationen. Die Teamgröße ist so zu organisieren, dass zwei Stationen unbesetzt bleiben. Damit können die Teams nach eigenem Ermessen die Stationen wechseln und in Erfahrung bringen. Die Teams probieren dort aus, wie die Aufgaben erfüllt beziehungsweise die Ziele erreicht werden können und halten ihre Erfahrungen auf einem in Stationsnähe angebrachten Wandplakat stichwortartig fest. Dazu notieren sie, a) was besonderen Spaß/keinen Spaß gemacht hat, b) worin der Anreiz des Boulderns besteht und c) wie man das Zielanliegen etwas einfacher oder etwas schwieriger erreichen kann.

In der „ersten Nachbesprechung" schildern die Teams im Plenum ihre Erlebnisse an den Stationen und tauschen sich untereinander über ihre emotionalen, anreiz- und zielbezogenen Erfahrungen aus. Als Fazit kann beispielsweise festgehalten werden, dass zum einen der Spaßfaktor vom Grad der Herausforderung abhängig ist, und man diesen durch die Anzahl von Tritten und Griffen variieren kann. Zum anderen bietet es sich an, Möglichkeiten zu sammeln, mit welchen Strategien man unterschiedliche Herausforderungen meistern kann. Emotional wichtig wird sein: Sich gegenseitig Tipps beim Bouldern zu geben, beobachten, wie es andere machen, wie sie sich dabei fühlen und dann: ausprobieren.

Durchführung/Teil 2:

Für die „zweite Erkundungsphase" lautet das Ziel, an den gleichen Boulderstationen verschiedene Herausforderungen (auch emotional) kenntlich zu machen. Dazu erhalten die Teams die Aufgabe, an einer Station mit farbigen Tapes und unterschiedlichen Smileys sowohl eine leichtere als auch eine schwierigere Bouldervariante zu markieren. Wenn alle Teams unterschiedliche Tapefarben und Smileys nutzen, ist es möglich, an der einzelnen Station mehrere Boulder beziehungsweise mehrere Gefühlsfacetten zu markieren. Mit der Farbzuordnung und den auf den Tapes fixierten Buchstaben „L" (leichter) und „S" (schwieriger) sowie mit Hilfe von Smileys wird es den Teams ermöglicht, den anderen Teams die eigenen Bouldervarianten und damit einhergehende Gefühlsfacetten vorzuführen respektive sichtbar zu machen. Mittels Handy dokumentiert jedes Team seine Bouldervariationen/Gefühlsfacetten.

Nachdem die Teams ihre Bouldervariationen erläutert und damit verbundene Bouldergefühlslagen demonstriert, „veröffentlicht" haben, probieren die anderen Teams die leichteren und schwierigeren Bouldervarianten für sich aus. Dabei kann sein, dass es bereits während des Boulderns zu einem regen Austausch klettertechnischer wie emotionaler Erfahrungen unter den Teams kommt.

In der „zweiten Nachbesprechung" werden im Plenum auftretende Bewegungsprobleme und dazu passende emotional abgestimmte Lösungswege reflektiert und diskutiert. Interessant ist in diesem Zusammenhang, wenn die TN darüber „streiten", welche Bewegungsausführungen, die „besseren" oder die „schlechteren", die „sicheren" oder die „unsicheren", die „angenehmeren" oder „unangenehmeren" sind. Auch die Bedeutung des Spotens für erfolgreiches und spaßvermittelndes Bouldern kann hier zur Thematisierung kommen. Dieser Austausch bietet den TN die Möglichkeit, Könnens-Erfahrungen auf der Bewegungsebene (kreatives Bouldern), auf der sozialen Ebene (gegenseitiges Helfen) und auf der emotionalen Ebene (angenehm/unangenehm) zu reflektieren. Abschließend werden die TN in zwei Runden aufgefordert zwei Sätze zu vervollständigen. Erste Runde/erster Satz: „Bouldern ist für mich…". Zweite Runde/zweiter Satz: „Turngeräte sind für mich…".

Durchführung/Teil 3:

Die „dritte Erkundungsphase" hat zum Ziel, die TN an ihre Grenzen zu bringen und auch überschreiten zu lassen. Dazu müssen sich die bisherigen leistungsheterogenen Teams auflösen beziehungsweise die TN müssen sich zu leistungshomogenen Teams neu zusammen finden. In diesen leistungshomogenen Teams entwickeln und variieren die TN an den bekannten Stationen Boulder, die sie nicht auf Anhieb bewältigen können. Analog der Spielidee des Kofferpackens beginnt ein Teammitglied und macht einen Zug vor. Das nächste Teammitglied schließt mit dem nächsten Zug an und so weiter. Ist der Grund-Boulder entwickelt, sollen die Teams diesen dann so verändern, dass er zusehends schwieriger wird. Dazu können Griffe und Tritte weggelassen oder verändert, aber auch die Geräteanordnung umorganisiert werden. Positive Selbstbekräftigungen in Form von Mutmachersätzen („Ich bin gut" oder: „Ich pack das") oder Tiermetaphern („Ich bin geschmeidig wie ein Tiger" oder: „Ich bin geschickt wie ein Kletteraffe") können das Bemühen der Grenzverschiebung unterstützen.

Zu gegebener Zeit demonstrieren die Teams an einer Station die Genese vom Grund-Boulder zum Boulder mit dem höchsten „Schwierigkeitsgrad". Sie erläutern dazu auch, was ihnen auf diesem Weg emotional sehr geholfen hat. Die anderen Teams fungieren als Zuschauer und zollen den kreativen Anstrengungen aufrichtigen Beifall.

In der „dritten Nachbesprechung" tauschen die Teams im Plenum ihre Bouldererlebnisse aus und markieren die ihnen wesentlichen Erkenntnisse und Gefühlserfahrungen. Abschließend werden die TN wieder aufgefordert, in zwei Runden zwei Sätze zu vervollständigen. Erste Runde/erster Satz: „Beim Bouldern habe ich mich immer dann stark gefühlt, wenn…". Zweite Runde/zweiter Satz: „Einige Turngeräte haben für mich an Attraktivität gewonnen, weil…".

Für die Abschlussbilanzierung im Plenum bieten sich folgende drei Impulsfragen an: 1) Was hat Ihnen geholfen, beim Bouldern an sich zu glauben und eine gewisse emotionale Kraft/Stärke zu entwickeln? 2) Klassische Turngeräte kreativ umfunktionieren setzt andere motorische und emotionale Akzente frei – wie haben Sie für sich diese Situation erlebt? 3) Inwiefern hat sich Ihr emotionales Beziehungsverhältnis zu Turngeräten verändert?

Variationen: keine

Kommentar:

Sich-bewegen an Geräten/Gerätturnen ist für viele Lehrkräfte und Schüler ein unbeliebtes Thema. Lehrkräften fehlt oftmals die Erfahrung im personenbezogenen Umgang mit Geräten, zudem nimmt der Auf- und Abbau von Turngeräten viel Zeit in Anspruch. Bewegungsakteure verbinden mit Gerätturnen meist ein Bild, das mit Anstrengung, Schmerz, Quälerei und Misserfolg verbunden ist und außerdem wenig Spaß macht. Deshalb ist es notwendig, die Bewegungsakteure möglichst ohne Vorbewertung oder emotional „anders" an die Geräte heranzuführen und ihnen einen explorativen und spielerischen Umgang mit den Geräten zu ermöglichen. Dies kann beispielsweise dadurch erreicht werden, indem man Turngeräte kreativ umfunktioniert und emotional als Boulderherausforderungen arrangiert.

Bouldern ist Klettern in Absprunghöhe ohne Seilsicherung. Ziel ist es, den Boulder (muss kein Felsblock, kann auch ein Gerätehindernis sein) zu „bezwingen" und im Spiel gegen respektive mit der Schwerkraft eine ausbalancierte Körperposition, eine ausbalancierte Gefühlslage herzustellen. Beim emotionalen Bouldern an Turngeräten sind nicht normierte Bewegungstechniken, sondern kreative, ja ungewöhnliche Bewegungsantworten gefragt. Bouldern mit Gefühl(en) ist ein Prozess, bei dem es darum geht, nicht nur das Hindernis zu erklettern, sondern emotional stimmige Bewegungslösungen zur Überwindung diverser Hindernisses zu finden.

Ideenquelle:
- Walther und Wibowo (2012, S. 47–55) Abb. 9.7.

Handlungsschritte	Gefühls-/Erfahrungsspeicher
• Lernumgebung vorbereiten	
• Anmoderation/Infotainment	
• **Durchführung/Teil 1**	
• Einstieg (Brainstorming/Wandplakate)	
• erste Erkundungsphase	
• erste Nachbesprechung	
• **Durchführung/Teil 2**	
• zweite Erkundungsphase	
• zweite Nachbesprechung	
• **Durchführung/Teil 3**	
• dritte Erkundungsphase	
• dritte Nachbesprechung	
• Abschlussbilanzierung	

Abb. 9.7   „Turngeräte verwandeln" – Handlungsschritte/emotionaler Erfahrungsspeiche

Literatur

Andres, S., & Neumann, P. (2013). Akrobatik in der Grundschule. *sportpädagogik, 37*(5), 7–13.
Barg, J. (1992). Springen und Sich-Drehen am Minitrampolin. *sportpädagogik, 16*(6), 51–53.
Barnow, S., Reinelt, E., & Sauer, C. (2016). *Emotionsregulation.* Heidelberg: Springer.
Bieg, S., & Behr, M. (2005). *Mich und Dich verstehen. Ein Trainingsprogramm zur Emotionalen Sensitivität bei Schulklassen und Kindergruppen im Grundschul- und Orientierungsstufenalter.* Goettingen: Hogrefe.
Bundesverband der Unfallkassen. (2003). GUV-SI 8013 – Sicher nach oben – Klettern in der Schule. ► http://www.sichere-schule.de/_docs/pdf/guv_si-8013.pdf. Zugegriffen: 23. Apr. 2012.
Hartkemeyer, J. F., & Hartkemeyer, M. (2005). *Die Kunst des Dialogs. Kreative Kommunikation entdecken.* Stuttgart: Klett-Cotta.
Lange, H. (2002). Der Flug der Scheibe. *sportpädagogik, 26*(6), 12–15.
Mayer, B. (2007). Springen am Minitrampolin. Praxis in Bewegung. *Sport und Spiel: „Turnen", 7*(28), 22–27.
Thal, J., & Vormdohre, K. (2009). *Methoden und Entwicklung.* Baltmannsweiler: Schneider Hohengeheren.
Tussing-Bendel, A. (1993). Kraft spüren, messen und ausdrücken. *sportpädagogik, 17*(1), 39–43.
Vauth, R., & Stieglitz, R.-D. (2007). *Training Emotionaler Intelligenz bei schizophrenen Störungen. Ein Therapiemanual.* Göttingen: Hogrefe.
Walther, C., & Wibowo, J. (2012). Bouldern, Klettern, Balancieren. *sportpädagogik, 36*(3+4), 47–55.
Weisbach, C., & Dachs, U. (1997). *Mehr Erfolg durch Emotionale Intelligenz.* München: Gräfe und Unzer Verlag.

Sechste Lernepisode: Bilanzieren – objektempathische Kompetenzentwicklung und Konzeptqualität einschätzen

© Springer Fachmedien Wiesbaden GmbH, ein Teil von Springer Nature 2019
R. Ullmann, *Lust auf Bälle, Barren, Bodenmatten*, https://doi.org/10.1007/978-3-658-23739-4_10

10.1 Absicht und Vorgehen

Absicht der sechsten Lernepisode ist, den TN die Möglichkeit zu geben, aus der Retroperspektive ein Resümee zu ziehen. Ein solches teilnehmerzentriertes Evaluationsverfahren im Anspruch einer „weichen" Selbstevaluation eröffnet die Chance, auf unkomplizierte, aber dennoch aussagekräftige Weise direkt mehr darüber zu erfahren, wie objektempathische Selbstlernprozesse, inhaltliche Episodenelemente oder konzeptionelle Grundlagen im Förderkontext von den TN wahrgenommen wurden und bewertet werden. Als Motor der Selbstvergewisserung geben in diesem Zusammenhang feedbackorientierte Evaluationsmethoden dem Reflexions-, Selbsteinschätzungs- und Bilanzierungsprozess Struktur und Intersubjektivität. Zudem sind sie für die TN wie für die KL einfach zu handhaben und bieten somit ein gelungenes Ausklingen am Schluss einer hochschulischen Professionalisierungs- oder schulischen Fördermaßnahme.

Mit dem „Check-out" am Ende einer Schulung verbinden die TN vor allem zwei Fragen: Ist die eigene objektempathische Kompetenzentwicklung zufriedenstellend verlaufen? Hält der Konzeptansatz zur Förderung der Objektempathie das, was er verspricht? Die gegenseitige Rückmeldung von Eindrücken, die TN einer Lerngruppe zu Kompetenzfortschritten, Lerninhalten und zur Konzeptqualität haben und sich wechselseitig mitteilen, hilft bei der Einschätzung und Bilanzierung von objektempathischen Lehr-/Lernleistungen. Aus Sicht der KL ist von besonderem Interesse, ob und mit welcher Tiefe ein praktisches objektempathisches Bewusstsein auf den Weg gebracht werden konnte.

Die folgenden sieben exemplarischen Praxisanregungen haben zum Ziel, für die TN rückblickend mittels einer Abschlussbilanzierung sichtbar werden zu lassen, dass und wie Veränderungen im objektempathischen Fühlen, Denken und Handeln möglich sind. Es geht um ertragreiche Einschätzungen und Bewertungen von TN in Bezug auf Lerninhalte, Kompetenzfortschritte und Konzeptqualitäten. Um überzogenen Erwartungen auf der persönlichen Kompetenzebene vorzubeugen: Im Schulungskontext kann es sich hierbei nur um kurzfristige Kompetenzveränderungen handeln. Eine langfristige Veränderung im Sinne einer objektempathischen „Routine" beim Einsatz von Spiel- und Sportgeräten im Sportunterricht, ist nur durch den konstanten Einübungs- und Anwendungsprozess in Alltagssituationen zu erreichen.

Schließlich bleibt an dieser Stelle noch anzumerken, dass ein bilanzierendes Abschlussfeedback nur ein vorläufiges Ende darstellen kann, wenn die Auswertungsergebnisse zu Konsequenzen führen sollen. Deshalb ist bilanzierende Feedbackarbeit am Ende eines Professionalisierungs-/Fördervorhabens immer gleichzeitig als eine Rückmeldung für nachfolgende Maßnahmen anzusehen – dies gilt allgemein wie auch im objektempathischen Kontext. Die in der ersten Lernepisode eingesetzten Feedback-Methoden „Themen-ABC" und „Anders oder gleich" können für eine „Vorher-Nachher-Bilanzierung" genutzt werden.

10.2 Exemplarische Praxisanregungen zum Check-out

■■ 6a/Titel: Gefühls-Dreieck

Grundanliegen:
– Bedeutsamkeit von Gefühlsbewegungen als Orientierungsgeber im Umgang mit gerätespezifischen Besonderheiten ein- und wertschätzen

Lerngruppe: ab Klasse 4
Sozialform: Einzelperson, Gruppe, Plenum
Zeitbedarf/Vorbereitungsgrad: 1 × 90 min/gering
Material/Geräte:
- Fundus an Hand-, Klein-, Großgeräten
- Hinweisschilder (selbst anfertigen)
- Impulsbogen „Liste Gefühlsvokabular" (s. Anhang A.04)

Sicherheitshinweise: keine

Durchführung:
Die Lernumgebung ist vorbereitet. Benötigte Materialien und Geräte sind einsatzbereit zugänglich. Mittels Anmoderation seitens der KL sind die TN über das Grundanliegen, die Anforderungen, den Impulsbogen und den Ablauf der Übung (soweit notwendig) informiert.

Zu „Beginn" werden in der Sporthalle in einem Dreieck drei Schilder im Raum platziert. Auf jedem Schild steht ein Hinweis: Angenehme Gefühlslage, unangenehme Gefühlslage, gemischte Gefühlslage. Die TN sitzen an der Hallenseite auf Langbänken in einer Reihe nebeneinander und alle haben das „Gefühls-Dreieck" im Blick.

Im „ersten Schritt" wählt die KL aus dem Fundus an Hand-, Klein-, Großgeräten ein Gerät aus und platziert es in der Mitte des Gefühls-Dreiecks. Die TN werden gebeten, sich in dem Dreieck an den Ort zu bewegen, der nach ihrer Wahrnehmung am ehesten dem entspricht, wie sie sich angesichts des Anblicks des Gerätes fühlen. Wird eine der drei Gefühlslagen hauptsächlich empfunden, stellen sich die TN auf die entsprechende Ecke des Dreiecks. Die Entfernung zum Eckpunkt signalisiert den Grad der Identifikation (je näher, umso größer, je weiter, umso schwächer).

Im „zweiten Schritt" werden die Dreiecks-Gruppen von der KL gebeten, im Rahmen einer kleinen Improvisationsaufgabe Ausdrucksmöglichkeiten für ihre jeweilige Positionierung zu suchen und darzustellen. Mithilfe einer Gefühlsskulptur sollen dabei zum einen die persönliche Gefühlslage der TN (individuelle Orientierung) und zum anderen das gruppeninterne (Eck-)Gefühlsspektrum (intersubjektive Orientierung) zum Ausdruck kommen. Das Gefühlsvokabular dient, bei Bedarf, der Unterstützung.

Im „dritten Schritt" stellt jede Dreiecks-Gruppe zunächst die individuellen Gefühlsskulpturen, anschließend die intersubjektive Gefühlsskulptur vor. Die anderen Dreiecks-Gruppen, die gerade nicht präsentieren, versuchen über Beobachtung und Nachahmung der beiden Gefühlsskulpturen diese emotional nachzuvollziehen und zu verstehen. Schließlich bekommt die Präsentationsgruppe von den „Betrachtern" das Feedback zu den Gefühlsskulptur-Varianten. Sobald ein emotionales Grundverständnis zur gerätespezifischen Positionierung herbeigeführt werden konnte, beginnt eine andere Dreiecks-Gruppe mit ihrer Präsentation. Bereits im Zuge dieser Präsentations- und Feedbackphase kann es im Sinne des Grundanliegens (Gefühlsreaktionen als wertvolle Orientierungsgeber für Bewegungsakteure im Umgang mit spezifischen Anreizstrukturen von Spiel- und Sportgeräten) zu regen Austauschprozessen kommen. Sind alle Dreiecks-Gruppen besprochen wird eine andere Geräteart nach dem gleichen Ablaufprozedere thematisiert.

Für die Abschlussbilanzierung im Plenum bieten sich folgende drei Impulsfragen an: 1) Was konnten Sie bei dieser Dreieck-Übung emotional beobachten – an sich und bei anderen? 2) Wie haben Sie sich bei der persönlichen und gruppeninternen

Positionseinnahme und im Vergleich zu den anderen Positionierungen gefühlt? 3) Was haben Sie im Sinne des objektempathischen Grundanliegens gelernt?
    Variationen: keine

Kommentar:
Anreizstrukturen bei Spiel- und Sportgeräten lösen unter Bewegungsakteuren immer verschiedene emotionale Reaktionen aus. Gefühlsbewegungen in Form und Zusammenspiel von Körper-, Begleit- und Könnensgefühlen sind differenzierte Orientierungsmöglichkeiten, die Gerätewelt, sich selbst und andere in immer neuen Facetten wahrzunehmen. Je nuancierter Bewegungsakteure eigene und fremde Gefühlsbewegungen wahrnehmen können, desto besser sind sie in der Lage, anreiz-spezifische Besonderheiten von Spiel- und Sportgeräten einzuschätzen und emotional passend zu bewältigen. Selbstverständlich profitieren auch Sportlehrkräfte davon, wenn sie planen, Spiel- und Sportgeräte im Unterricht einzusetzen.

Ideenquelle:
- Hart und Kindle Hodson (2006, S. 122) Abb. 10.1.

Handlungsschritte	Gefühls-/Erfahrungsspeicher
• Lernumgebung vorbereiten	
• Anmoderation/Infotainment	
• Beginn (Gefühls-Dreieck aufbauen)	
• erster Schritt (Einordnung)	
• zweiter Schritt (Skulpturen entwickeln)	
• dritter Schritt (Skulpturen präsentieren)	
• Abschlussbilanzierung	

Abb. 10.1 „Gefühls-Dreieck" – Handlungsschritte/emotionaler Erfahrungsspeicher

▪▪ 6b/Titel: Stimmungsbänder
Grundanliegen:
- Bedeutsamkeit des Zusammenspiels von Geräteanreizen⇔Gefühlsreaktionen⇔ Bewegungsimpulsen für objektempathisches Fühlen, Denken und Handeln ein- und wertschätzen

Lerngruppe: ab Klasse 3/4
Sozialform: Einzelperson, Gruppe, Plenum
Zeitbedarf/Vorbereitungsgrad: 1 × 90 min/umfangreich
Material/Geräte:
- Fundus an Hand-, Klein-, Großgeräten
- Gymnastikbänder oder Baustellenband, Hütchen

- Wandplakate, Stifte, Tesaband
- Hinweisbogen „Regeln zum Geräteaufbau/-abbau" (s. Anhang A.11)
- Impulsbogen „Liste Gefühlsvokabular" (s. Anhang A.04)
- Impulsbogen „Liste Bedürfnisvokabular" (s. Anhang A.05)

Sicherheitshinweise:
Bei Bedarf sind den TN wieder die entsprechenden Auf- und Abbauregeln zu den Klein- und Großgeräten in Erinnerung zu rufen. Auch das Ausgeben und Einsammeln der Handgeräte ist immer gut zu antizipieren.

Durchführung:
Die Lernumgebung ist vorbereitet. Benötigte Materialien und Geräte sind einsatzbereit zugänglich. Mittels Anmoderation seitens der KL sind die TN über das Grundanliegen, die Anforderungen, die drei Arbeitsbögen, den Sicherheitsrahmen und den Ablauf der Übung (soweit notwendig) informiert.

Die TN finden sich zu drei Gruppen zusammen. Jeder Gruppe steht für das Arrangement einer überschaubaren Gerätelandschaft eine markierte Zone zur Verfügung (Gruppe A = Handgeräte/Gruppe B = Kleingeräte/Gruppe C = Großgeräte).

Nach dem Aufbau schlendern die TN in der „ersten Erkundungsphase" entspannt durch die drei Gerätelandschaften. Dabei sollen sich die TN, Landschaft für Landschaft, auf die gerätetypischen Anreizstrukturen und Besonderheiten einlassen, durch: Anschauen, Betasten, Beschnuppern und spielerisches Bewegungshantieren. Zugleich soll jeder TN in sich hinein spüren, welche Stimmung ihm insbesondere der jeweilige gerätespezifische Landschaftstyp vermittelt. Ist sie eher fröhlich und beschwingt, beklommen und schwer oder skeptisch und zwiespältig?

In der „ersten Reflexionsphase" werden die Stimmungslagen, Empfindungen und Eindrücke der TN auf Wandplakaten (Stimmungsbild Handgeräte/Stimmungsbild Kleingeräte/Stimmungsbild Großgeräte) stichwortartig und gut lesbar oder zeichnerisch festgehalten und diskutiert. Hierbei kann der Einsatz des Gefühls- und Bedürfnisvokabulars den Meinungs- und Erfahrungsaustausch unterstützen.

In der „zweiten Erkundungsphase" bekommen die TN folgende Bewegungsaufgabe: Schauen Sie sich die drei „Geräte-Stimmungsbilder" mit ihren emotionalen Assoziationen noch einmal gut an. Nehmen Sie das emotionale Spektrum in sich auf und übertragen Sie die Ihnen vermittelte emotionale Grundstimmung der jeweiligen Gerätegruppe auf ihr Band (kann ein Gymnastik- oder Baustellenband sein). Dies ist ein Stimmungsband, das in der Lage ist zu zeigen, wie Sie sich gerade emotional fühlen, wenn Sie in Kontakt mit einem bestimmten Gerätetyp sind. Hierfür verteilen sich die TN mit ihren Bändern in der Sporthalle. Sie bewegen sich in der Halle und bringen mit unterschiedlichen Bewegungen des Bandes ihre emotionale Beziehung zu den jeweiligen Gerätetypen zum Ausdruck. WICHTIG: Im Vordergrund steht die Beobachtung der Bewegungseinfälle mit dem Band, nicht die TN selbst.

In der „zweiten Reflexionsphase" stellen die TN mit Hilfe einer Tabelle (Wandplakat) folgenden Zusammenhang her: Welches Gefühlsspektrum wird eher mit Hand-, Klein-, Großgeräten transportiert? Welche Bewegungen und welche Bandformen (zeichnerisch darstellen) passen am besten dazu? Zum Beispiel ■ Tab. 10.1.

Für die „dritte Erkundungsphase" finden sich die TN wieder zu ihren ursprünglichen Geräte-Gruppen zusammen. In Gruppenarbeit sollen sich die TN über Bewegungs- und Stimmungsideen mit dem Band austauschen und den Ertrag in einer

☐ **Tab. 10.1**	Gefühls-, Bewegungs- und Formenspektrum im Beziehungskontext		
Gerätetyp	**Handgeräte**	**Kleingeräte**	**Großgeräte**
Gefühle	Leicht, beschwingt, Locker, fröhlich	Inspiriert, zuversichtlich, hin- und hergerissen	Energiegeladen, kraftvoll, entschlossen… angespannt, besorgt, genervt…
Bewegungen	Große, weiche, fließende Bewegungen	Schnelle, unstetige Bewegungen	Wechsel zwischen harten und weichen Bewegungen
Formen			

Mini-Choreografie (eine Minute) vorstellen. Dabei sollen jeweils die hand-, klein- und großgerätetypischen Assoziationen und emotionalen Anregungen möglichst ausdrucksstark zur Geltung kommen. Choreografisch betrachtet, müssen nicht alle TN der Gruppe ein Band besitzen, das können die Gruppen flexibel handhaben.

In der „Präsentationsphase" stellt jede Gruppe ihre auf den jeweiligen Gerätetypus abgestimmte Mini-Choreografie vor. Um sicher zu gehen, dass die „Zuschauer" sich auf die Präsentation konzentrieren, sind die Bänder nicht in deren Händen.

Die „dritte Reflexionsphase" bietet die Möglichkeit, den Gruppen feedbackförderliche Rückmeldung zu ihrer Choreografie zu geben und aufzuzeigen, an welchen Stellen und in welcher Form sie überzeugt hat beziehungsweise wie die Choreografie noch im Bewegungs- und Emotionsausdruck optimiert werden könnte.

Für die Abschlussbilanzierung im Plenum bieten sich folgende drei Impulsfragen an: 1) Was haben die Stimmungsbänder bei Ihnen an Gefühlen und Gedanken ausgelöst? 2) Konnten Sie mithilfe der Stimmungsbänder mehr über sich und andere bezüglich gerätetypischer Gefühls- und Bewegungsbeziehungen erfahren – inwiefern? 3) Was haben Sie im Sinne des objektempathischen Grundanliegens gelernt?

Variationen:

Je nach Lerngruppe, Zielsetzung und Verlauf kann es vorteilhaft sein, eine zweite Doppelstunde nur für den choreografischen Aufgabenkontext einzuplanen.

Kommentar:

Das Gymnastikband besitzt, zumindest für jüngere Bewegungsakteure, einen hohen Aufforderungscharakter: es ist leicht, farbig und, da meist niemand rhythmisch-gymnastische Vorerfahrungen besitzt, für jeden unkonventionell zu handhaben. So gesehen, lässt sich mit dem Gymnastikband (Baustellenband) als Stimmungsband gut und anschaulich die Verbindung zwischen gerätetypischen Anreizstrukturen und daraus resultierenden (Gefühls-)Bewegungen darstellen. Gewisse Hemmungen bei den (vor allem männlichen) Bewegungsakteuren, eigene Gefühle in Bewegungen mit dem Band umzusetzen und anderen zu zeigen, können dadurch etwas aufgefangen werden, wenn der Spaß am emotionalen Schwingen des Bandes im Vordergrund steht und nicht die perfekte Show einer Gefühls- und Bewegungschoreografie.

Ideenquelle:
- Graf und Steiner (2014, S. 16–20) Abb. 10.2.

Handlungsschritte	Gefühls-/Erfahrungsspeicher
• Lernumgebung vorbereiten	
• Anmoderation/Infotainment	
• Geräte-Gruppen bilden	
• erste Erkundungs-/Reflexionsphase	
• zweite Erkundungs-/Reflexionsphase	
• dritte Erkundungsphase	
• Präsentationsphase	
• dritte Reflexionsphase	
• Abschlussbilanzierung	

Abb. 10.2 „Stimmungsbänder" – Handlungsschritte/emotionaler Erfahrungsspeicher

■■ **6c/Titel: Bedürfnis-Collage**

Grundanliegen:
- Bedeutsamkeit der gewohnheitsmäßigen Integration von Bedürfnissen in den (Sport-/Geräte)Alltag ein- und wertschätzen

Lerngruppe: ab Klasse 4/5
Sozialform: Einzelperson, Gruppen, Plenum
Zeitbedarf/Vorbereitungsgrad: 1 × 90 min/umfangreich
Material/Geräte:
- Impulsbogen „Liste Bedürfnisvokabular" (s. Anhang A.05)
- Abbildungen/Fotos aus Sportfachzeitschriften (selbst bereitstellen)
- Scheren, Stifte, Stecknadeln, Tesaband, großes Zeichenpapier

Sicherheitshinweise: keine

Durchführung:
Die Lernumgebung ist vorbereitet. Benötigte Materialien und (emotional aufgeladene) Abbildungen/Fotos sind einsatzbereit zugänglich. Mittels Anmoderation seitens der KL sind die TN über das Grundanliegen, die Anforderungen, den Impulsbogen und den Ablauf der Übung (soweit notwendig) informiert.

Zur Einstimmung in die Übung setzen sich die TN im Rahmen eines kurzen „Theorie-Inputs" mit der Bedürfnis-Thematik auseinander. Gemeinsam arbeiten KL und TN unter Bezugnahme auf das Bedürfnisvokabular heraus, dass alles, was man als Bewegungsakteur im Umgang mit Spiel- und Sportgeräten tut, mit einem oder mit mehreren Bedürfnissen zu tun hat. Die Art und Weise den Ball zu prellen, über den Kasten zu springen oder nicht zu springen, mit dem Schwimmbrett im Wasser zu schwimmen, den Schleuderball zu werfen…, alles dient dazu, Bedürfnisse zu erfüllen. Bedürfnisse motivieren, sie mobilisieren, ob das dem Bewegungsakteur beim Gebrauch der Spiel- und Sportgeräte bewusst oder nicht bewusst ist. In diesem Zusammenhang sind Gefühle wichtige Botschafter, denn sie machen einen Bewegungsakteur darauf aufmerksam, wann seine Bedürfnisse erfüllt sind und wann nicht.

Dann finden sich die TN zu Gruppen zusammen. Diese wählen aus bereit gestellten Abbildungen/Fotos diejenigen aus, von denen sie glauben, dass Bewegungsakteure aufgrund ihres Emotionsausdrucks gerade bedürfniserfüllende Erfahrungen im Kontext von Bewegung, Spiel und Sport machen. Zugleich suchen die TN auch nach Abbildungen, die den emotionalen Eindruck vermitteln, dass Bedürfnisse von Bewegungsakteuren nicht zufrieden gestellt werden (Gruppenarbeitsphase I).

Ist die Auswahl getroffen, unterteilt jede Gruppe ihren Papierbogen in der Mitte. Die linke Hälfte des Bogens enthält die Überschrift „erfüllte Bedürfnisse" und die andere Hälfte „unerfüllte Bedürfnisse". Daraufhin befestigen die Gruppen mit Stecknadeln ihre Abbildungen in die passende Spalte und notieren unter jede Abbildung das assoziierte Bedürfnis (Gruppenarbeitsphase II).

Sind die Gruppen mit ihrer Collage fertig, stellen sie die Ergebnisse dem Plenum vor und diskutieren damit einhergehende Erfahrungen und Erkenntnisse, sowohl mit Bezug auf die Kurspraxis als auch mit Bezug auf die Alltagspraxis im Sportunterricht.

Für die Abschlussbilanzierung im Plenum bieten sich folgende drei Impulsfragen an: 1) Inwiefern haben Ihnen die Abbildungen geholfen, sich die eigenen Bedürfnisse im Umgang mit Spiel- und Sportgeräten bewusst zu machen? 2) Wie bedeutsam schätzen Sie es ein, Bedürfnisse in den Alltagskontext von Sportunterricht mit einzubeziehen? 3) Was haben Sie im Sinne des objektempathischen Grundanliegens gelernt?

Variationen:

Die Gruppen können ihre Arbeiten zu einer großen Plenums-Collage zusammentragen und mit Gefühlswörtern, Fotos, Zeichnungen oder Sponti-Sprüchen ergänzen. Eine Variante ist auch, die TN selbst viele Sportmagazine und Sportseiten aus Zeitschriften für die Collage mitbringen zu lassen. Dazu sind aber im Vorfeld ein klarer Arbeitsauftrag und eine frühzeitige Vorankündigung notwendig.

Kommentar:

Die Übung verdeutlicht, dass es sich lohnt, Bedürfnisse in das Alltagsdenken in passender Weise zu integrieren. Die Abbildungen/Fotos zeigen, dass Menschen (zum Beispiel Bewegungsakteure oder Sportlehrkräfte) im Spiel- und Sportalltag überall die gleichen Grundbedürfnisse haben. Deshalb ist es möglich, zu verstehen, was Sportlehrkräfte/Bewegungsakteure motiviert, selbst wenn sie sehr unterschiedlich sind und selbst wenn diverse Thematisierungs-/Bewegungsimpulse unverständlich erscheinen. Mit den Collagen lässt sich allgemein und mit Bezug zum Umgang mit Spiel- und Sportgeräten die Formel herausarbeiten: Achtet man auf seine Gefühle, erkennt man daraus seine Bedürfnisse. Kennt man seine Bedürfnisse, kann man daraus Maßnahmen im eigenen und im sozialen Interesse ergreifen und in die Tat umsetzen.

Ideenquelle:

━ Hart und Kindle Hodson (2006, S. 129) Abb. 10.3.

Handlungsschritte	Gefühls-/Erfahrungsspeicher
• Lernumgebung vorbereiten	
• Anmoderation/Infotainment	
• Theorie-Input (Bedürfnisse)	
• Gruppenarbeitsphase I	
• Gruppenarbeitsphase II	
• Präsentation/Diskussion der Ergebnisse	
• Abschlussbilanzierung	

Abb. 10.3 Bedürfnis-Collage – Handlungsschritte/emotionaler Erfahrungsspeicher

▪▪ 6d/Titel: Spaß-Kette

Grundanliegen:

⚊ Bedeutsamkeit für unterschiedliche Lösungswege zur Erfüllung von gleichen Bedürfnissen im Umgang mit Spiel- und Sportgeräten ein- und wertschätzen

Lerngruppe: ab Klasse 5/6
Sozialform: Einzelperson, 4er-/5er Teams, Plenum
Zeitbedarf/Vorbereitungsgrad: 1 × 90 min/gering
Material/Geräte:
⚊ Fundus an Hand-, Klein-, Großgeräten
⚊ Impulsbogen „Liste Bedürfnisvokabular" (s. Anhang A.05)
⚊ Hinweisbogen „Regeln zum Geräteaufbau/-abbau" (s. Anhang A.11)
⚊ farbige Papierstreifen, Eddingstifte, Tesaband

Sicherheitshinweise:
Bei Bedarf sind den TN die entsprechenden Auf- und Abbauregeln zu den Klein- und Großgeräten in Erinnerung zu rufen. Auch das Ausgeben und Einsammeln der Handgeräte ist immer gut zu antizipieren.

Durchführung:
Die Lernumgebung ist vorbereitet. Benötigte Materialien und Hand-, Klein-, Großgeräte sind einsatzbereit zugänglich. Mittels Anmoderation seitens der KL sind die TN über das Grundanliegen, die Anforderungen, die zwei Arbeitsbögen, den Sicherheitsrahmen und den Ablauf der Übung (soweit notwendig) informiert.

Zu „Beginn" der Übung verweist die KL die TN auf die Bedürfnisthematik und hebt im Zusammenhang mit dem Bedürfnisvokabular das Bedürfnis nach Spaß hervor. Die TN nehmen den Impuls auf, und sie äußern sich zu dem Bedürfnis als Bewegungsakteur im Umgang mit Spiel- und Sportgeräten möglichst viel Spaß haben zu wollen.

Danach finden sich die TN zu 4er-/5er-Teams zusammen. Jedes Team soll sich aus dem Fundus an Hand-, Klein-, Großgeräten ein Gerät aussuchen, in der Annahme, dass dieses Gerät für das Team eine Menge an Spaß in Aussicht stellt.

In der „ersten Erkundungsphase" gehen die Teams folgender Aufgabe nach: Was kannst Du, was können wir tun, um mit dem Gerät möglichst viel Spaß zu haben? Die TN der Teams erproben in Einzel-, Partner- und Gruppenarbeit eine Vielzahl an Bewegungsideen, die spaßbetonte Bewegungserlebnisse mit dem Gerät erzeugen beziehungsweise zum Ausdruck bringen.

Auf grünen Papierstreifen hält jedes Team stichwortartig fest, welche Wege es im Umgang mit dem ausgewählten Gerät gibt, um das Bedürfnis nach Spaß erfüllen zu können. Dabei ist darauf zu achten, dass an jedem Ende des Papierstreifens ein freier Rand von 2/3 cm belassen wird. Somit ist es (später) möglich, die Streifen zu einer Spaß-Kette zu verbinden, ohne das Geschriebene zu beschädigen.

In der „ersten Reflexionsphase" stellen die Teams sich gegenseitig ihre Ergebnisse vor und beschreiben mithilfe der Spaß-Kette, welche Wege sie für das jeweilige Gerät gefunden haben, um viel gute Laune aufkommen zu lassen.

In der „Überleitung" zur zweiten Erkundungsphase werden alle Teams von der KL aufgefordert, sich auf ein Gerät zu einigen, mit dem sie versuchen sollen, emotionale Wege aufzuzeigen, um jedem die Möglichkeit zu eröffnen, Spaß haben zu können. Bei dem Gerät kann es sich aus dem Fundus an Hand-, Klein-, Großgeräten aus Sicht der Teams um einen Geräte-Favoriten oder um einen Geräte-Fiesling handeln.

In der „zweiten Erkundungsphase" entwickeln die Teams in Einzel-, Partner- und Gruppenarbeit wieder Vorschläge dazu, welche Bewegungs- und Spielaktivitäten dazu taugen, einfach „nur" Spaß mit dem Gerät zu haben. Dabei soll bei den motorischen Erprobungsversuchen immer daran gedacht werden, Ideen zu finden, wie man Spaß haben kann, die keine Probleme für andere verursachen. Auf gelben Papierstreifen hält wieder jedes Team stichwortartig seine Spaß-Kette fest.

In der „zweiten Reflexionsphase" stellen die Teams sich gegenseitig ihre Ergebnisse vor und beschreiben mithilfe der Spaß-Kette, welche emotionalen Wege sie für ein und dasselbe Gerät gefunden haben, um viel gute Laune aufkommen zu lassen.

Mit dem „Statement": „Alle Bewegungsakteure haben im Umgang mit Spiel- und Sportgeräten das Bedürfnis nach Spaß. Jedoch können sich die Handlungen, die jeder Bewegungsakteur für sich wählt, um sein Bedürfnis nach Spaß zu erfüllen, von Bewegungsakteur zu Bewegungsakteur unterscheiden" will die KL die TN zu einem gemeinsamen Erfahrungsaustausch über das exemplarische Grundanliegen der Übung (ein Bedürfnis – viele Lösungswege) anregen.

Für die Abschlussbilanzierung im Plenum bieten sich folgende drei Impulsfragen an: 1) Wie haben Sie sich gefühlt, wenn Ihr Bedürfnis nach Spaß erfüllt/nicht erfüllt wird? 2) Inwiefern ist es für Bewegungslernprozesse bedeutsam, dass es im Umgang mit Spiel- und Sportgeräten unterschiedliche Wege gibt, um die gleichen Bedürfnisse zu erfüllen beziehungsweise gleiche Wege gibt, um unterschiedliche Bedürfnisse zu erfüllen? 3) Was haben Sie im Sinne des objektempathischen Grundanliegens gelernt?

Variationen: keine

Kommentar:
Die Übung zeigt: Ob sich ein Bewegungsakteur darüber bewusst ist oder nicht, er hat sehr viele Möglichkeiten zu wählen, wie er mit Spiel- und Sportgeräten umgehen möchte. Ist sich ein Bewegungsakteur dieser Wahloptionen bewusst, kann er in zufriedenstellender Weise sein Bewegungshandeln danach ausrichten. Für jedes geräte-spezifische Bedürfnis gibt es eine Fülle an Wegen oder Strategien, um es zu erfüllen.

Bewegungsakteure können jederzeit neue Wege/Strategien erlernen, Bedürfnisse zu erfüllen. Das setzt voraus, die Verantwortlichkeit für die eigenen Bedürfnisse zu übernehmen. Zusammengefasst sind hierfür sechs Schritte hilfreich:

- Schritt 1: Auf gerätespezifische Gefühlsbewegungen achten
- Schritt 2: Die gerätespezifischen Bedürfnisse erkennen
- Schritt 3: Lösungswege zur Bedürfniserfüllung sammeln
- Schritt 4: Einen Lösungsweg auswählen und ausprobieren
- Schritt 5: Das Handlungsresultat auswerten und die Strategie einschätzen
- Schritt 6: Lösungsweg optimieren oder anderen Lösungsweg wählen

Wichtig in diesem Zusammenhang ist, dass Bewegungsakteure auch aus einer Vielfalt von Perspektiven lernen können, die beispielsweise im Umgang mit einem Geräte-Favoriten oder Geräte-Fiesling nicht sofort zum Ziel respektive zur Bedürfniserfüllung führen. Anstatt dann das Spiel zur Selbstbeschuldigung zu spielen geht es darum, aus dem/den Fehler/n zu lernen, indem der Bewegungsakteur sich konstruktiv infrage stellt. Zum Beispiel: Was habe ich getan?/Wie fühle ich mich dabei, was ich getan habe?/Welche Bedürfnisse habe ich versucht zu erfüllen?/Mit welchen Gefühlen/Gedanken könnte ich das für mich wichtigste Bedürfnis effektiver erfüllen?/Was habe ich zu tun, um mich besser zu fühlen und um mein zentrales Bedürfnis zu erfüllen?

Ideenquelle:
- Hart und Kindle Hodson (2006, S. 48–60 und 131) Abb. 10.4.

Handlungsschritte	Gefühls-/Erfahrungsspeicher
• Lernumgebung vorbereiten	
• Anmoderation/Infotainment	
• Beginn (Bedürfnisvokabular/Spaß)	
• Auswahl verschiedener Geräte	
• erste Erkundungsphase	
• erste Reflexionsphase	
• Überleitung (Einigung auf ein Gerät)	
• zweite Erkundungsphase	
• zweite Reflexionsphase	
• Statement	
• Abschlussbilanzierung	

Abb. 10.4 „Spaß-Kette" – Handlungsschritte/emotionaler Erfahrungsspeicher

▪▪ 6e/Titel: Kompetenzhand

Grundanliegen:

▬ Selbsteinschätzung und wertschätzender Austausch über persönliche objektempathische Kompetenzfortschritte

Lerngruppe: ab Klasse 4 (bei reduziertem Anspruch)
Sozialform: Einzelperson, Paar, Gruppe, Plenum
Zeitbedarf/Vorbereitungsgrad: 1×45 min/gering
Material/Geräte:

▬ Impulsbogen „Kompetenzhand – Bilanz in persönlicher Hinsicht" (s. Anhang A.39)
▬ Stifte

Sicherheitshinweise: keine

Durchführung:
Die Lernumgebung ist vorbereitet. Benötigte Materialien sind einsatzbereit zugänglich. Mittels Anmoderation seitens der KL sind die TN über das Grundanliegen, die
Anforderungen, den Impulsbogen und den Ablauf der Übung (soweit notwendig)
informiert.

Die TN erhalten von der KL ein Blatt Papier in DIN A4-Format. Jeder TN legt
seine Hand mit gespreizten Fingern auf das Blatt und zeichnet die Umrisse nach.
Bestimmte Finger der Hand symbolisieren verschiedene Aspekte im Zuge des objektempathischen Kompetenzerwerbsprozesses, zu denen die TN stichwortartig ein
schriftliches Feedback geben. Die KL erläutert über eine vorbereitete Visualisierung
die einzelnen Finger der Kompetenzhand und deren Bedeutung mit Hilfe von Satz-
anfängen: ◘ Tab. 10.2.

Nach dieser Einführung schreiben die TN zuerst ihren Namen in die Handinnenfläche. Dann werden die stichwortartigen Einschätzungen auf dem Impulsbogen in
den jeweiligen Finger oder bei Platzbedarf daneben eingetragen.

10

◘ **Tab. 10.2** Kompetenzhand – Symbolikerklärung

Finger	Symbol	Kompetenzaspekt
Daumen	Daumen hoch	Von anderen als besonders ausgeprägt eingeschätzt wird meine objektempathische Fähigkeit/Haltungs-orientierung XY, weil…
Zeigefinger	Er weist auf etwas hin	Der Hinweis XY hat mir bei der Entwicklung objekt-empathischer Fähigkeiten/ Haltungsorientierungen sehr geholfen, weil…
Mittelfinger	Die Stärke des Fingers	Bei mir am stärksten entwickelt hat sich die objekt-empathische Fähigkeit/Haltungsorientierung XY, weil…
Ringfinger	Der wertvolle Finger	Ich selbst halte für mich die objektempathische Fähig-keit/Haltungsorientierung XY am wertvollsten, weil…
Kleiner Finger	Die Kürze des Fingers	Noch wachsen muss beziehungsweise verbesserungs-würdig ist bei mir die objektempathische Fähigkeit/ Haltungsorientierung XY, weil…

Im Anschluss daran, finden sich die TN zunächst partner-, dann gruppenweise zusammen und tauschen mithilfe der Impulsbögen ihre objektempathischen Lernerfahrungen und Kompetenzfortschritte feedbackförderlich aus.

Für die Abschlussbilanzierung im Plenum bieten sich folgende drei Impulsfragen an: 1) Wie würden Sie Ihre neue objektempathische Ausgangslage unter kompetenzorientierten Gesichtspunkten umreißen? 2) Auf welche objektempathische Lernleistung sind Sie aus welchen Gründen besonders und zu Recht stolz? 3) Was haben Sie im Sinne des objektempathischen Grundanliegens gelernt?

Variationen:

In überschaubaren Lerngruppen ist es auch möglich, die kompetenzbezogenen Rückmeldungen auf kleine Moderationskarten zu schreiben. Diese werden zu den Fingern einer großen Hand in Posterformat aufgeklebt. So erhalten die TN einen Überblick über alle Selbsteinschätzungen.

Kommentar:

Ein „Spiel mit der eigenen Hand" kann den Stand des eigenen Kompetenzfortschrittes deutlich machen. Denn jeder TN sollte zu seinen fünf Fingern aus seiner Sicht die eigenen beziehungsweise vorhandenen oder neu hinzugewonnenen objektempathischen Basisfähigkeiten und Haltungsorientierungen beschreiben können. Mit der Kompetenzhand wird der Auswertungs- und Bilanzierungsprozess auf die Einschätzung der persönlichen Kompetenzlage konzentriert. Der Austausch mit anderen erweitert den eigenen Lern- und Erfahrungshorizont. Zum anderen hilft er, mit mehr Distanz das eigene Lernverhalten zu reflektieren und zu bewerten.

Ideenquelle:
– Thal und Vormdohre (2009, S. 102–103) Abb. 10.5.

Handlungsschritte	Gefühls-/Erfahrungsspeicher
• Lernumgebung vorbereiten	
• Anmoderation/Infotainment	
• Kompetenzhand aufmalen	
• Kompetenzhand erläutern	
• Kompetenzhand ausfüllen	
• Erfahrungsaustausch (Paare/Gruppen)	
• Abschlussbilanzierung	

Abb. 10.5   „Kompetenzhand" – Handlungsschritte/emotionaler Erfahrungsspeicher

■ ■ 6f/Titel: Zielscheibe

Grundanliegen:

- schnelle und individuelle Rückmeldung in grafischer Form zu verschiedenen Aspekten der objektempathischen Gesamtkonzeption
- Selbsteinschätzung der objektempathischen Förder-/Konzeptqualität

Lerngruppe: ab Klasse 6/7 (ab Klasse 4 bei reduziertem Anspruch)
Sozialform: Einzelperson, Plenum
Zeitbedarf/Vorbereitungsgrad: 1 × 45 min/gering
Material/Geräte:

- Impulsbogen „Zielscheibe – Bilanz in konzeptioneller Hinsicht" (s. Anhang A.40)
- Klebepunkte, Eddingstifte, Tesaband

Sicherheitshinweise: keine

Durchführung:

Die Lernumgebung ist vorbereitet. Benötigte Materialien sind einsatzbereit zugänglich. Mittels Anmoderation seitens der KL sind die TN über das Grundanliegen, die Anforderungen, den Impulsbogen und den Ablauf der Übung (soweit notwendig) informiert.

Zu Beginn werden die TN über das Interesse der KL und über das Grundanliegen der Erhebung informiert. Vor dem Ausfüllen erhält jeder TN eine vorbereitete Zielscheibe (DIN A4-Format) und die Form der Markierung wird besprochen. Die TN werden gebeten, in jeden Sektor einen Punkt zu kleben oder mit einem Eddingstift ein Kreuz zu setzen. Je positiver ein TN ein Merkmal einschätzt, desto näher kommt der Punkt/das Kreuz im jeweiligen Sektor zum Zentrum. Je negativer ein TN ein Merkmal einschätzt, desto mehr verteilen sich die Punkte/die Kreuze an der Peripherie der Zielscheibe. Entsprechend der Einschätzung (innen/5 = trifft voll zu; außen/1 = trifft nicht zu) können auf der Zielscheibe folgende sechs Sektoren markiert werden. Das Förderkonzept finde ich: interessant, gut aufgebaut, praxisnah, kompetenzförderlich, umsetzbar und nützlich.

Unmittelbar nach dem Ausfüllen werden die individuellen Zielscheiben der TN, mit Unterstützung der KL, ausgewertet. Dazu liest ein TN die einzelnen Einschätzungen vor, und ein zweiter TN trägt diese in eine leere vorbereitete Kurs-Zielscheibe auf Posterformat ein.

Sind individuelle Bepunktung und gemeinsamer Übertrag auf die posterartige Kurs-Zielscheibe abgeschlossen, tauschen sich die TN und die KL untereinander aus. Anhand des entstandenen Bildes können die Hintergründe für unterschiedliche Einschätzungen nachgefragt und gemeinsam besprochen werden. Die Präsentation der Ergebnisse (Gesamteindruck und Sektoreneindrücke) schafft genug Anlässe zur Diskussion der Konzeptqualität. Besonders die Diskussion über „Ballungen" und „Ausreißer" kann sehr aufschlussreich sein. Als Fazit können in gemeinsamer Absprache notwendige Verbesserungen und Veränderungen für zukünftige objektempathische Schulungs- respektive Professionalisierungsmaßnahmen vereinbart werden.

Für die Abschlussbilanzierung im Plenum bieten sich folgende drei Impulsfragen an: 1) Welcher Sektor hat Sie vom Gefühl her am meisten/am wenigsten überzeugt

– weshalb? 2) Wie schätzen Sie die Konzeptqualität zur Förderung objektempathischer Fähigkeiten/Fertigkeiten und Haltungsorientierungen insgesamt ein? 3) Was sollte unter konzeptionellen Gesichtspunkten unbedingt beibehalten/unbedingt verändert werden – kurze Begründung?

Variationen:
Der Prozess der Auswertung kann auch in Gruppenarbeit erfolgen. Jede Gruppe wertet einen Teilaspekt der Zielscheibe aus, interpretiert dessen Bepunktung, überlegt Verbesserungsvorschläge für zukünftige Angebote und informiert anschließend das Plenum darüber. Sind alle Teilaspekte der Zielscheibe feedbackförderlich reflektiert, wird auf der Basis von Stärken und Schwächen ein modifiziertes Kurskonzept auf gemeinsamer Basis entwickelt.

Kommentar:
Die Zielscheibe verschafft allen Beteiligten einen schnellen Überblick. Je nach Intention und Gewichtung kann sie der KL beispielsweise zur Vorbereitung des nächsten Kurses oder den TN als Feedback für verhaltensspezifische Stärken und Schwächen bei der Umsetzung objektempathischer Fähigkeiten/Haltungen dienen.

Um Missverständnisse zu vermeiden, ist die Wertigkeit der Punktevergabe genau zu klären. Eine detaillierte Auswertung der Zielscheibe achtet sowohl auf Ballungen als auch auf Ausreißer. Beginnen kann man mit dem Gesamteindruck des Bildes, um dann einzelne Sektoren intensiver unter die „Lupe" zu nehmen. Interessant ist auch, eine Besonderheit des Bildes an den Anfang des Auswertungsprozesses zu stellen.

Ideenquelle:
— Thal und Vormdohre (2009, S. 111–112), Bastian et al. (2007, S. 137–139)
   Abb. 10.6.

Handlungsschritte	Gefühls-/Erfahrungsspeicher
• Lernumgebung vorbereiten	
• Anmoderation/Infotainment	
• Zielscheibe erläutern	
• Zielscheibe ausfüllen	
• Zielscheibe auswerten	
• Diskussion des Zielscheibenprofils	
• Abschlussbilanzierung	

Abb. 10.6 „Zielscheibe" – Handlungsschritte/emotionaler Erfahrungsspeicher

▪ ▪ 6g/Titel: Abschiedsgeografie

Grundanliegen:

▬ subjektive Stimmungen/Eindrücke zu einem kollektiven Ergebnis über die Qualität der objektempathischen Förderkonzeption zusammenführen

Lerngruppe: Erwachsene (ab Klasse 7/8 bei reduziertem Anspruch)
Sozialform: Einzelperson, Plenum
Zeitbedarf/Vorbereitungsgrad: 1 × 90 min/umfangreich
Material/Geräte:

▬ Impulsbogen „Berglandschaft – Bilanz in metaphorischer Hinsicht" (s. Anhang A.41)
▬ Stifte, Tesaband, farbige Kärtchen (rot/grün/gelb)

Sicherheitshinweise: keine

Durchführung:
Die Lernumgebung ist vorbereitet. Benötigte Materialien sind einsatzbereit zugänglich. Mittels Anmoderation seitens der KL sind die TN über das Grundanliegen, die Anforderungen, den Impulsbogen und den Ablauf der Übung (soweit notwendig) informiert.

Zu Beginn klärt die KL die TN über Sinn und Zweck der Übung auf. Bei dieser Übung sollen persönliche Erlebnisse und Erfahrungen, Gefühle und Gedanken mit dem Bild des Wanderns in den Bergen in eine Beziehung gebracht werden, um Informationen über die Qualität des Gesamtkonzepts zur Förderung der Objektempathie zu erhalten. Die Berg-/Wandermetapher soll es den TN erleichtern, konzeptbedingte Erlebnisse, Erfahrungen und Erkenntnisse authentisch zum Ausdruck zu bringen, besitzen doch (Berg-)Wandern und objektempathisches Lernen einige wesentliche Gemeinsamkeiten.

Zur Veranschaulichung verweist die KL auf den Impulsbogen (oder auf ein großes Wandplakat) und erläutert den TN die fünf Sinnbilder der Berg-/Wandermetapher. Zum Beispiel

▬ steht die richtige „Ausrüstung" (Schuhe, Bekleidung, Rucksack) sinnbildlich dafür, dass man sich erst ein grundlegendes objektempathisches Rüstzeug an Basistechniken/Basishaltungen aneignen muss, wenn man in der Praxis objektempathisch kompetent handeln möchte (1).
▬ stehen „Auf- und Abstiege" (Wanderrouten) sinnbildlich dafür, dass es auch beim objektempathischen Kompetenzerwerb darum geht, diverse Lernschwierigkeiten eigeninitiativ und mit Unterstützung der Gruppe zu überwinden (2).
▬ stehen „wechselnde Wetterlagen" (Sonne, Wolken, Regen) sinnbildlich dafür, dass es auch bei objektempathischen Lernprozessen zu nicht vorhersehbaren Höhen und Tiefen, Erfolgen und Misserfolgen kommen kann (3).
▬ steht eine zunehmende „Tritt- und Gehsicherheit" (Fußspuren) sinnbildlich dafür, dass erst beständiges Üben objektempathischer Was- und Wie-Fähigkeiten im Wahrnehmungs-, Kommunikations- und Verarbeitungsbereich zu objektempathischen Lernfortschritten und Routineprozessen führt (4).
▬ steht die „wohltuende Rast" auf dem Gipfel (Ausblick) sinnbildlich dafür, dass sich die objektempathischen Anstrengungen beispielsweise aus Lehrersicht gelohnt haben, wenn sich sowohl die Spiel- und Sportgeräte (Sachbezug) als auch die Bewegungsakteure (Subjektbezug) angemessen vertreten fühlen (5).

Nach dieser Information sollen die TN auf farbige Kärtchen die Erfahrungen (rot), die Erkenntnisse (grün), die Erlebnisse (gelb) notieren, die sie während der Kursphase hatten. Unter Zuordnung zu einer Metapher-Überschrift (Ausrüstung, Auf- und Abstiege, Wetterlagen, Tritt- und Gehsicherheit, Rast) sollen die TN dann ihre Kärtchen auf der Berglandschaft (Wandplakat) verteilen. Da gibt es dann beispielsweise Erfahrungen, die im Sinne der „Ausrüstung" sehr fruchtbar waren. Oder Erlebnisse, die im Sinne der „Tritt- und Gehsicherheit" für einen stabilisierenden Kompetenzzuwachs sorgten. Oder Erkenntnisse, die im Sinne der „Rast und des Ausblicks" zu besinnlichen Selbstvergewisserungsprozessen führten.

Wenn alle TN ihre Kärtchen ausgelegt haben, werden die TN von der KL dazu ermuntert, die Kärtchen und deren Platzierungen möglichst fantasievoll und anschaulich zu kommentieren. Dabei stehen alle TN im Halbkreis um die Berglandschaft herum.

Als Abschluss der Übung sollen die Eindrücke über das Gesamtwerk als kollektives Ergebnis geäußert und in eine umfassende Bewertung der Förderkonzeption überführt werden. In diesem Zusammenhang können beispielsweise Verbindungen zu den theoretischen Hintergründen, konzeptionellen Grundlagen und praktischen Lernepisoden geknüpft werden.

Für die Abschlussbilanzierung im Plenum bieten sich folgende drei Impulsfragen an: 1) Wie haben Sie für sich die Wandermetapher in Bezug zu Ihren objektempathischen Lern- und Kompetenzerfahrungen emotional erlebt? 2) An welchen Stellen konnten Sie mithilfe der Wandermetapher die Bilanz Ihres objektempathischen Kompetenzerwerbsprozesses besonders gut zum Ausdruck bringen? 3) Worin besteht eine hohe/eine geringe Übereinstimmung hinsichtlich der Einschätzung der Konzeptqualität zwischen Ihnen und der Lerngruppe?

Variationen:

Im Sinne eines reduzierten Auswertungsanspruches kann mit Blick auf Schulklassen bereits der Kommentar der Kärtchen und deren Platzierung in der Berglandschaft als Abschluss der Übung genutzt werden. Die Impulsfragen für die Abschlussbilanzierung sind dann entsprechend der Zielgruppe anzupassen. Zum Beispiel: 1) Hat das Bild des Bergwanderns Dir geholfen, Deine Gefühle und Bedürfnisse im Zuge der objektempathischen Lernprozesse leichter zum Ausdruck zu bringen – Deine Einschätzung? 2) Welche Erfahrungen, Erlebnisse, Erkenntnisse wurden bei Dir durch die Berg-/Wanderlandschaft insbesondere aktiviert? 3) Was hat Dich beim Gesamtwerk der Berg-/Wanderlandschaft im Vergleich zu Deinen objektempathischen Lernerfahrungen gefühlsmäßig am meisten überzeugt/am meisten nachdenklich gestimmt?

Kommentar:

Die einfache Klarheit und Fantasie bildende sowie emotionale Kraft der Berg-/Wandermetapher kann helfen, sowohl eine größere Verständnistiefe für objektempathische Fühl-, Denk- und Handlungsbereitschaften als auch für konzeptionelle Besonderheiten zu entwickeln. Da sich das Bild des Bergwanderns verändert hat, ist es durch seine dynamisch-sportiv-modische Inszenierung mittlerweile auch für junge Menschen wieder von Interesse.

Die aufgeführten Analogien beanspruchen nicht, eindeutig und für jeden TN gültig zu sein. Das Metapher-Lernen ist aber eine Möglichkeit, bei eventuellen Zweifeln über den eigenen objektempathischen Kompetenzfortschritt sowohl den einzelnen als auch die gesamte Lerngruppe zu „erden" beziehungsweise überhöhte Erwartungen an sich selbst und andere zu relativieren. Zugleich kann die „objektempathische Bergwanderung" den Blick für bedeutsame individuelle Kompetenzerfahrungen und für konzeptionelle (Un-)Ebenheiten und (Un-)Stimmigkeiten freilegen.

Zu einem früheren Zeitpunkt eingesetzt, eignet sich das Metapher-Lernen auch dafür, die TN oder die Lerngruppe bei auftretenden objektempathischen Lernproblemen motivationsförderlich zu begleiten und zu unterstützen.

Ideenquelle:
- Fengler (2009, S. 126–127) Abb. 10.7.

Handlungsschritte	**Gefühls-/Erfahrungsspeicher**
• Lernumgebung vorbereiten	
• Anmoderation/Infotainment	
• Bergwander-Metapher einführen	
• Erfahrungen/Erkenntnisse/Erlebnisse auf Kärtchen notieren	
• Kärtchen kommentieren	
• Gesamtwerk Berglandschaft mit Gesamtkonzeption verknüpfen	
• Abschlussbilanzierung	

Abb. 10.7   „Abschiedsgeografie" – Handlungsschritte/emotionaler Erfahrungsspeicher

Literatur

Bastian, J., Combe, A., & Langer, R. (2007). *Feedback-Methoden* (S. 137–139). Weinheim: Beltz.

Fengler, J. (2009). *Feedback geben. Strategien und Übungen* (S. 126–127). Weinheim: Beltz.

Graf, V., & Steiner, N. (2014). Stimmungsbänder. *Sportpädagogik, 38*(3+4), 16–20.

Hart, S., & Kindle Hodson, V. (2006). *Empathie im Klassenzimmer* (S. 48–60, 122, 129 und 131). Paderborn: Junfermann.

Thal, J., & Vormdohre, K. (2009). *Methoden und Entwicklung* (S. 102–103, 104–105 und 111–112). Baltmannsweiler: Schneider Hohengehren.

Serviceteil

Arbeitsbögen – 186

Arbeitsbögen

Arbeitsmaterialien aus dem Buch Objektempathie

Impulsbogen »ABC-Schema«

Was stellen Sie sich unter einer objektempathischen Sportlehrkraft vor?

A		N	
B		O	
C		P	
D		(Q)	
E		R	
F		S	
G		T	
H		U	
I		V	
J		W	
K		(X)	
L		(Y)	
M		Z	

1. Bilden Sie ein Tandem.
2. Einigen Sie sich zu jedem Buchstaben auf einen Begriff, von dem Sie vermuten, dass er besonders gut die eigenen Vorstellungen im Hinblick auf eine objektempathische Sportlehrkraft abbildet. Zu den eingeklammerten Buchstaben können, müssen aber nicht Begriffe gefunden werden.
3. Notieren Sie die Begriffe und diskutieren Sie ihr Tandem-Ergebnis in der Kleingruppe (4-6 TN). Heben Sie Übereinstimmungen, Unterschiede oder „Ausreißer" hervor.
4. Stellen Sie das Kleingruppen-Ergebnis dem Plenum vor und entwickeln Sie anhand von markanten Merkmalen eine gemeinsame Vorstellung davon, was eine objektempathische Sportlehrkraft insbesondere auszeichnen könnte.
5. Halten Sie auf einem Wandplakat das Plenums-Ergebnis im ABC-Schema mindmapartig fest.

A.01   Impulsbogen „ABC-Schema"

Arbeitsmaterialien aus dem Buch Objektempathie

Impulsbogen »Anders oder gleich«

**Worauf achten Sie als Sportlehrkraft besonders, wenn Sie
eine Stunde mit Spiel- und Sportgeräten planen?**

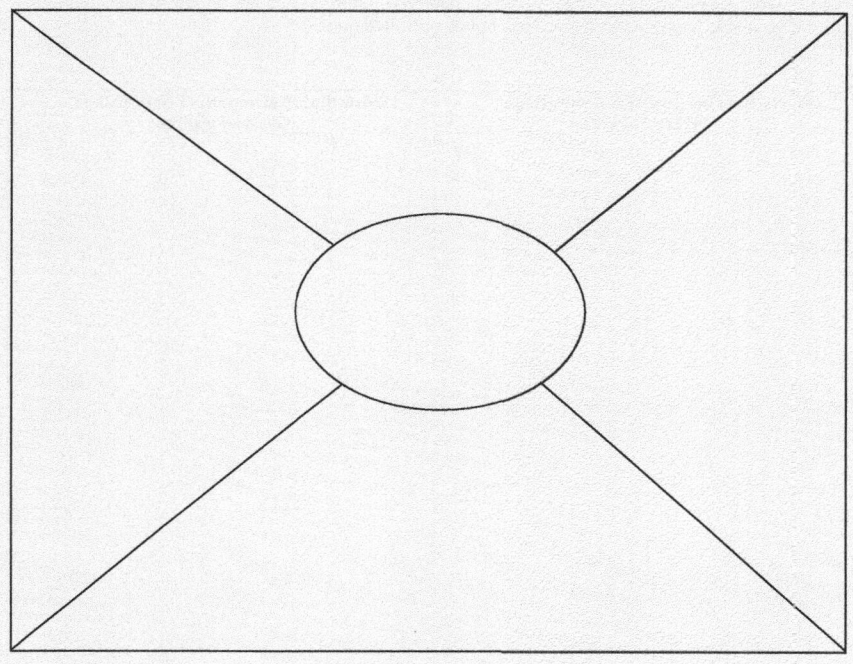

1. Gehen Sie zu 4er-Teams zusammen.
2. Wählen Sie sich als Teammitglied ein persönliches äußeres Segment aus. Das kreisförmige Segment in der Mitte ist für das gesamte Team vorgesehen.
3. Bringen Sie zu der Leitfrage Ihre Vorstellungen, ihr Vorwissen ins Spiel. Halten Sie das individuelle Ergebnis stichwortartig in den jeweils äußeren Segmentbereichen fest.
4. Tragen Sie in das innere Segment nur diejenigen Planungsaspekte ein, die von allen Mitgliedern des Teams einstimmig vertreten, präferiert werden.
5. Stellen Sie das Team-Ergebnis anschließend im Plenum vor.

Ullmann: Lust auf Bälle, Barren, Bodenmatten. © Springer Fachmedien Wiesbaden GmbH 2019

A.02   Impulsbogen „Anders oder gleich"

Arbeitsmaterialien aus dem Buch Objektempathie

Impulsbogen »Positiv-Negativ-Gefühls-Liste«

Frage 1: Welche Gefühlsumschreibungen, emotionale Reaktionen fallen Ihnen ein, wenn Sie Spaß mit Spiel- und Sportgeräten haben beziehungsweise erwarten?

Frage 2: Welche Gefühlsumschreibungen, emotionale Reaktionen fallen Ihnen ein, wenn Sie keinen Spaß mit Spiel- und Sportgeräten haben beziehungsweise erwarten?

Wortschatz bei positiver Gefühlslage (Geräte-Favorit)	Wortschatz bei negativer Gefühlslage (Geräte-Fiesling)

A.03   Impulsbogen „Positiv-Negativ-Gefühls-Liste"

Arbeitsmaterialien aus dem Buch Objektempathie

Impulsbogen »Liste Gefühlsvokabular«

Diese Liste soll Sie inspirieren und dient der Erweiterung Ihres Gefühls-Wortschatzes:

A. Gefühle, die Sie/wir spüren können, wenn sich Bedürfnisse erfüllen, zum Beispiel:

ausgelassen, aufgeregt, ausgeglichen…

berührt, begeistert, beschwingt, beruhigt…

dankbar…

entschlossen, entspannt, ergriffen, erleichtert…

froh, fröhlich, frisch, frei, fasziniert, …

gelöst, getröstet, gutgelaunt, geborgen…

heiter, hingerissen, hoffnungsvoll…

intensiv, inspiriert, interessant, innig…

klar, kraftvoll…

lebendig, locker, lustig, leicht, liebevoll…

mild, motiviert, munter…

neugierig, nah-sein…

offen, optimistisch…

risikobereit, ruhig…

sorglos, sicher, stolz, schwungvoll, stabil…

tatendurstig…

unbekümmert, unbeschwert, ungeduldig…

verblüfft, vergnügt, verzaubert, vertraut…

wach, wohl, weich, weit, warm…

zufrieden, zärtlich, zugeneigt, zutraulich…

Abenteuerlust, Anziehung, Behagen, Bewunderung, Eifer, Energie, Flow, Frieden, Gemütlichkeit, Harmonie, Innigkeit, Intensität, Lebensfreude, Leidenschaft, Mut, Mitleid, Nähe, Offenheit, Optimismus, Sympathie, Staunen, Vertrauen, Vertrautheit, Wärme, Zuneigung, Zuversicht.

B. Gefühle, die Sie/wir spüren können, wenn sich Bedürfnisse nicht erfüllen, zum Beispiel:

angewidert, aufgeregt, aufgebracht, allein…

besorgt, bedrückt, blockiert, benommen…

depressiv, deprimiert, durcheinander…

empört, entsetzt, energielos, entmutigt…

fassungslos, fremd, frustriert, feindselig…

geknickt, gereizt, gleichgültig, gelangweilt…

hilflos, hoffnungslos…

irritiert…

jämmerlich…

konfus, kalt, kraftlos, kleinmütig…

lahm, leer, lethargisch, lustlos…

matt, missmutig, mürrisch, mutlos, müde…

nervös, niedergeschlagen, neidisch…

ohnmächtig…

rastlos, ratlos, resigniert, ruhelos…

sauer, schutzlos, schwach, starr, schwer…

unruhig, unglücklich, unsicher, unzufrieden…

versteinert, verzagt, verzweifelt, verkrampft…

widerwillig, wütend…

zerrissen, zornig, zwiespältig, zögerlich

Abneigung, Abscheu, Angst, Beklemmung, Bedauern, Ekel, Furcht, Groll, Grauen, Hass, Härte, Kummer, Leid, Panik, Qual, Reue, Scham, Scheu, Schmerz, Sehnsucht, Unmut, Verachtung, Vorsicht, Widerwillen, Zweifel.

A.04 Impulsbogen „Liste Gefühlsvokabular"

Arbeitsmaterialien aus dem Buch Objektempathie

Impulsbogen »Liste Bedürfnisvokabular«

Diese Liste soll Sie inspirieren und dient der Erweiterung Ihres Bedürfnis-Wortschatzes:

A. Alle Menschen haben, zum Beispiel...

- das Bedürfnis nach Autonomie (Entscheidungsfreiheit, Freiwilligkeit, Wahlmöglichkeiten...)
- das Bedürfnis nach Identität (Selbstbehauptung, Kompetenzerleben, Einzigartigkeit...)
- das Bedürfnis nach Sicherheit (Verlässlichkeit, Verbindlichkeit, Loyalität...)
- das Bedürfnis nach seelischer Nahrung (Fürsorge, Geborgenheit, Anerkennung...)
- das Bedürfnis nach sozialer Einbindung (Zugehörigkeit, Gemeinschaft, Unterstützung...)
- körperliche Bedürfnisse (Wohlbefinden, Schutz vor körperlichem Schaden, Ruhe...)
- geistige Bedürfnisse (Wissen, Entwicklungswachstum, Abwechslung, Ordnung...)
- das Bedürfnis nach Sinnhaftigkeit (Weltorientierung, Selbstfindung, Mitverantwortung...)
- das Bedürfnis nach Feiern (Spaß, Vergnügen, Leichtigkeit, Lebendigkeit...)
- das Bedürfnis nach Harmonie (Balance, Frieden, Stimmigkeit, Naturverbundenheit...)

B. Bedürfnisse, die sich hinter Gefühlen „verstecken", zum Beispiel:

Gefühlslage...	Bedürfnishintergrund...
Abenteuerlust	Erleben, Lebendigkeit
Angst (Unsicherheit)	Unterstützung, Verständnis
Anspannung	Entspannung, Sicherheit
Blockiert-Sein	Sicherheit, Fließen, Verstehen
Druck, Stress	Entspannung, Leichtigkeit, Balance
Entmutigung	Wirksamkeit, (Selbst-/Fremd-)Vertrauen
Enttäuschung	Verlass, Fairness, Sicherheit
Hilflosigkeit (Resignation)	Wirksamkeit, Zielklarheit
Hoffnungslosigkeit	Aussicht auf Veränderung, Umorientierung
Langeweile, Lustlosigkeit	Abwechslung, Anregung, Sinnhaftigkeit
Neugierde	Lernen, Entdecken, Wissen
Nervosität (Unruhe)	Sicherheit, Beständigkeit, Ruhe
Passivität	Bedeutung haben, Einbezogen-Sein
Ratlosigkeit	Klarheit, Unterstützung, Wirksamkeit
Scham	Wertschätzung, Respekt, Selbstwert
Verletzlichkeit	Schutz, Unterstützung
Skepsis	Vertrauen
Ungeduld	Effektivität, Schnelligkeit
Verwunderung	Sicherheit, Verlass
Zerrissenheit, Zwiespältigkeit	Klarheit, Entschlusskraft, Balance, Harmonie

C. Psychische Grundbedürfnisse:

- Lustgewinn/Unlustvermeidung, Bindung/Beziehung, Orientierung/Kontrolle, Selbstwert/Können

Ullmann: Lust auf Bälle, Barren, Bodenmatten. © Springer Fachmedien Wiesbaden GmbH 2019

A.05   Impulsbogen „Liste Bedürfnisvokabular"

Arbeitsmaterialien aus dem Buch Objektempathie

Impulsbogen »Weitwurfgefühle«

Wie geht es Ihnen, wie fühlen Sie sich beim Weitwerfen mit dem Tennisball, wenn Sie mit Ihrem »starken Arm« werfen? Was spüren Sie, was nehmen Sie wahr an

a) körperlichen Reaktionen/körperlichen Empfindungen?

_____

b) emotionalen Reaktionen/Gefühlseindrücken?

_____

c) fähigkeits-/fertigkeitsbezogenen Reaktionen/Ausführungsqualitäten?

_____

Tauschen Sie sich – unter Einbezug des Gefühls- und Bedürfnisvokabulars – über ihre emotionalen (Weitwurf-)Erlebnisse und (Weitwurf-)Erfahrungen aus. Übertragen Sie Ihre emotional-motivationalen Erkenntnisse auf andere Spiel- und Sportgeräte im Kontext anderer Sportarten, die Ihnen persönlich etwas bedeuten oder bedeutet haben.

Wie geht es Ihnen, wie fühlen Sie sich beim Weitwerfen mit dem Tennisball, wenn Sie mit Ihrem »schwachen Arm« werfen? Was spüren Sie, was nehmen Sie wahr an

a) körperlichen Reaktionen/körperlichen Empfindungen?

_____

b) emotionalen Reaktionen/Gefühlseindrücken?

_____

c) fähigkeits-/fertigkeitsbezogenen Reaktionen/Ausführungsqualitäten?

_____

Tauschen Sie sich – unter Einbezug des Gefühls- und Bedürfnisvokabulars – über ihre emotionalen (Weitwurf-)Erlebnisse und (Weitwurf-)Erfahrungen aus. Übertragen Sie Ihre emotional-motivationalen Erkenntnisse auf andere Spiel- und Sportgeräte im Kontext anderer Sportarten, die ihnen persönlich etwas bedeuten oder bedeutet haben.

Ullmann: Lust auf Bälle, Barren, Bodenmatten. © Springer Fachmedien Wiesbaden GmbH 2019

A.06   Impulsbogen „Weitwurfgefühle"

Arbeitsmaterialien aus dem Buch Objektempathie

Impulsbogen »Dilemmata-Geschichte Lukas«

Dilemmata-Situation:

Lukas ist schon seit mehreren Jahren im Basketballverein. Seit der Grundschule ist er begeisterter Streetballspieler. Der orange Basketball mit seiner griffigen Oberfläche ist sein absoluter Lieblingsball, er liegt ihm gut in der Hand. Trickwürfe sind seine Spezialität. Durch das Training ist er gewohnt, Balldribblings, Druckpässe, Korbleger-Abschlüsse dynamisch und erfolgsorientiert auszuführen. Viele Körbe erzielen und gewinnen – das ist die Devise. Der attraktive Basketball, die coole Wettkampfsituation, der ungewisse Ausgang, der körperliche Einsatz, der temporeiche Spielfluss – das alles zusammen genommen macht für Lukas den wesentlichen Anreiz des Street-Basket-Ballspiels aus.

Im Sportunterricht sieht es anders aus. Da muss Lukas auf Tobias Rücksicht nehmen. Aufgrund einer körperlichen Behinderung sitzt Tobias im Rollstuhl. Bei Spielen, wie zum Beispiel beim Basketballspiel, geht es darum, durch Regeländerungen es Tobias zu ermöglichen, daran aktiv teilnehmen zu können. Anfänglich hatte Lukas keine Probleme damit, diverse Sonderregeln für Tobias zu akzeptieren. Denn Tobias sollte auch mitspielen können. Doch mit der Zeit ist es Lukas so richtig „gefrustet". Die Sonderregeln schränken sein attraktives Basketballspiel ein, nehmen die Dynamik und den Reiz des Tempos weg. Die häufigen Unterbrechungen, die ständige Rücksichtnahme auf Tobias lassen bei Lukas zusehends keine echte Spielfreude mehr aufkommen. Setzt er sich mal mit seinem „Lieblingsball" körperbetont und gekonnt in Szene, bekommt er von „außen" (Lehrkraft, Mitschüler) nicht selten ein schlechtes Gewissen vermittelt.

Und dann die Krönung. In einer gemeinsamen Abschluss- und Auswertungsrunde hebt die Sportlehrkraft hervor, dass Tobias gut mitgespielt und eine ordentliche Leistung beim Korbwurf-Test gezeigt habe. Lukas, der einen nicht so guten Tag hatte und ein wenig vom Wurfpech verfolgt war, ist stinksauer und frisst seinen Ärger in sich hinein. Er denkt für sich: Kein Wunder, der hat ja auch jede Menge Sonderregeln und musste mit dem Ball nur den Korbrand treffen, um Punkte erzielen zu können.

Hier endet der Lese-/Erzählvortrag der Dilemmata-Geschichte von »Lukas«. Es ist der Augenblick für die KL gekommen, den TN nach und nach einige Fragen zu stellen.

- Lukas befindet sich in einer Zwickmühle, können Sie das nachvollziehen?
- Soll er die Wahrheit sagen (was Lukas nicht will, weil er Tobias nicht kränken und er es sich nicht mit der Lehrkraft verscherzen möchte)?
- Soll er sich zurückhalten, Verständnis zeigen und somit mithelfen, dass Tobias im Sportunterricht nicht benachteiligt und ausgegrenzt wird?
- Soll er sich verstellen, Spielfreude heucheln, seine Bedürfnisse unterdrücken und stattdessen die Freude am gemeinsamen Basketballspiel als wichtige Form der Mitmenschlichkeit betonen?
- Welche Idee, Lösung hätten Sie für Lukas?

A.07   Impulsbogen „Dilemmata-Geschichte Lukas"

Arbeitsmaterialien aus dem Buch Objektempathie

Impulsbogen »Smiley-Gesichter«

A.08 Impulsbogen „Smiley-Gesichter"

Arbeitsmaterialien aus dem Buch Objektempathie

Impulsbogen »Kippbild«

Erster Impuls: Beschreiben Sie bitte Ihre Wahrnehmung. Was sehen Sie?

Zweiter Impuls: Was ermöglicht Ihnen, zwei verschiedene „Figuren" zu sehen?

Dritter Impuls: Was verändert sich für Sie, wenn das Bild kippt?

Vierter Impuls: Worauf wollen Kipp-/Sprungbilder aufmerksam machen?

Fünfter Impuls: Was hat das mit Objektempathie, Gefühlen und dem Sprungarrangement zu tun?

A.09   Impulsbogen „Kippbild"

Arbeitsmaterialien aus dem Buch Objektempathie

Hinweisbogen »Sprungarrangement«

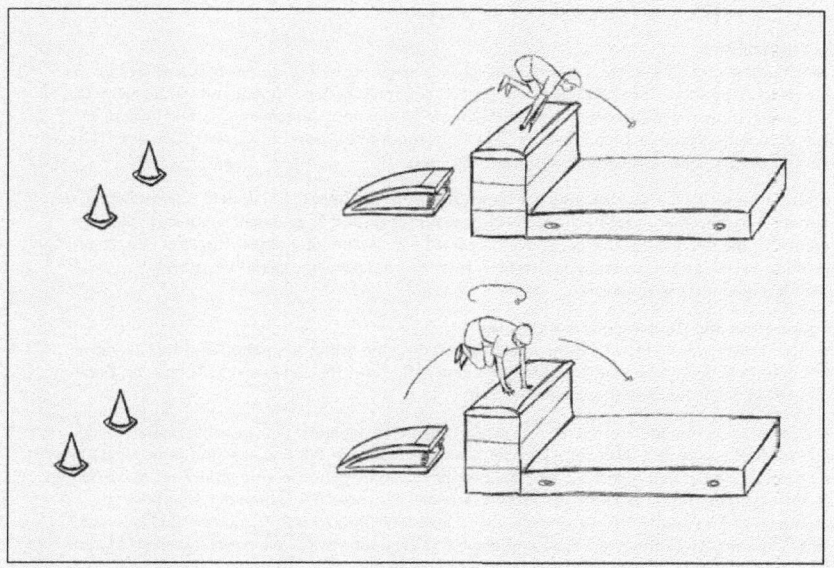

Vorbereitete Lernumgebung:

- Markierte Anlaufzone, Sprungbrett, Sprungkasten (zuerst quer/situativ längs), Niedersprungmatten für sichere Landung.

Helfergriffe:

- Einarmiger Oberarmklammergriff mit Schubhilfe (Drehhockwende) oder beidarmiger Oberarmklammergriff durch zwei Helfer (Sprunghocke).
- Bei der Drehhockwende signalisiert der Springer dem Helfer vorher, über welche Kastenseite er die Drehung vornehmen möchte.

Ullmann: Lust auf Bälle, Barren, Bodenmatten. © Springer Fachmedien Wiesbaden GmbH 2019

A.10   Hinweisbogen „Sprungarrangement"

Arbeitsmaterialien aus dem Buch Objektempathie

Hinweisbogen »Regeln zum Geräteaufbau/-abbau«

Für einen sicheren, funktionellen und sinnvollen Umgang mit Spiel-und Sportgeräten sollen folgende Regeln (Hinweise) eine grundlegende Orientierung geben.

Grundsätzliches
Zur Sicherheit, und um Unfälle zu vermeiden, ist ein sachgerechter Auf-und Abbau von Geräten unbedingt zu beachten. KL (Lehrkräfte) wie TN (Schüler) müssen den Umgang mit Hand-, Klein- und Großgeräten immer wieder unter diesem Gesichtspunkt einüben und reflektieren. Das heißt: Die Überprüfung der Funktionssicherheit der Geräte obliegt in erster Linie der KL, aber auch den TN ist eine altersangemessene Mitverantwortung zuzumuten.

Empfehlenswert ist, die Handhabung der Hand-, Klein-und Großgeräte im Vorfeld oder zu Beginn der thematischen Inszenierung zunächst gesondert zu erproben und zu erlernen, bevor sie in die Verantwortung der Schüler übergeben werden. Das heißt: Wo immer möglich oder vor Einsatz eines bestimmten Gerätetyps zu einem bestimmten Thema ist das jeweilige Gerät selbst zum Unterrichtsgegenstand zu machen.

Organisation und Umgang mit den Geräten
Optische Hilfen, wie ein Plakat, Poster, eine Magnettafel, eine Tablet-Animation und verschiedene Gerätesymbole sind anschauliche Maßnahmen und helfen den TN, den Auf- und Abbau von Geräten unmittelbar nachzuvollziehen und umzusetzen.

Beim Einsatz von Handgeräten ist die Ausgabe sowie das Einsammeln eine sensible Phase. Ablauf und Procedere sollte den TN in Form von „Ritualen" bewusst sein. Für den Auf- und Abbau von Klein- und Großgeräten ist genügend Zeit einzuplanen. Beides sollte geordnet und ohne Zeitdruck erfolgen. Die Einteilung der TN in markierte „Bautrupps" erleichtert es allen Beteiligten den Überblick zu behalten und die Verantwortung „gerecht" zu verteilen. Während des Auf- und Abbaus ist darauf zu achten, dass an den Geräten nicht „herumgespielt" oder „geübt" wird. Alle haben sich am Auf- und Abbau im Sinne einer aktiven Mitverantwortung zu beteiligen.

Erkundungs-/Übungsphase
Die KL hat ihren Standort so zu wählen, dass sie alles im Blick hat und bei Bedarf schnell eingreifen kann. Vorher mit den TN vereinbarte Signale stellen eine zweckmäßige wie sinnvolle Steuerungsmöglichkeit dar. Für die TN sollten die Gerätearrangements möglichst so gestaltet sein, dass eine Differenzierung nach Leistungsvermögen respektive Bedürfnisanliegen in Anspruch genommen werden kann.

Spezielle Informationen
Auf entsprechenden Internetportalen finden sich weitere allgemeine, aber insbesondere auch spezielle Informationen zur Unfallverhütung und Sicherheitserziehung im Umgang mit bestimmten Gerätetypen. Empfehlenswert ist der E-Mail-Kontakt beispielsweise zur Unfallkasse Baden-Württemberg (info@ukbw.de) oder zur Unfallkasse eines anderen Bundeslandes.

A.11   Hinweisbogen „Regeln zum Geräteaufbau/-abbau"

Arbeitsmaterialien aus dem Buch Objektempathie

Impulsbogen »Stimmungsbarometer-Geräteraum«

Aufgabe 1:
Suchen Sie einen Geräteraum auf, betreten Sie ihn aber noch nicht. Nehmen Sie eine Position ein, die es Ihnen erlaubt, von „außen" das geräteraumspezifische Ambiente/Inventar mit seinen Spiel- und Sportgeräten in Ruhe zu erfassen.

Lassen Sie den Anblick des Geräteraumes für ca. eine Minute auf sich einwirken. Halten Sie inne, hören Sie in sich hinein und erspüren Sie, ob dieser Anblick bei Ihnen eher angenehme oder unangenehme Assoziationen (Gefühle, Gedanken) auslöst. Beantworten Sie dann für sich stichwortartig folgende Frage: „Wie kommt es, dass bereits beim Anblick des Geräteraums bei mir gerade dieses Bauchgefühl, dieser Eindruck ausgelöst werden?"

Aufgabe 2:
Suchen Sie sich einen Platz in der Halle, wo Sie ungestört den »Stimmungsbarometer-Geräteraum« nutzen können, um Ihre persönliche Stimmungslage zu verdeutlichen beziehungsweise differenzierter einzuordnen. Emotionale Zwischentöne sind erwünscht.

10
Der Geräteraum wirkt äußerst anziehend auf mich, weil…

5
Der Geräteraum wirkt teilweise anziehend auf mich, weil…

1
Der Geräteraum wirkt kaum anziehend auf mich, weil…

Ullmann: Lust auf Bälle, Barren, Bodenmatten. © Springer Fachmedien Wiesbaden GmbH 2019

A.12 Impulsbogen „Stimmungsbarometer-Geräteraum"

Arbeitsmaterialien aus dem Buch Objektempathie

Impulsbogen »Meine Geräte-Hitliste«

Erstellen Sie eine Hitliste Ihrer »Geräte-Favoriten« beziehungsweise Ihrer »Geräte-Fieslinge«.

	Meine Geräte-Favoriten	Meine Geräte-Fieslinge
Handgeräte		
	Notizen	Notizen

	Meine Geräte-Favoriten	Meine Geräte-Fieslinge
Kleingeräte		
	Notizen	Notizen

	Meine Geräte-Favoriten	Meine Geräte-Fieslinge
Großgeräte		
	Notizen	Notizen

Ullmann: Lust auf Bälle, Barren, Bodenmatten. © Springer Fachmedien Wiesbaden GmbH 2019

A.13   Impulsbogen „Meine Geräte-Hitliste"

Arbeitsmaterialien aus dem Buch Objektempathie

Impulsbogen »Schublade – Unser Geräte-Favorit«

Greifen Sie zu Beginn für das Hineinspüren in die Thematik auf Ihre eigenen Erfahrungen zurück. Denken Sie an Situationen, in der Gegenwart oder in der Vergangenheit, als Sie

a) selbst schon einmal aufgrund Ihrer Charaktereigenschaften oder Fähigkeiten in eine „Schublade" gesteckt wurden oder als Sie
b) selbst schon einmal bestimmte Spiel- und Sportgeräte aufgrund ihres Aussehens oder Gebrauchs in eine „Schublade" gesteckt haben.

Finden Sie sich zu Tandems zusammen. Wählen Sie aus dem Fundus an Hand-, Klein- und Großgeräten zwei Geräte aus, wo aus Tandem-Sicht klar ist, dass ein Gerät zu den absoluten »Geräte-Favoriten« und ein Gerät zu den absoluten »Geräte-Fieslingen« gehört. Beantworten Sie dann nach „Austestung" der Geräteanreize im ersten Schritt die den Geräte-Favoriten betreffenden Fragen.

Mein Geräte-Favorit

Warum ist dieses Gerät für Sie so attraktiv, motivierend, anziehend? Wie lautet die Schublade?

_____

_____

Wie haben Sie sich dabei gefühlt?

_____

_____

Hat dieser „Stempel" Ihnen im Umgang mit dem Gerät nur geholfen, in welcher Weise?

_____

_____

Hat dieser „Stempel" Sie im Umgang mit dem Gerät auch mal blockiert, in welcher Weise?

_____

_____

Ullmann: Lust auf Bälle, Barren, Bodenmatten. © Springer Fachmedien Wiesbaden GmbH 2019

A.14 Impulsbogen „Schublade – Unser Geräte-Favorit"

Arbeitsmaterialien aus dem Buch Objektempathie

Impulsbogen »Schublade – Unser Geräte-Fiesling«

Greifen Sie zu Beginn für das Hineinspüren in die Thematik auf Ihre eigenen Erfahrungen zurück. Denken Sie an Situationen, in der Gegenwart oder in der Vergangenheit, als Sie

a) selbst schon einmal aufgrund Ihrer Charaktereigenschaften oder Fähigkeiten in eine „Schublade" gesteckt wurden oder als Sie
b) selbst schon einmal bestimmte Spiel- und Sportgeräte aufgrund ihres Aussehens oder Gebrauchs in eine „Schublade" gesteckt haben.

Finden Sie sich zu Tandems zusammen. Wählen Sie aus dem Fundus an Hand-, Klein- und Großgeräten zwei Geräte aus, wo aus Tandem-Sicht klar ist, dass ein Gerät zu den absoluten »Geräte-Favoriten« und ein Gerät zu den absoluten »Geräte-Fieslingen« gehört. Beantworten Sie dann nach „Austestung" der Geräteanreize im zweiten Schritt die den **»Geräte-Fiesling«** betreffenden Fragen.

Mein Geräte-Fiesling

Warum ist dieses Gerät für Sie so unattraktiv, demotivierend, abstoßend? Wie lautet die Schublade?

_____

_____

Wie haben Sie sich dabei gefühlt?

_____

_____

Hat dieser „Stempel" Ihnen im Umgang mit dem Gerät nur Schwierigkeiten bereitet, in welcher Weise?

_____

_____

Hat dieser „Stempel" Ihnen im Umgang mit dem Gerät auch mal geholfen, in welcher Weise?

_____

_____

_____

A.15   Impulsbogen „Schublade – Unser Geräte-Fiesling"

Arbeitsmaterialien aus dem Buch Objektempathie

Instruktionsbogen »Gestaltungskriterien Stationsaufbau«

Finden Sie sich zu „Architektenteams" (4-5 TN) zusammen. Aufgabe ist es, mit Hilfe von (Turn-)Geräten ein Hindernisarrangement im Sinne der „Parkour- und Freeruning-Philosophie" stationsförmig zu planen und aufzubauen. Zugleich gilt es, unter Berücksichtigung sich situativ ergebender Gefühls- und Bedürfnislagen auf Seiten der Bewegungsakteure, darauf abgestimmte explorative Bewegungslösungen für die Überquerung der Hindernisse zu finden und geeignete Unterstützungshilfen auszuarbeiten. Dies umfasst gegebenenfalls auch die Maßnahme, die jeweiligen Hinderniskonstruktionen erneut zu verändern beziehungsweise zu optimieren.

Die „Architektenteams" haben hierzu 30 Minuten Zeit, um die gefühls- und bedürfnisbasierten Überwindungsformen, Bewegungslösungen und Hilfemaßnahmen im Kontext eines „Moves" zu erproben. Vorab sind für den Aufbau der „Parkour-/Freeruning-Stationen" folgende Gestaltungskriterien hervorzuheben und zu besprechen:

Gestaltungskriterien für den Stationsaufbau

1. Die Auswahl der Hindernisse und der Bewegungsideen soll sich nicht nur am Spektakulären, sondern auch an der Umsetzbarkeit durch die TN orientieren.

2. Die jeweiligen Hindernisarrangements (die Stationselemente) sollen von der Mehrzahl der TN (der Teammitglieder) bewältigt werden können, in gefühls- und bedürfnisbezogener Hinsicht sollten passende Differenzierungsmöglichkeiten im Angebot sein.

3. Etwaige Verletzungsrisiken sind durch wirksame Absicherungsmaßnahmen und Hilfestellungen für jeden sichtbar und nachvollziehbar zu reduzieren.

4. WICHTIG: Da die KL selbst immer nur an einem Hindernisarrangement (an einem Stationselement) Hilfestellung leisten kann, sollten die Stationen mit alleiniger Hilfestellung durch die TN sicher betrieben werden können.

Hinweis: Es empfiehlt sich, die jeweiligen Hinderniskonstruktionen mit Hilfe von Handys oder Tablets zu dokumentieren, um die einzelnen Arrangements bei Bedarf wieder aufbauen und erneut anbieten zu können.

A.16 Instruktionsbogen „Gestaltungskriterien Stationsaufbau"

Arbeitsmaterialien aus dem Buch Objektempathie

Hinweisbogen »Ideen für Parkour-/Freeruningelemente«

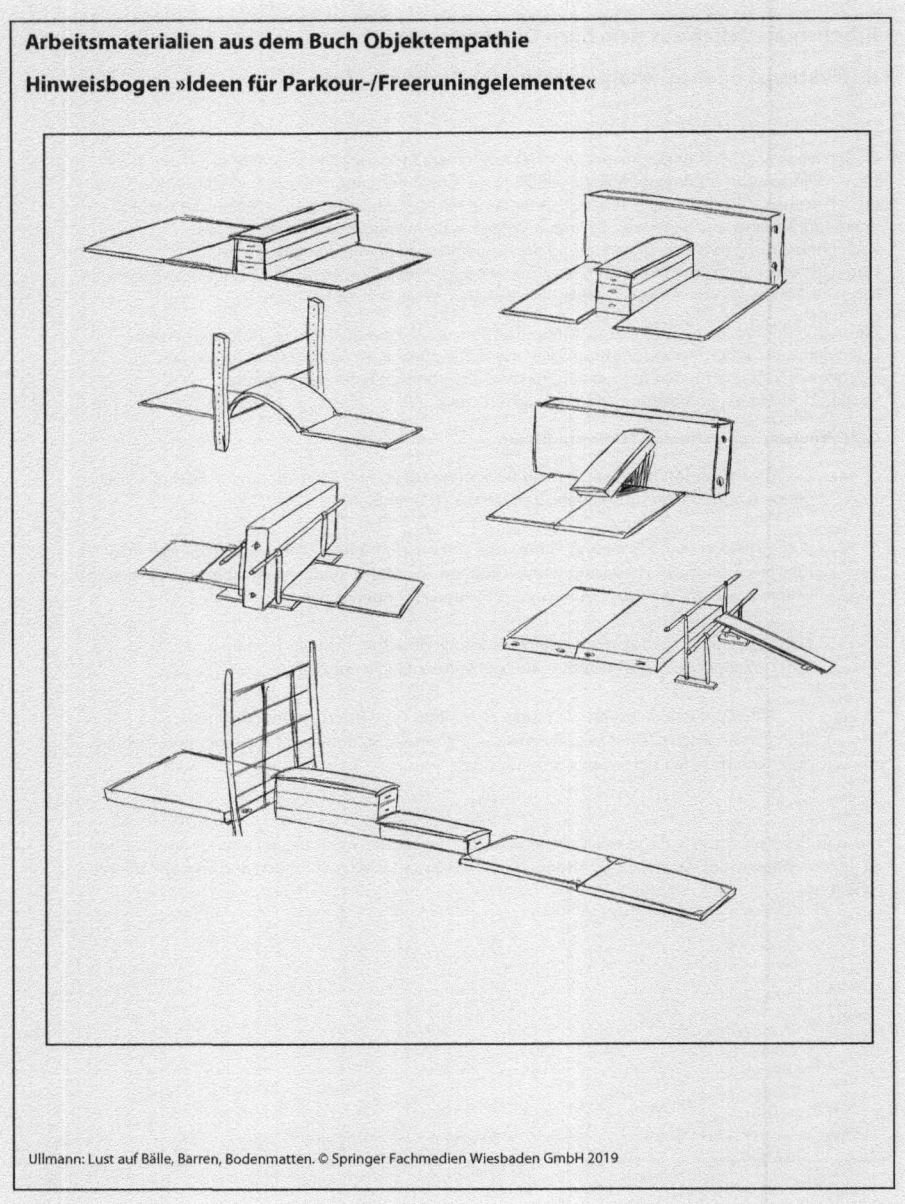

Ullmann: Lust auf Bälle, Barren, Bodenmatten. © Springer Fachmedien Wiesbaden GmbH 2019

A.17   Hinweisbogen „Ideen für Parkour-/Freeruningelemente"

Arbeitsmaterialien aus dem Buch Objektempathie

Instruktionsbogen »Feedbackregeln«

Sollen Gespräche über Gefühlsbewegungen im Umgang mit Spiel- und Sportgeräten wirkungsvolle Verständigungs- und Austauschprozesse, Verarbeitungs- und Lösungsprozesse in Gang setzen, ist es wichtig, diese Gespräche methodengestützt zu führen. Zu diesen Methoden gehören insbesondere Feedbackregeln, da sie sich in der Praxis bewährt haben und einen konstruktiven Dialog zwischen Feedback-Nehmer und Feedback-Geber sicherstellen.

Die Feedbackpartner sollten, um das Zusammenspiel zwischen gerätespezifischen Anreizen, Gefühlsbewegungen und Bewegungshandlungen in einem Gespräch feedbackförderlich reflektieren zu können, folgende Feedbackregeln beachten:

- Beschreibe nur die eigenen Wahrnehmungen und Eindrücke in der Ich-Form.
- Melde beobachtete Sachverhalte, emotionale Botschaften und Auswirkungen so konkret wie möglich zurück. Je präziser die Rückmeldung, umso leichter fällt das Verstehen und Verständnis dessen, was damit gemeint ist.
- Feedback ist als ein Geschenk anzusehen. Mit dieser Grundhaltung lassen sich Gespräche offen und ehrlich führen. Bei Feedbackgesprächen geht es um Zuhören, Nachfragen, Klären und nicht um: Verteidigen, Rechtfertigen und Kontern.
- Feedbackgespräche zielen auf (freiwillige) Veränderung. Deshalb ist nur das anzusprechen, was auch verändert werden kann.
- Der Feedback-Nehmer (Empfänger) ist dem Feedback-Geber (Sender) keine Erklärung schuldig, welche Konsequenzen er aus dem Feedback ziehen wird. Die Entscheidung und das weitere Vorgehen liegen in der Verantwortung des Feedback-Nehmers.

Vier-K-Feedbackregeln: konkret, knapp, kurzfristig, konstruktiv!

Hilfen für den Feedback-Geber	Hilfen für den Feedback-Nehmer
• eigene Beobachtungs-/Erlebnismomente im Zusammenhang mit Spiel- und Sportgeräten prägnant beschreiben und auf den Punkt bringen • beachten, ob ein spezielles emotionales oder motorisches Feedbackereignis vorliegt	• die fremde Wahrnehmung über das gerätespezifische Gefühls- und Bewegungsverhältnis darf vom Selbstbild abweichen • Feedback ist eine Möglichkeit, im Umgang mit Spiel- und Sportgeräten zusätzliche Informationen über sich und seine Emotionen zu erhalten

A.18 Instruktionsbogen „Feedbackregeln"

Arbeitsmaterialien aus dem Buch Objektempathie

Hinweisbogen »Blindenführung in der Klein- und Großgerätelandschaft«

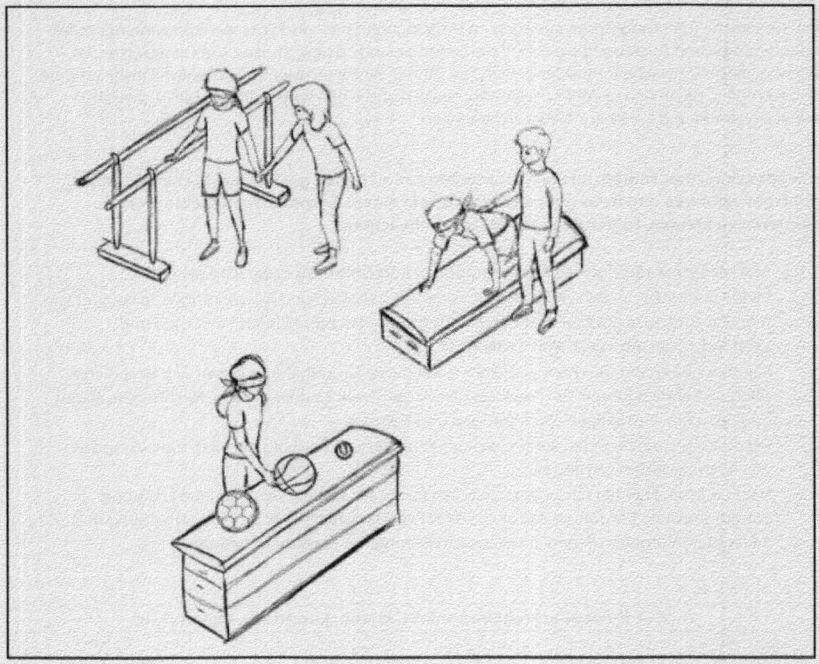

Der sehende Partner (Tourguide) navigiert den blinden Partner durch die Gerätelandschaft. Dabei sollen die aufgestellten Klein- und Großgeräte mit Hilfe des Klein- und Großgeräte-Reports intensiv vom blinden Partner inspiziert werden. Während der blinde Partner die Anreizstrukturen der Geräte ertastet, beschnuppert und – soweit möglich – spielerisch mit ihnen hantiert, notiert der Tourguide stichwortartig dessen Beobachtungen und Eindrücke. Das betrifft im Einzelnen: a) den Gerätenamen, b) die Oberflächenbeschaffenheit, c) die Materialeigenschaften, d) die Form, e) das Gewicht, f) die Geräusche/den Klang, g) die Duftnote und h) die Bewegungsimpulse. Den Farbaspekt (i) ergänzt der Tourguide. Insgesamt steht der Tourguide dem blinden Partner hilfreich zur Seite.

Zu jedem Gerät überlegt sich der blinde Partner abschließend eine Gefühlsskulptur, (j) die den emotionalen Gesamteindruck abbildet. Der Tourguide hält mit seinem Handy die Gefühlsskulptur fotografisch fest, ahmt sie möglichst getreu nach und notiert sich dazu passende Gefühlswörter (Gefühlsvokabular nutzen). Am Ende der Tour findet ein gemeinsamer Erfahrungsaustausch statt.

A.19   Hinweisbogen „Blindenführung in der Klein- und Großgerätelandschaft"

Arbeitsmaterialien aus dem Buch Objektempathie

Instruktionsbogen »Klein-und Großgeräte- Report«

Aufgabe 1:
Beschreiben Sie die Klein-und Großgeräte, mit denen Sie als „Blinder" auf Ihrem Rundgang durch die Gerätelandschaft intensiver in Kontakt treten, mit Hilfe des Geräte-Reports genau und differenziert. Nehmen Sie die Anreizstrukturen der Geräte wahr durch Ertasten, Beschnuppern, Herumhantieren, ohne die Eindrücke gleich zu bewerten. Das Betrachten der Geräte zur Fixierung des Farbaspekts übernimmt der „Tourguide". Unterstützung gibt er auch bei der Auflistung gerätespezifischer Bewegungsimpulse, bei der stichwortartigen Protokollierung, bei der Inspektion insgesamt.

    a)   Name des kontaktiertenSpiel-/Sportgerätes:_____

    b)   Oberflächenbeschaffenheit:_____

    c)   Materialeigenschaften:_____

    d)   Form:_____

    e)   Gewicht:_____

    f)   Geräusche/Klang:_____

    g)   Duftnote:_____

    h)   Bewegungsimpulse (Guide):_____

    i)   Farbaspekt (Guide):_____

Aufgabe 2:
Schließen Sie jeden einzelnen Geräte-Report mit einer Gefühlsskulptur (j) ab. Das heißt: Verkörpern Sie als blinder Partner pro Gerät jeweils Ihre persönliche Gefühlsbeziehung zu dem jeweils beschriebenen Gerät im Sinne eines emotionalen Gesamteindrucks mit Hilfe einer Standfigur. Der Tourguide macht mit seinem Handy (Tablet) ein Foto (ohne Gerät), ahmt die Gefühlsskulptur selbst getreu nach und notiert sich dazu passende Gefühlswörter (Gefühlsvokabular nutzen).

A.20   Instruktionsbogen „Klein- und Großgeräte-Report"

Arbeitsmaterialien aus dem Buch Objektempathie

Instruktionsbogen »Körpernahes Mattenprotokoll«

Halten Sie mit Hilfe des körpernahen Mattenprotokolls Ihre eigenen Wahrnehmungen in Ich-Form fest. Leitend ist die Frage: Was nehme ich körperlich im direkten Kontakt mit der Bodenmatte wahr?

Körpernahes Mattenprotokoll

a) Wenn ich die Bodenmatten benutze, verspüre ich folgende körperliche Empfindungen…

b) Im Kontakt mit der Bodenmatte, nehme ich folgende Stellen an meinem Körper (zum Beispiel: Gesicht, Augen, Nacken-/Schulterbereich, Brust, Rücken, Bauch, Arme, Hände, Beine, Füße) besonders intensiv wahr…

c) Konzentriere ich mich genau auf meinen Körper, empfinde ich beim Kontakt mit der Bodenmatte vor allem (zum Beispiel: Kraft, Schwäche, Anspannung, Vibration, Wärme, Entspannung)…

d) Der Kontakt mit der Bodenmatte fühlt sich für mich (zum Beispiel: weich/hart, bewegt/starr, warm/kalt, eng/weit, flüssig/holprig, harmonisch/disharmonisch, wohl/unwohl) an…

e) Wenn ich das Gefühlsvokabular durchgehe, kommen insbesondere folgende drei Gefühlswörter meinen körperlichen Empfindungen im Umgang mit der Matte sehr nahe…

f) Wenn ich meine Gefühlslage im Umgang mit den Bodenmatten mit Hilfe von Farben zum Ausdruck bringen soll, dann würde ich folgendes Farbenspiel favorisieren…

Ullmann: Lust auf Bälle, Barren, Bodenmatten. © Springer Fachmedien Wiesbaden GmbH 2019

A.21   Instruktionsbogen „Körpernahes Mattenprotokoll"

Arbeitsmaterialien aus dem Buch Objektempathie

Instruktionsbogen »Körpernahes Sprungbrettprotokoll«

Halten Sie mit Hilfe des körpernahen Sprungbrettprotokolls Ihre eigenen Wahrnehmungen in Ich-Form fest. Leitend ist die Frage: Was nehme ich körperlich im direkten Kontakt mit dem Sprungbrett wahr?

Körpernahes Sprungbrettprotokoll

a) Wenn ich das Sprungbrett benutze, verspüre ich folgende körperliche Empfindungen…

b) Im Kontakt mit dem Sprungbrett, nehme ich folgende Stellen an meinem Körper (zum Beispiel: Gesicht, Augen, Nacken-/Schulterbereich, Brust, Rücken, Bauch, Arme, Hände, Beine, Füße) besonders intensiv wahr…

c) Konzentriere ich mich in Kontakt mit dem Sprungbrett genau auf meinen Körper, empfinde ich vor allem (zum Beispiel: Kraft, Schwäche, Anspannung, Vibration, Wärme, Entspannung)…

d) Der Kontakt mit dem Sprungbrett fühlt sich für mich (zum Beispiel: weich/hart, bewegt/starr, warm/kalt, eng/weit, flüssig/holprig, harmonisch/disharmonisch, wohl/unwohl) an…

e) Wenn ich das Gefühlsvokabular durchgehe, kommen insbesondere folgende drei Gefühlswörter meinen körperlichen Empfindungen im Umgang mit dem Sprungbrett sehr nahe…

f) Wenn ich meine Gefühlslage im Umgang mit dem Sprungbrett mit Hilfe von Farben zum Ausdruck bringen soll, dann würde ich folgendes Farbenspiel favorisieren…

Ullmann: Lust auf Bälle, Barren, Bodenmatten. © Springer Fachmedien Wiesbaden GmbH 2019

A.22 Instruktionsbogen „Körpernahes Sprungbrettprotokoll"

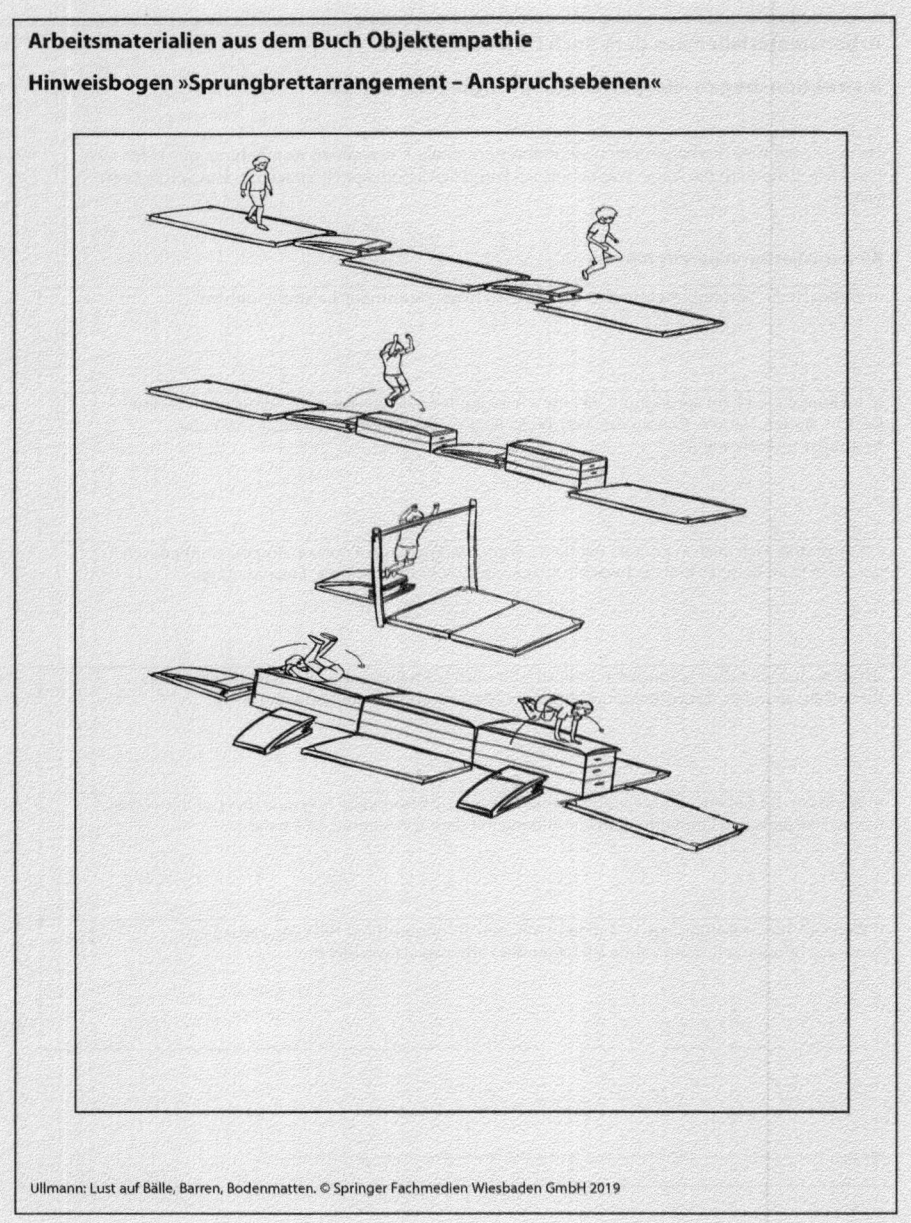

Arbeitsmaterialien aus dem Buch Objektempathie

Hinweisbogen »Sprungbrettarrangement – Anspruchsebenen«

Ullmann: Lust auf Bälle, Barren, Bodenmatten. © Springer Fachmedien Wiesbaden GmbH 2019

A.23   Hinweisbogen „Sprungbrettarrangement – Anspruchsebenen"

Arbeitsmaterialien aus dem Buch Objektempathie

Instruktionsbogen »Körpererweitertes Ballprotokoll«

Mit den folgenden (über den Körper hinausweisenden) Kategorien können Bewegungsakteure wie Sportlehrkräfte ihre innere Suchtätigkeit aktivieren und besser – hier exemplarisch verdeutlicht am Objekt „Ball" – herausfinden, welche Auslöser, Körperreaktionen und Bewegungsimpulse dazu beitragen, ein spezifisches Ballgefühl zu entwickeln beziehungsweise situativ hervorzubringen.

Körpererweitertes Ballprotokoll
Lassen Sie in Verbindung mit den spielerisch-erkundenden Ballexperimenten Ihren Assoziationen freien Lauf und überführen Sie diese in eine protokollartige Gefühlskartografie, die für jedes (Objekt-) Gefühl wie folgt aufgebaut ist:

(1) Führen Sie ähnliche oder benachbarte Gefühle auf, die Sie mit Ihren Ballerlebnissen in Verbindung bringen (Stichwort: Gefühlsspektrum ausloten):

_____

(2) Welche konkreten Ballsituationen zeichnen sich für welche äußeren Gefühlsauslöser verantwortlich (Stichwort: Auslösende Ballsituationen aufspüren):

_____

(3) Welche (Vor-)Urteile bewerten die aktualisierten Ballerlebnisse und zeichnen sich für die inneren Gefühlsauslöser verantwortlich (Stichwort: Auslösende Urteile/Bewertungen aufspüren):

_____

(4) Spüren Sie in sich hinein und halten Sie die körperlichen Empfindungen sowie körpersprachlicher Elemente (Gesichtsausdruck, Mimik, Gestik, Körperhaltung) fest, die Sie mit den Ballgefühlen in Verbindung bringen (Stichwort: Körpersignale aufspüren):

_____

(5) Beschreiben Sie, zu welchen Bewegungsaktionen mit dem Ball Sie auf Grund der aktualisierten Ballgefühle mobilisiert wurden und werden (Stichwort: Handlungsimpulse aufspüren):

_____

(6) Wenn Sie das Gefühlsvokabular durchgehen, welche zwei Gefühlswörter würden treffend Ihre Gefühlslage im Umgang mit Bällen charakterisieren (Stichwort: Hauptgefühl beschreiben)?

_____

A.24   Instruktionsbogen „Körpererweitertes Ballprotokoll"

Arbeitsmaterialien aus dem Buch Objektempathie

Impulsbogen »Waveboard-Stimmungsbarometer«

VORHER: Was entspricht Ihrer Stimmungslage in Verbindung mit dem Waveboard?

NACHHER: Was entspricht Ihrer Stimmungslage in Verbindung mit dem Waveboard?

Ullmann: Lust auf Bälle, Barren, Bodenmatten. © Springer Fachmedien Wiesbaden GmbH 2019

A.25   Impulsbogen „Waveboard-Stimmungsbarometer"

Arbeitsmaterialien aus dem Buch Objektempathie

Instruktionsbogen »Körpererweitertes Waveboardprotokoll«

Mit den folgenden (über den Körper hinausweisenden) Kategorien können Bewegungsakteure wie Sportlehrkräfte ihre innere Suchtätigkeit aktivieren und besser – hier exemplarisch verdeutlicht am Objekt „Waveboard" – herausfinden, welche Auslöser, Körperreaktionen und Bewegungsimpulse dazu beitragen, ein spezifisches Waveboardgefühl zu entwickeln beziehungsweise situativ hervorzubringen.

Körpererweitertes Waveboardprotokoll
Lassen Sie in Verbindung mit den spielerisch-erkundenden Waveboardexperimenten Ihren Assoziationen freien Lauf und überführen Sie diese in eine protokollartige Gefühlskartografie, die für jedes (Objekt-)Gefühl wie folgt aufgebaut ist:

(1) Führen Sie ähnliche oder benachbarte Gefühle auf, die Sie mit Ihren Waveboarderlebnissen in Verbindung bringen (Stichwort: Gefühlsspektrum ausloten):

_____

(2) Welche konkreten Waveboardsituationen zeichnen sich für welche äußeren Gefühlsauslöser verantwortlich (Stichwort: Auslösende Waveboardsituationen aufspüren):

_____

(3) Welche (Vor-)Urteile bewerten die aktualisierten Waveboarderlebnisse und zeichnen sich für die inneren Gefühlsauslöser verantwortlich (Stichwort: Auslösende Urteile/Bewertungen aufspüren):

_____

(4) Spüren Sie in sich hinein und halten Sie die körperlichen Empfindungen sowie körpersprachlichen Elemente (Gesichtsausdruck, Mimik, Gestik, Körperhaltung) fest, die Sie mit den Waveboardgefühlen in Verbindung bringen (Stichwort: Körpersignale aufspüren):

_____

(5) Beschreiben Sie, zu welchen Bewegungsaktionen mit dem Waveboard Sie auf Grund der aktualisierten Waveboardgefühle mobilisiert wurden und werden (Stichwort: Handlungsimpulse aufspüren):

_____

(6) Wenn Sie das Gefühlsvokabular durchgehen, welche zwei Gefühlswörter würden treffend Ihre Gefühlslage im Umgang mit dem Waveboard charakterisieren (Stichwort: Hauptgefühl beschreiben)?

_____

A.26   Instruktionsbogen „Körpererweitertes Waveboardprotokoll"

Arbeitsmaterialien aus dem Buch Objektempathie

Instruktionsbogen »Körpernahes Großgeräteprotokoll«

Halten Sie mit Hilfe des körpernahen Großgeräteprotokolls Ihre eigenen Wahrnehmungen in Ich-Form fest. Leitend ist die Frage: Was nehme ich im direkten Kontakt mit dem mir zugelosten Großgerät körperlich wahr?

Körpernahes Großgeräteprotokoll/Großgerät:_____

a) Wenn ich das Großgerät benutze, verspüre ich folgende körperliche Empfindungen…

b) Im Kontakt mit dem Großgerät, nehme ich folgende Stellen an meinem Körper (zum Beispiel: Gesicht, Augen, Nacken-/Schulterbereich, Brust, Rücken, Bauch, Arme, Hände, Beine, Füße) besonders intensiv wahr…

c) Konzentriere ich mich genau auf meinen Körper, empfinde ich im Umgang mit dem Großgerät vor allem (zum Beispiel: Kraft, Schwäche, Anspannung, Vibration, Wärme, Entspannung)…

d) Der Kontakt mit dem Großgerät fühlt sich für mich (zum Beispiel: weich/hart, bewegt/starr, warm/kalt, eng/weit, flüssig/holprig, harmonisch/disharmonisch, wohl/unwohl) an…

e) Wenn ich das Gefühlsvokabular durchgehe, kommen insbesondere folgende drei Gefühlswörter meinen körperlichen Empfindungen im Umgang mit dem Großgerät sehr nahe …

f) Wenn ich meine Gefühlslage im Umgang mit dem Großgerät mit Hilfe von Farben zum Ausdruck bringen soll, dann würde ich folgendes Farbenspiel favorisieren…

Ullmann: Lust auf Bälle, Barren, Bodenmatten. © Springer Fachmedien Wiesbaden GmbH 2019

A.27   Instruktionsbogen „Körpernahes Großgeräteprotokoll"

Arbeitsmaterialien aus dem Buch Objektempathie

Instruktionsbogen »Körpererweitertes Großgeräteprotokoll«

Mit den folgenden (über den Körper hinausweisenden) Kategorien können Bewegungsakteure wie Sportlehrkräfte ihre innere Suchtätigkeit aktivieren und besser – hier exemplarisch verdeutlicht am Gerätetyp „Großgerät" – herausfinden, welche Auslöser, Körperreaktionen und Bewegungsimpulse dazu beitragen, ein spezifisches Großgerätegefühl zu entwickeln beziehungsweise situativ hervorzubringen.

Körpererweitertes Großgeräteprotokoll/Großgerät:_____

Lassen Sie in Verbindung mit den spielerisch-erkundenden Großgeräteexperimenten Ihren Assoziationen freien Lauf und überführen Sie diese in eine protokollartige Gefühlskartografie, die für jedes (Objekt-)Gefühl wie folgt aufgebaut ist:

(1) Führen Sie ähnliche oder benachbarte Gefühle auf, die Sie mit Ihren Großgeräteerlebnissen in Verbindung bringen (Stichwort: Gefühlsspektrum ausloten):

_____

(2) Welche konkreten Großgerätesituationen zeichnen sich für welche äußeren Gefühlsauslöser verantwortlich (Stichwort: Auslösende Großgerätesituationen aufspüren):

_____

(3) Welche (Vor-)Urteile bewerten die aktualisierten Großgeräteerlebnisse und zeichnen sich für die inneren Gefühlsauslöser verantwortlich (Stichwort: Auslösende Urteile/Bewertungen aufspüren):

_____

(4) Spüren Sie in sich hinein und halten Sie die körperlichen Empfindungen sowie körpersprachlicher Elemente (Gesichtsausdruck, Mimik, Gestik, Körperhaltung) fest, die Sie mit den Großgerätegefühlen in Verbindung bringen (Stichwort: Körpersignale aufspüren):

_____

(5) Beschreiben Sie, zu welchen Bewegungsaktionen mit dem Großgerät Sie auf Grund der aktualisierten Großgerätegefühle mobilisiert wurden und werden (Stichwort: Handlungsimpulse aufspüren):

_____

(6) Wenn Sie das Gefühlsvokabular durchgehen, welche Gefühlswörter würden Ihre zentrale Gefühlslage im Umgang mit dem Großgerät treffend charakterisieren (Stichwort: Hauptgefühl beschreiben)?

_____

A.28 Instruktionsbogen „Körpererweitertes Großgeräteprotokoll"

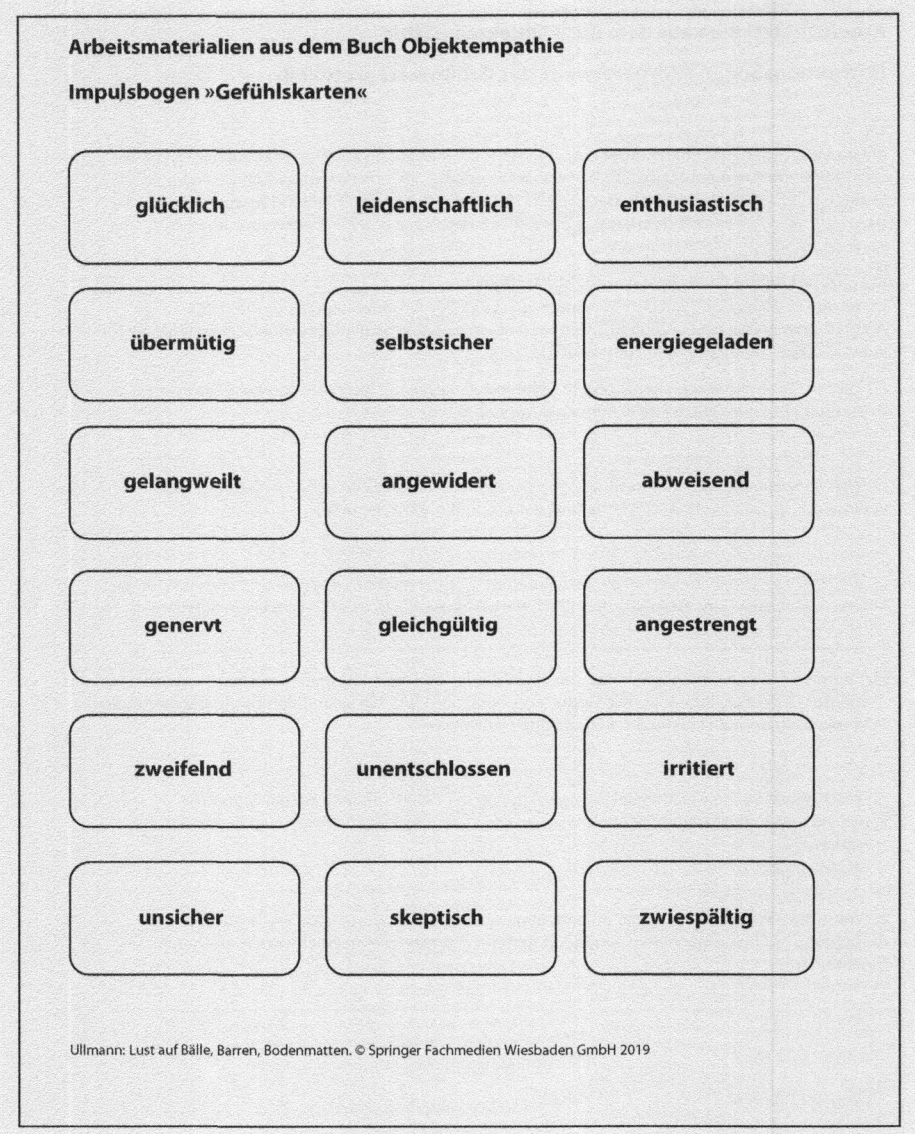

Arbeitsmaterialien aus dem Buch Objektempathie

Impulsbogen »Gefühlskarten«

glücklich	leidenschaftlich	enthusiastisch
übermütig	selbstsicher	energiegeladen
gelangweilt	angewidert	abweisend
genervt	gleichgültig	angestrengt
zweifelnd	unentschlossen	irritiert
unsicher	skeptisch	zwiespältig

Ullmann: Lust auf Bälle, Barren, Bodenmatten. © Springer Fachmedien Wiesbaden GmbH 2019

A.29   Impulsbogen „Gefühlskarten"

Arbeitsmaterialien aus dem Buch Objektempathie

Hinweisbogen »Mattenbahn – Rollen vorwärts wie ein Ball«

Das Grundanliegen im Zusammenhang mit dem Bewegungsproblem „Rollen vorwärts wie ein Ball"
ist, Rollgefühle zu spüren, zu bewirken und zu begreifen und körpersprachliche Elemente (Mimik,
Gestik, Blickkontakt, Körperhaltung) als wesentliches Verständigungsmittel von emotionaler
Kommunikation einzusetzen.

Hierzu ist die Lernumgebung vorbereitet: Vier Mattenbahnen aus jeweils drei Bodenmatten sind
aufgebaut. Bei zwei Mattenbahnen wurden jeweils unter die erste Bodenmatte je ein Sprungbrett
(kleine Schräge) gelegt. Pro Team stehen zwei Mattenbahnen (eine mit/eine ohne Schräge) zur
Verfügung.

A.30   Hinweisbogen „Mattenbahn – Rollen vorwärts wie ein Ball"

Arbeitsmaterialien aus dem Buch Objektempathie

Instruktionsbogen »Motivierende Gesprächsführung« (Teil I)

Damit Gespräche über Gefühle und Bedürfnisse im Umgang mit Spiel- und Sportgeräten gelingen, ist ein feedbackförderliches Gesprächsverhalten Voraussetzung. Nachfolgend sind einige grundlegende Regeln für eine motivierende Gesprächsführung aus Feedback-Gebersicht (FG) und Feedback-Nehmersicht (FN) aufgeführt. In ihrer Ein- und Zuordnung sind sie am idealtypischen Ablauf eines kontrollierten Dialogs zwischen zwei Gesprächspartnern (GP) orientiert.

Vor dem Gespräch Gekonnt...	-2	-1	0	+1	+2
FG: ist sich im Klaren, was er vom GP im Hinblick auf das jeweilige Spiel-/Sportgerät wissen will und mit ihm zusammen erreichen möchte.					
FG: ist sich darüber bewusst, dass jeder Bewegungsakteur im Umgang mit Spiel- und Sportgeräten ein Recht auf eigene Gefühle und Bedürfnisse hat.					
FN: ist bereit, über seine Gefühle und Bedürfnisse im Umgang mit Spiel- und Sportgeräten weitgehend offen zu sprechen und eigene Zielanliegen klar und deutlich zu formulieren.					
FN: ist bereit, Feedback als eine Möglichkeit anzusehen, im Umgang mit gerätespezifischen Gefühls-, Bewegungs- und Problemlagen etc. zusätzliche Informationen über sich zu erhalten.					

Während des Gesprächs Gekonnt...	-2	-1	0	+1	+2
FG: hört aufmerksam zu, zeigt dem GP sein echtes Interesse an seinen Bewegungserlebnissen mit dem jeweiligen Spiel-/Sportgerät durch situativ angemessene nonverbale Signale (Kopfnicken, Blickkontakt…) und paraverbale Signale (Aha, Hm…).					
FG: wiederholt an geeigneten Stellen die Erlebensmomente des GP im Umgang mit dem jeweiligen Spiel-/Sportgerät und fasst in bestimmten Abständen wichtige sachliche Aspekte und emotionale Botschaften sinngemäß zusammen.					
FN: bestätigt die zusammenfassenden Wiederholungen, sodass hinsichtlich des Umgangs mit dem jeweiligen Spiel-/Sportgerät weiterführende Gedanken oder Gegenargumente aufgenommen werden können.					
FN: gibt keine Bestätigung, sodass hinsichtlich der sachlichen Argumente und emotionalen Botschaften über das Beziehungsverhältnis zu dem jeweiligen Spiel-/Sportgerät punktuelle Präzisierungen oder Korrekturen vorzunehmen sind.					

Ullmann: Lust auf Bälle, Barren, Bodenmatten. © Springer Fachmedien Wiesbaden GmbH 2019

A.31   Instruktionsbogen „Motivierende Gesprächsführung/Teil I"

Arbeitsmaterialien aus dem Buch Objektempathie

Instruktionsbogen »Motivierende Gesprächsführung« (Teil II)

Damit Gespräche über Gefühle und Bedürfnisse im Umgang mit Spiel- und Sportgeräten gelingen, ist ein feedbackförderliches Gesprächsverhalten Voraussetzung. Nachfolgend sind einige grundlegende Regeln für eine motivierende Gesprächsführung aus Feedback-Gebersicht (FG) und Feedback-Nehmersicht (FN) aufgeführt. In ihrer Ein- und Zuordnung sind sie am idealtypischen Ablauf eines kontrollierten Dialogs zwischen zwei Gesprächspartnern (GP) orientiert.

Während des Gesprächs Gekonnt...	-2	-1	0	+1	+2
FG: versucht mit Hilfe offener, erkundender Fragen (Was?/Wann?/Wie?/Wieso?) den GP dazu anzuregen, sachliche wie emotionale Aussagen in Bezug zu dem jeweiligen Spiel-/Sportgerät vertiefend zu reflektieren.					
FG: versucht mit Hilfe geschlossener, prüfender Entscheidungsfragen (haben Ja- oder Nein-Antworten zur Folge) Klarheit und Verbindlichkeit in Bezug zu dem jeweiligen Spiel-/Sportgerät herzustellen.					
FN: zeigt Bereitschaft, die sach- wie emotionsbezogenen Erlebnisse und Erfahrungen mit dem jeweiligen Spiel-/Sportgerät vertiefend offenzulegen und zu hinterfragen.					
FN: erkennt an, dass die eigene Wahrnehmung bezüglich der Gefühls- und Bewegungsbeziehung zu dem jeweiligen Spiel-/Sportgerät sich von anderen Wahrnehmungen unterscheiden kann – doch wie viel Feedback als relevant angesehen wird, entscheidet der FN selbst.					

Anmerkung: Das Vorgehen wiederholt sich in einem vertretbaren zeitlichen Rahmen, bis beide Gesprächspartner signalisieren, dass sie eine gemeinsame Verstehens- und Verständigungsgrundlage verspüren. Auf dieser Basis können dann ressourcenaktivierende Lösungsideen initiiert werden.

FG+FN: versuchen gemeinsam, durch lösungsorientierte Fragestellungen (Was muss passieren, dass…?/Welche Ausnahme würde in Frage kommen, damit…?/Welche Alternative kann in Betracht gezogen werden, um…?) sich von diversen Problemen im Umgang mit dem jeweiligen Spiel-/Sportgerät abzuwenden und sich stattdessen emotional stimmigen Bewegungs-/Lösungsoptionen zuzuwenden.					
FG+FN formulieren gemeinsam lösungsorientierte Zielvorstellungen anhand gewonnener Erkenntnisse und Einsichten durch den bisherigen Gesprächsverlauf, passend zur emotionalen Beziehung zu dem jeweiligen Spiel- und Sportgerät.					

Nach dem Gespräch Gekonnt...	-2	-1	0	+1	+2
FG+FN geben sich selbst positive Rückmeldung im Sinne von: „Das hat uns im Umgang mit Spiel- und Sportgeräten und daraus resultierenden Gefühlslagen ein Stück weitergebracht."					
FG+FN geben sich selbst kritisch-konstruktive Rückmeldung im Sinne von: „Diese Phasen unseres Gesprächs sind verbesserungswürdig."					

A.32 Instruktionsbogen „Motivierende Gesprächsführung/Teil II"

Arbeitsmaterialien aus dem Buch Objektempathie

Hinweisbogen »Stationsaufbau A/B/C – Springen mit dem Minitramp«

Vorbereitete Lernumgebung:
Station A: ein Minitrampolin + eine Niedersprungmatte
Station B: eine Langbank + ein Minitrampolin + eine Niedersprungmatte
Station C: ein Sprungkasten + ein Minitrampolin + eine Niedersprungmatte

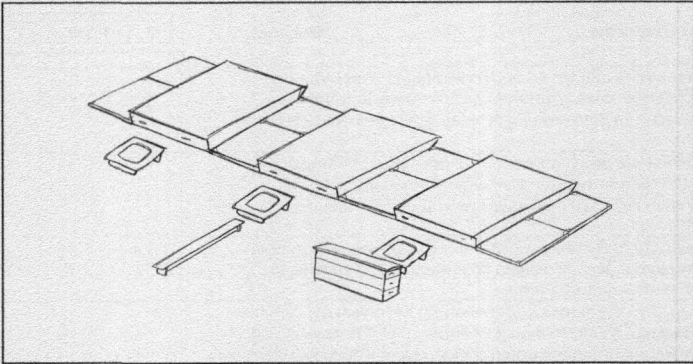

Springen mit dem Minitrampolin: Gerätesicherheit, Organisation und Hilfestellung
Vor jeder Benutzung sind Standsicherheit, Funktionsfähigkeit der Federn, Gummizüge, richtige Befestigung des Rahmenpolsters, des Gleitschutzes und der Schrauben zur Höhenverstellung zu überprüfen. Geeignete Sicherheitsmaßnahmen beginnen mit dem Aufhängen des Trampolins im Geräteraum. Die Fixierung der Standbügel beim Aufbau des Trampolins wird durch Belastung mit den Füßen erleichtert. Der Aufbau selbst kann vor oder nach dem Transport zum Verwendungsort erfolgen.

Übungs - und Laufwege sind gut zu überlegen und müssen ein störungsfreies An -und Zurücklaufen ermöglichen. Darüber hinaus gelten auch für das Springen mit dem Minitrampolin die allgemein anerkannten methodischen Prinzipien: Vom Leichten zum Schweren/So viel Bewegungsfreiheit wie möglich, aber so viel Sicherheit wie nötig/Alters- und fähigkeitsbezogene Differenzierungsangebote.

Relevante Helfergriffe sind: Gleichgewichtshilfe durch Handfassung. Gleichgewichtshilfe durch ganzen Klammergriff an Bauch und Rücken. Gleichgewichtshilfe/Hubhilfe durch ganzen Klammergriff an den Hüften. Ganzer/halber Klammergriff als Stützgriff am Oberarm. Ganzer Klammergriff als Drehgriff vorwärts am Oberarm. Halber Klammergriff als Drehgriff vorwärts mit Schubhilfe. Ganzer Klammergriff als Drehgriff vorwärts an Bauch und Rücken.

Internetportal: www.aba-fachverband.org> user_upload

A.33   Hinweisbogen „Stationsaufbau A/B/C – Springen mit dem Minitramp"

Arbeitsmaterialien aus dem Buch Objektempathie

Impulsbogen »Partnerübungen und Partnerpyramiden«

„Einsteiger"	„Profis"	Was mir Stärkegefühle vermittelt…

Allgemeine Akrobatik-Regeln, die Sicherheit geben und Verletzungen vermeiden

- Schuhe immer ausziehen!
- Von einer Pyramide langsam, partnerschonend absteigen!
- Nicht auf die Wirbelsäule treten, auf stabile Bankstellung achten!
- Sicheren Stand aufsuchen (zwischen Schulterblättern oder auf Beckenknochen)!
- Auf das Befinden des Partners achten, aufeinander Rücksicht nehmen!

Ullmann: Lust auf Bälle, Barren, Bodenmatten. © Springer Fachmedien Wiesbaden GmbH 2019

A.34 Impulsbogen „Partnerübungen und Partnerpyramiden"

Arbeitsmaterialien aus dem Buch Objektempathie

Impulsbogen »Miesmacherformeln – Mutmacherformeln«

Eine Möglichkeit, im Umgang mit Spiel- und Sportgeräten angenehme Gefühlslagen häufiger werden zu lassen, ist es, mit Hilfe von Mutmachersätzen oder Aufbauformeln störende Gedankenketten oder nagende Selbstzweifel gezielt zu durchbrechen. Was Spitzensportlern in Wettkampfsituationen starke Gefühle vermittelt, können sich doch auch Bewegungsakteure im Umgang mit Spiel- und Sportgeräten zu Nutze machen. Zur Verdeutlichung der emotionalen Wirkungen wird eine kontrastive Vorgehensweise gewählt.

Lassen Sie zuerst die **Miesmacherformeln** in der linken Spalte auf sich einwirken, indem Sie die Formeln mental mehrmals in sich „hineinhämmern" und sie im Chor drei Mal laut-rhythmisch und voller Überzeugung aufsagen. Kosten Sie die erzeugte emotionale Stimmungslage aus und notieren Sie sich dazu einige Stichworte.

Danach lassen Sie die **Mutmacherformeln** in der rechten Spalte auf sich einwirken, indem Sie die Formeln mental mehrmals in sich „hineinhämmern" und sie im Chor drei Mal laut-rhythmisch und voller Überzeugung aufsagen. Kosten Sie die erzeugte emotionale Stimmungslage aus und notieren Sie sich dazu einige Stichworte.

Miesmacherformeln, zum Beispiel:	Mutmacherformeln, zum Beispiel:
„Für die Frisbee habe ich kein Talent!"	„Ich habe schon Erfahrungen mit der Frisbee, darauf kann ich aufbauen!"
„Die Frisbeescheibe liegt mir nicht!"	„Die Frisbee und ich, wir verstehen uns!"
„Für was anstrengen, die Frisbee macht eh, was sie will!"	„Die Frisbeescheibe bekomme ich in den Griff, ich muss nur üben, üben, üben!"
„Mit der Frisbee habe ich einfach kein Glück!"	„Ich bringe die Frisbee zum Schweben, was für ein tolles Gefühl!"
Stichworte	Stichworte

Zur Anregung: Symbolhafte Hilfsmittel, wie die Tiermetapher (zum Beispiel: greifstarker, geschickter Adler, wurfgewaltiger, starker Bär) oder wie konkrete Gegenstände (zum Beispiel: ein Netz als Symbol für sicheres Fangen, ein Gummiband als Symbol für dynamisch-kraftvolles Werfen) sind ebenfalls sehr hilfreiche Verstärkungsimpulse. Die damit einhergehenden positiven Stärkegefühle können dem Bewegungsakteur im Umgang mit Spiel- und Sportgeräten helfen, sich mehr zu vertrauen und mit einem gewissen Optimismus verschiedene Lösungswege anzugehen und für sich auszuprobieren.

Ullmann: Lust auf Bälle Barren Bodenmatten © Springer Fachmedien Wiesbaden GmbH 2019

A.35   Impulsbogen „Miesmacherformeln – Mutmacherformeln"

Arbeitsmaterialien aus dem Buch Objektempathie

Hinweisbogen »Sprunglandschaft – (Sprung-)Gefühle auskosten«

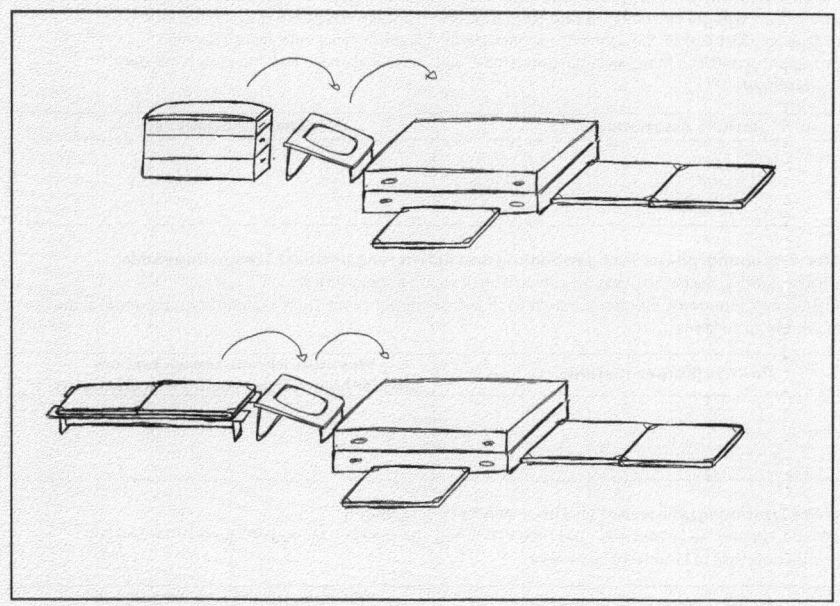

Vorbereitete Lernumgebung:

Folgende Elemente sind in der Längsrichtung bahnartig hintereinander aufgebaut: ein drei-/vierteiliger Kasten, ein Minitrampolin (abfallender Neigungswinkel in Richtung Weichböden/Niedersprungmatten), zwei Weichböden oder zwei Niedersprungmatten, zwei Turnmatten hintereinander (längs/quer). Weitere Turnmatten umschließen die Landezone, sie dienen der Absicherung respektive der Fixierung des Sprungarrangements.

Jeweils eine Langbank, besser zwei Langbänke (pro Arrangement), die mit Turnmatten längs bedeckt sind, stehen für das Anlaufen und Einspringen in das Minitrampolin in unmittelbarer Nähe bereit. Bei Bedarf können sie schnell in das Sprungarrangement integriert werden.

Ullmann: Lust auf Bälle, Barren, Bodenmatten. © Springer Fachmedien Wiesbaden GmbH 2019

A.36   Hinweisbogen „Sprunglandschaft – (Sprung-)Gefühle auskosten"

Arbeitsmaterialien aus dem Buch Objektempathie

Impulsbogen »Genussregeln für das Minitrampolin«

Einfach mal machen: die aufgebaute Sprunglandschaft aufsuchen und beim „Spazierengehen" beobachten, was die einzelnen Geräte-Elemente/insbesondere das Minitrampolin bei Ihnen auslösen/auslöst. Gehen Sie Schritt für Schritt. Halten Sie immer mal inne, lassen Sie die Sprunglandschaft/das Minitrampolin auf sich einwirken. Genießen Sie den Austausch mit dem Minitrampolin.

Positive Assoziationen 😊	Negative Assoziationen 😕

Erste Erprobungsphase: Tuchgewöhnung und Aktivierung positiver Trampolingefühle
Aufgabe: Finden Sie heraus, was Sie tun müssen, um mit angenehmen Körperempfindungen/Gefühlen auf dem Tuch aufzukommen, vom Tuch rausgetragen zu werden und auf der Matte zu landen.

Positive (Körper-)Gefühle 😊	Was muss ich/müssen wir tun, um angenehme (Körper-)Gefühle zu erzeugen?

Zweite Erprobungsphase: Auf und über den Kasten springen
Aufgabe: Nutzen Sie Sicherheits- und Hilfestellungen, um mit dem Minitrampolin weitere positive Sprungerlebnisse in Erfahrung zu bringen.

Positive (Körper-)Gefühle 😊	Was muss ich/müssen wir tun, um angenehme (Körper-)Gefühle zu erzeugen?

Dritte Erprobungsphase: Sprungideen entwickeln und positive Sprunggefühle intensivieren
Aufgabe : Allgemeine/trampolinspezifische Genussregeln sloganmäßig formulieren.

Genusserfahrungen 😊	Genussregeln/Genuss...
	• braucht Zeit • geht nicht nebenbei • muss erlaubt sein • ist Geschmacksache • … • … • …

A.37   Impulsbogen „Genussregeln für das Minitrampolin"

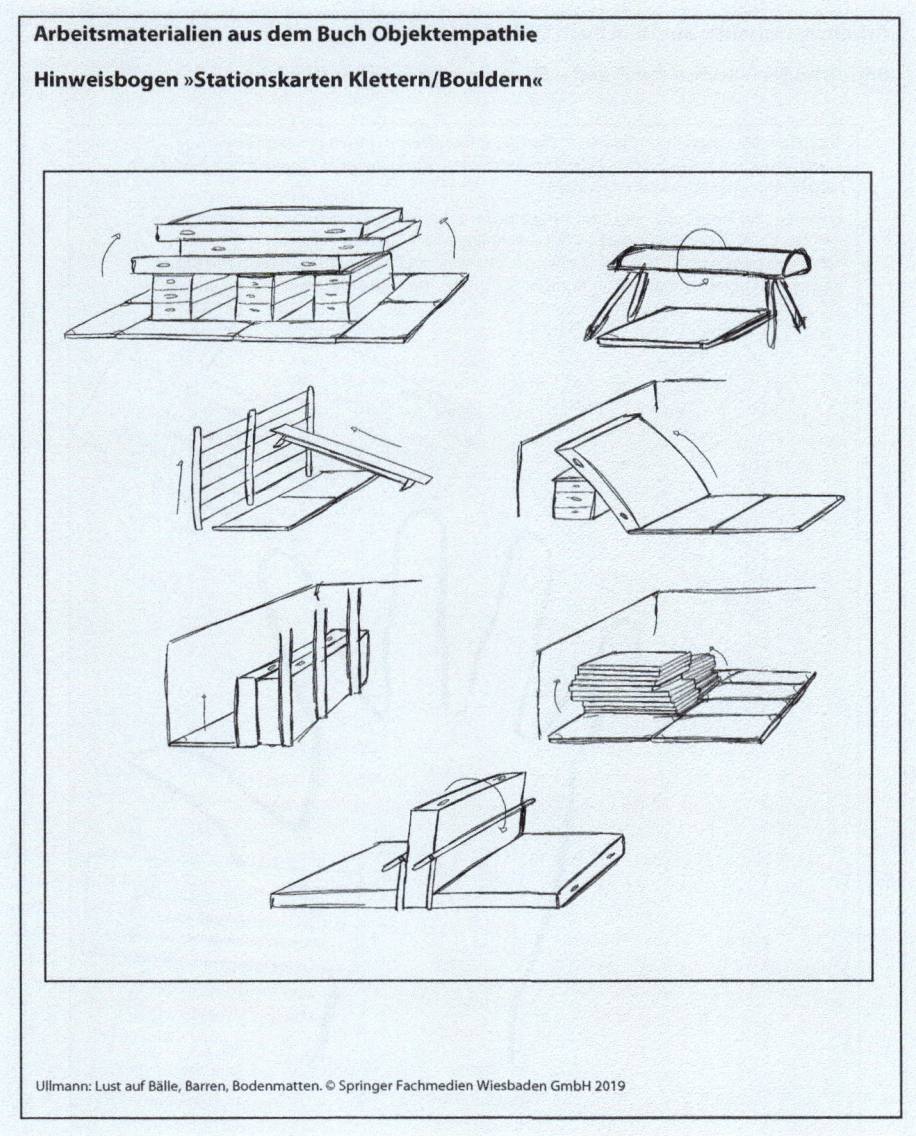

Arbeitsmaterialien aus dem Buch Objektempathie

Hinweisbogen »Stationskarten Klettern/Bouldern«

Ullmann: Lust auf Bälle, Barren, Bodenmatten. © Springer Fachmedien Wiesbaden GmbH 2019

A.38 Hinweisbogen „Stationskarten Klettern/Bouldern"

Arbeitsmaterialien aus dem Buch Objektempathie

Impulsbogen »Kompetenzhand – Bilanz in persönlicher Hinsicht«

Schreiben Sie zuerst Ihren Namen in die Handinnenfläche. Tragen Sie dann Ihre Einschätzungen zur persönlichen Kompetenzentwicklung auf dem Bogen in den jeweiligen Finger oder gegebenenfalls daneben.

Erweitern Sie Ihren Lern- und Erfahrungshorizont. Tauschen Sie sich zunächst mit einem Partner, dann in der Kleingruppe über den objektempathischen Kompetenzerwerbsprozess aus. Ziehen Sie mit Hilfe der Finger eine differenzierte Bilanz hinsichtlich objektempathischer Kompetenzfortschritte – für sich selbst und für andere.

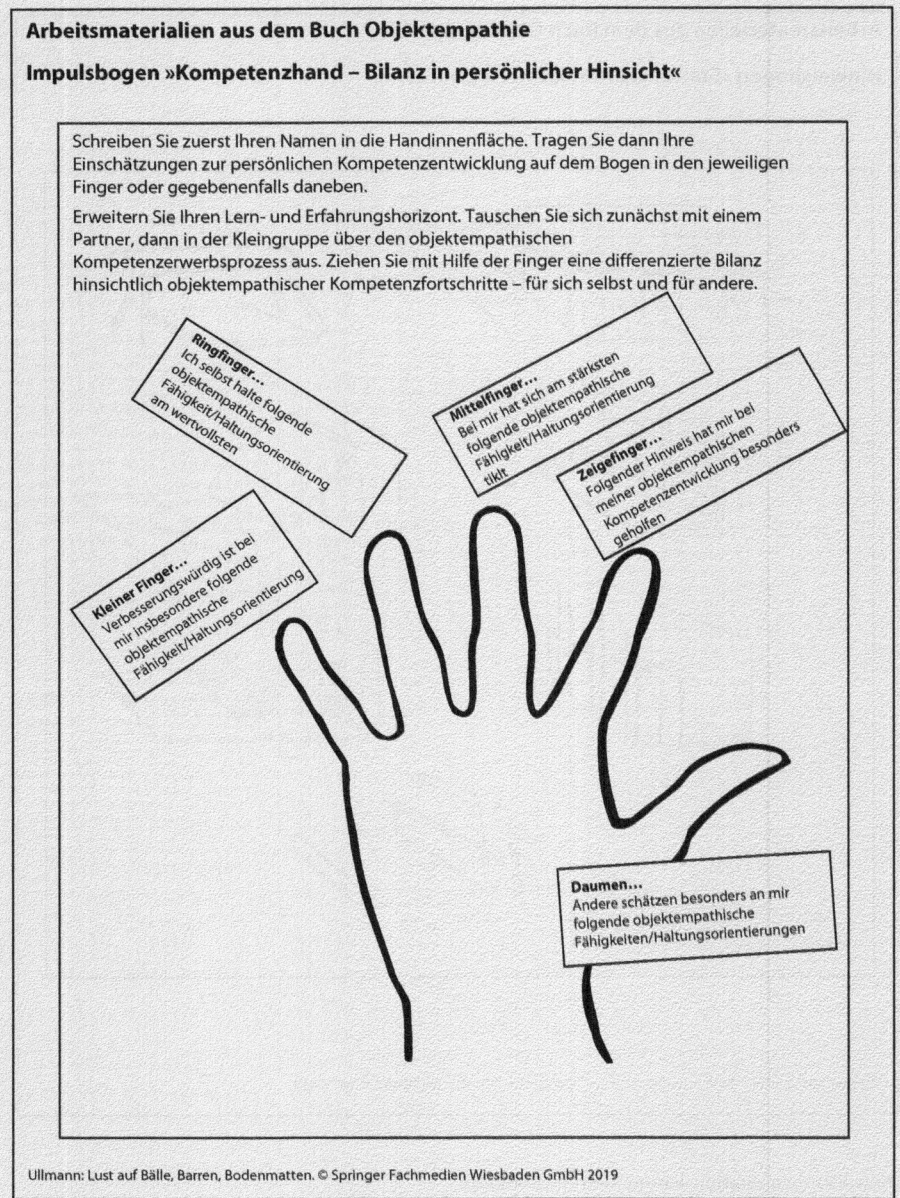

Ringfinger... Ich selbst halte folgende objektempathische Fähigkeit/Haltungsorientierung am wertvollsten

Mittelfinger... Bei mir hat sich am stärksten folgende objektempathische Fähigkeit/Haltungsorientierung tiklt

Zeigefinger... Folgender Hinweis hat mir bei meiner objektempathischen Kompetenzentwicklung besonders geholfen

Kleiner Finger... Verbesserungswürdig ist bei mir insbesondere folgende objektempathische Fähigkeit/Haltungsorientierung

Daumen... Andere schätzen besonders an mir folgende objektempathische Fähigkeiten/Haltungsorientierungen

A.39   Impulsbogen „Kompetenzhand – Bilanz in persönlicher Hinsicht"

Arbeitsmaterialien aus dem Buch Objektempathie

Impulsbogen »Zielscheibe – Bilanz in konzeptioneller Hinsicht«

Bitte bewerten Sie mit einem Kreuzchen auf der Zielscheibe die konzeptionelle Qualität des Professionalisierungs-/Schulungsvorhabens. Entsprechend der Einschätzung des Förderkonzepts sollen die sechs Bewertungskriterien/sechs Sektoren (interessant, gut aufgebaut, praxisnah, kompetenzförderlich, umsetzbar, nützlich) markiert werden. Bei Bedarf können noch zwei weitere Kriterien ergänzend angefügt werden.

Je näher das Kreuzchen an die Mitte der Zielscheibe (4 = trifft voll zu / 1 = trifft nicht zu) gesetzt wird, desto positiver ist die Bewertung im entsprechenden Teilbereich. Kreuzchen neben der Zielscheibe bringen im fraglichen Bereich sehr große Unzufriedenheit zum Ausdruck.

Empfehlenswert ist, die Zielscheibe zunächst individuell ausfüllen zu lassen. Im Anschluss daran kann auf einer großen Zielscheibe die Gesamtbilanz visualisiert und entwicklungsförderlich reflektiert werden.

A.40   Impulsbogen „Zielscheibe – Bilanz in konzeptioneller Hinsicht"

Arbeitsmaterialien aus dem Buch Objektempathie

Impulsbogen »Berglandschaft – Bilanz in metaphorischer Hinsicht«

Subjektive Eindrücke (i. H.)	Erlebnisse (gelbe Karten)	Erfahrungen (rote Karten)	Erkenntnisse (grüne Karten)
„Ausrüstung" (Grundlagen)			
„Auf-/Abstiege" (Schwierigkeiten)			
„Wetterlagen" (Erfolge/Misserfolge)			
„Tritt-/Gehsicherheit" (Lernfortschritte)			
„Gipfelrast" (Belohnung)			

Aufgabe: Jeder TN notiert sich auf verschiedenfarbigen Kärtchen seine persönlichen und differenzierten Eindrücke unter Bezugnahme und Einordnung auf die fünf Sinnbilder der Wander-Metapher. Dann werden die Kärtchen auf der Berglandschaft verteilt, so dass ein gemeinsamer Austausch initiiert und eine kollektive Gesamteinschätzung über die Qualität der Förder-/Schulungskonzeption auf den Weg gebracht werden kann.

Ullmann: Lust auf Bälle, Barren, Bodenmatten. © Springer Fachmedien Wiesbaden GmbH 2019

A.41   Impulsbogen „Berglandschaft – Bilanz in metaphorischer Hinsicht"

The manufacturer's authorised representative in the EU is Springer
Nature Customer Service Centre GmbH, Europaplatz 3, 69115 Heidelberg,
Germany. If you have any concerns regarding our products, please
contact ProductSafety@springernature.com

Printed and bound by CPI Group (UK) Ltd, Croydon, CR0 4YY
23/04/2026
02095645-0009